Natalia Ölsböck

Mit Leichtigkeit

Natalia Ölsböck

Mit Leichtigkeit
Sorgenfrei, fröhlich und unbeschwert leben

GOLDEGG
VERLAG

Der Goldegg Verlag achtet bei seinen Büchern und Magazinen auf nachhaltiges Produzieren. Goldegg Bücher sind umweltfreundlich produziert und orientieren sich in Materialien, Herstellungsorten, Arbeitsbedingungen und Produktionsformen an den Bedürfnissen von Gesellschaft und Umwelt.

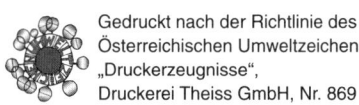

Gedruckt nach der Richtlinie des
Österreichischen Umweltzeichens
„Druckerzeugnisse",
Druckerei Theiss GmbH, Nr. 869

MIX
Papier aus verantwor-
tungsvollen Quellen
FSC® C012536

ISBN Print: 978-3-902903-50-1
ISBN E-Book: 978-3-902903-51-8

© 2013 Goldegg Verlag GmbH
Friedrichstraße 191 • D-10117 Berlin
Telefon: +49 800 505 43 76-0

Goldegg Verlag GmbH, Österreich
Mommsengasse 4/2 • A-1040 Wien
Telefon: +43 1 505 43 76-0

E-Mail: office@goldegg-verlag.com
www.goldegg-verlag.com

Layout, Satz und Herstellung: Goldegg Verlag GmbH, Wien
Druck und Bindung: Theiss GmbH

Danke!

Zuerst möchte ich mich bedanken: bei Ihnen! Damit meine ich all die lieben Menschen, mit denen ich im Rahmen meiner beruflichen Laufbahn zu tun hatte. Danke dafür, dass Sie mir Ihr Vertrauen schenkten und ich von Ihnen lernen durfte. Sie haben zu meinem Erfahrungsschatz beigetragen, den ich nun wiederum mit Leichtigkeit weitergeben darf. Danke, liebe Vortrags-, Seminar- und Coaching-Teilnehmer! Danke auch meinem lieben Mann Martin. Danke, mein Goldschatz, für deine konstruktive Kritik!

Danke auch Ihnen, liebes Team vom Goldegg Verlag, insbesondere Frau Verena Minoggio-Weixlbaumer, für die phantastische Zusammenarbeit. Und danke meinem Schreib-Coach Mag. Daniela Pucher. Liebe Daniela, danke, dass du mir geholfen hast, nicht nur über, sondern MIT LEICHTIGKEIT zu schreiben.

Danke, liebe Leserinnen und Leser, für Ihr Vertrauen. Haben Sie viel Spaß mit diesem Lese- und Mitmachbuch. Und: Genießen Sie die Leichtigkeit!

Inhaltsverzeichnis

9

Gebrauchsanleitung für einen Perspektivenwechsel

Stellen Sie sich vor, eine Wahrsagerin verkündet Ihnen: „Auf dem Weg zur Arbeit lernen Sie Ihren Traumpartner kennen!" Was würde dann passieren? Sie würden plötzlich die Menschen, die Ihnen morgens begegnen, mit anderen Augen sehen. Das würden Sie wohl auch tun, wenn Sie nicht wirklich an Wahrsagung glauben. Es könnte ja doch etwas dran sein an dieser Prophezeiung. Selbst wenn Sie bereits in festen Händen sind, so würden Sie sich die Leute vermutlich ein wenig genauer anschauen, als Sie es zuvor getan haben, damit Ihnen nicht doch etwas entgeht.

Nun stellen Sie sich vor, die Wahrsagerin würde sagen: „Heute wird Ihnen etwas ganz Leichtes begegnen. Alles wird Ihnen leicht von der Hand gehen." Was wäre dann? Sie würden garantiert bei jedem Handgriff darauf achten, ob er leicht ginge. Das Verblüffende: Sie werden feststellen, dass Ihnen tatsächlich viel Leichtes begegnet! Denn worauf man sich konzentriert, das nimmt man auch besser wahr.

Genauso ist es mit der Leichtigkeit in Ihrem Leben:

Immer, wenn Sie auch nur an Leichtigkeit denken, wird Ihr Leben ein klein wenig leichter sein!

1.   Leichtigkeit ist ... leicht!

Jeder hat so seine Leichtigkeit im Alltag. Ich habe viele Menschen befragt und über fünfhundert Tipps erhalten, wie das Leben leichter wird: Johannes schaut sich manchmal einen kitschig-romantischen Film an. Tanja wird es ganz leicht ums Herz, wenn sie mit ihrer Katze kuschelt. Valeria fühlt sich nach einem Treffen mit ihren Freunden viel leichter. Rosa spürt Leichtigkeit bei der Gartenarbeit. Sylvia denkt einen Moment an ihre Familie und schon wird ihr leichter. Otto verspürt Leichtigkeit, wenn er mit seiner Motorsäge arbeitet. Elke geht tanzen. Doris erfährt Leichtigkeit beim Sport und in der Natur, deshalb schläft sie gerne unter freiem Himmel. Sie sehen, Leichtigkeit ist ganz schön vielfältig! Manchmal braucht man auch gar nichts Besonderes tun, die Leichtigkeit kommt von ganz allein. Zum Beispiel wenn man lacht, wenn man sich freut.

Leichtigkeit ist leicht und leise, ganz zart und sanft wie eine Feder. Sie ist das Gegenteil von Druck, Stress und Schwere. Sie belastet nicht. Sie be- und erdrückt uns nicht. Sie stellt keine Forderungen. Sie kommt auf leisen Pfoten und stupst uns sanft. Sie ist einfach nur da.

Leichtigkeit ist ganz leicht. Sie kommt, wenn wir dazu bereit sind.

Denken Sie an einen vierjährigen Buben, der stolpert und sich sein Knie aufschlägt. Das Knie blutet. Zuerst blickt er zur Mutter und schon verzieht er sein Gesicht und will zu weinen beginnen. Da sieht er seinen Freund Jonas herbeieilen und siehe da, schon fällt es ihm ganz leicht, tapfer zu sein. Er ist doch schließlich ein cooler Junge! Der Schmerz und das aufgeschlagene Knie sind vergessen, Tapferkeit ist angesagt. So ist das mit dem Perspektivenwechsel: Aus dem Schmerz wird Tapferkeit, das Schwere wird leicht.

Nehmen wir ein anderes Beispiel: Als die neuen Nachbarn einzogen, war es vorbei mit der Ruhe im Haus. Seit Tagen fühlten sich die Bewohner gestört. Einige empörten sich und klagten ihr Leid, wenn sie sich am Gang trafen. Die Neuen sind unsympathisch, das war der Tenor. Die passen sich nicht an. Ilse hatte die Wohnung unter den neuen Mietern, sie war besonders genervt. Als die Kinder über ihr eines Tages so laut tobten, dass der Luster wackelte, nahm sie ihren Mut zusammen und ging nach oben. Wütend läutete sie an der Türe, diese wurde geöffnet – und da stand Andrea vor ihr! Ilse konnte es nicht fassen. Sie waren in der Unterstufe des Gymnasiums beste Freundinnen gewesen, dann hatten sie sich aus den Augen verloren. Ihre Andrea! Und so süße Kinder hat sie! Sofort war für Ilse alles leichter: Der Lärm störte sie nicht mehr so sehr. Und wenn doch, dann wusste sie, dass sie mit Andrea nett darüber reden und sich mit ihr bestimmt freundschaftlich einigen konnte. Sympathie macht vieles leichter!

Was Ilse passiert ist, geschieht uns allen immer wieder. Wir entwickeln eine vorgefasste Meinung, ein Vorurteil wie zum Beispiel: „Das wird bestimmt unangenehm und anstrengend.“ Mit diesem negativen Bild gehen wir an eine Sache heran und bekommen meist bestätigt, was wir befürchtet haben. Nur selten haben wir so ein Glück wie Ilse, der die neue Perspektive quasi aufgedrängt wurde.

Es ist ganz einfach: Wer seinen Fokus auf die Schwierigkeiten lenkt, der wird es schwer haben. Wer sich auf ein Leben mit Leichtigkeit einlässt, der wird es leicht haben. Ich bin sicher, dass Sie zumindest eine Idee haben, wie Leichtigkeit ist, wie sie sich anfühlt. Überlegen Sie einmal: Wann haben Sie zuletzt Leichtigkeit erlebt? Ist es schon lange her? Oder fällt Ihnen gar nichts dazu ein? Nun, viele Menschen werden bei dieser Frage stutzig, denn es liegt in der Natur der Sache, dass man Leichtigkeit gar nicht richtig wahrnimmt. Leichtigkeit ist ein angenehmes Gefühl. Sie ist sanft und deshalb bemerkt man sie kaum, wenn man nicht speziell darauf achtet. Ganz anders verhält es sich mit der Schwere, dem Stress, dem Erfolgsdruck – ich bin sicher, dass Sie das alles sehr wohl spüren, oftmals mehr, als Ihnen lieb ist!

Dieses Buch soll Ihnen dabei helfen, Ihren Fokus auf die Leichtigkeit zu lenken. Wenn Sie wahrnehmen, was Ihnen leicht fällt, haben Sie schon einen wichtigen Schritt getan, um mehr Leichtigkeit in Ihr Leben zu bringen, Sie können meine Anregungen aufgreifen, sie ausprobieren, mit ihnen spielen und darauf achten, wie sie in Ihren Alltag passen. Sie werden sehen, wie viel Freude Ihnen dieser Perspektivenwechsel machen wird!

2. Was Leichtigkeit nicht ist

Ganz zu Beginn, als ich die Konzeptidee „Mit Leichtigkeit" entwickelt hatte, rührte ich bei jedem Firmenauftrag enthusiastisch die Werbetrommel: „Ich habe ein ganz neues Seminarthema für Sie, die Leichtigkeit!" Was denken Sie, wie es angekommen ist? Statt auf Zustimmung zu stoßen, wie ich es in Anbetracht von Stress, Druck und der Wirtschaftskrise erwartet hatte, kam Widerstand. „Leichtigkeit brauchen wir nicht. Unsere Mitarbeiter sollen lieber Gas geben", sagte das Management.

Ich kann mir vorstellen, dass auch Sie ein bisschen unsicher sind: Wenn ich mir Leichtigkeit wünsche, mache ich es mir da nicht ein bisschen zu einfach? Ist das überhaupt fair? Oder angebracht? Realistisch? Daher möchte ich gleich vorweg mit einem großen Missverständnis aufräumen: Das Konzept „Mit Leichtigkeit" ist keine Anleitung zur Faulheit! Ganz ehrlich: Ein bisschen faul sein, das ist schon in Ordnung und tut uns gut, keine Frage, aber die Faulheit an sich ist wirklich kein erstrebenswertes Ziel.

Vor einiger Zeit kam eine 35-jährige Mutter zu mir in die Praxis. Sie sagte, sie wisse nicht mehr weiter, weil ihr der 15-jährige Sohn solche Sorgen bereite. Er wäre zu nichts zu bewegen. Er halte sich nur noch in seinem Zimmer auf, höre Musik und läge überwiegend faul in seinem Bett. Das ginge nun seit vielen Wochen, sogar schon Monaten so. Sie wüsste nicht, wohin sie sich wenden sollte, denn er würde weder zu einem Arzt noch zu einer Psychologin gehen. Ich willigte ein, mir den Sohn mal anzusehen, und ging zu der Familie ins Haus. Der Sohn in seinem Zimmer und hielt sich dort verschanzt.

Ich bat ihn, mich einzulassen, und schließlich willigte er ein. Ich nahm auf seiner Bettkante Platz. Wie es dazu gekommen sei, dass er nur noch faul in seinem Zimmer herumlungerte, fragte ich ihn. „Ganz einfach", erwiderte er, „eines Tages hatte ich keinen Bock mehr auf die Schule, deshalb bin ich zu Hause geblieben. Ich freute mich, endlich lang schlafen zu können, und schlief jeden Morgen länger, bis es dann Mittag wurde. Irgendwann hab ich mich dann gefragt: Wozu soll ich überhaupt aufstehen? Also blieb ich im Bett. Warum sollte ich lernen? Warum sollte ich einen Beruf ergreifen? Und dann erschien mir plötzlich alles sinnlos." Der Junge hatte vor lauter Faulheit keine Tagesstruktur, keine Aufgabe und keinen Sinn mehr. Er befand sich in einem depressiven Zustand und es ging ihm gar nicht gut. Dennoch konnte ich ihn dazu bewegen, mit mir in die Küche zu kommen, damit wir uns an einen Tisch setzen konnten, um gemeinsam zu überlegen, wie es weitergehen könnte.

Nach diesem Gespräch ließ ich ihn entscheiden, ob er weiter so auf der faulen Haut liegen oder etwas ändern wollte. Tatsächlich schafften wir einen Perspektivenwechsel. Nachdem wir seine Interessensgebiete ausgeforscht hatten, gab ich dem Burschen kleine Aufgaben, wie zum Beispiel im Internet nach weiterbildenden Schulen zu suchen, die seinen Vorlieben entsprachen. Kurz gesagt, er stieg tatsächlich im Halbjahr in einer Hotelfachschule ein. Bald hatte er so viel Freude und Spaß an der Ausbildung, dass ihm Faulenzen gar nicht mehr in den Sinn kam. Drei Jahre später traf ich ihn wieder, ich hätte ihn beinahe nicht mehr erkannt. Aus ihm war ein prachtvoller junger Mann geworden, der einen fröhlichen und freundlichen Eindruck hinterließ.

Wer dauerhaft faulenzt, begibt sich in Gefahr, seine Lebensfreude zu verlieren. Denn nur, wenn man sich manchmal anstrengt, ist Faulenzen angenehm. Bei diesem jungen Mann wurde Faulenzen jedoch eine schwerfällige Angelegenheit – und das hat gar nichts mit Leichtigkeit zu tun! Leichtigkeit heißt also nicht, faul zu sein, sondern das Richtige zu tun und zwar so, dass es leicht fällt!

Ich werde auch immer wieder mit einem zweiten Missverständnis konfrontiert: „Ach", höre ich manchmal, „du machst es dir ja bloß einfach!" Doch auch mit Einfachheit hat das Konzept „Mit Leichtigkeit" nichts zu tun – und zwar in doppelter Hinsicht: Einfachheit heißt, dass man Komplexität reduziert und Vieles außer Acht lässt und damit würde man sich keinen Gefallen tun.

Leichtigkeit reduziert die Realität nicht, sondern berücksichtigt die Vielfalt, die das Leben mit sich bringt.

Andererseits ist Einfachheit nicht automatisch leicht. Ganz im Gegenteil! Ich erzähle Ihnen eine Geschichte: Die Toubou sind ein Wüstenvolk in Afrika. Einmal im Jahr ziehen die Frauen dieses Nomadenstammes ohne ihre Männer und nur auf sich allein gestellt los, mit dem Ziel, bei der Dattelernte Geld zu verdienen. Das Leben in dieser Frauenkarawane ist schlicht: Kein Fernseher, kein Handy, keine medizinische Versorgung, keine Annehmlichkeiten, wie wir sie kennen. Die Frauen führen eben ein einfaches Leben und ein anstrengendes obendrein: Sie ziehen mit Kamelen und Ziegen durch die Wüste und bringen oftmals sogar unterwegs ihre Kinder zur Welt. Von einer Wasseroase bis zur nächsten können drei Tage vergehen. Die Sandstürme können so stark sein, dass ein Fortkommen unmöglich ist.

Wonach, glauben Sie, sehnen sich diese Frauen? Genau: Sie sehnen sich nach einem leichteren Leben! Gut, sie haben beim Packen ihrer Besitztümer für die Reise nicht an viel zu denken, denn sie haben nicht viel. Wenn wir in Europa reisen, haben wir zwei Koffer und fünf Taschen im Kofferraum, im Vergleich dazu erscheint das Leben dieser Frauen einfach. Doch wäre Ihr Leben einfach, wenn Sie so wenig hätten wie die Toubou-Frauen? Klar, manchmal wäre es vorteilhaft, unseren Besitz auszumustern, denn weniger ist oft mehr, sagt man. Dennoch, das einfache Leben kann unglaublich hart und schwierig sein.

Leichtigkeit heißt nicht, es sich einfach zu machen, sondern einen Weg zu gehen, auf dem man die Vielfalt und Komplexität des Lebens so berücksichtigt, dass man es als leicht empfindet.

3. Leichtigkeit ist ein Ansatz, der uns bestärkt und gut tut

Mit Leichtigkeit zu leben heißt, auf unsere Stärken zu schauen, an Lösungen und Möglichkeiten zu denken, anstatt Probleme zu wälzen und Sorgen zu schüren. Schwere Zeiten dürfen sein, denn Krisen und Schicksalsschläge gehören zum Leben. Sie zeigen uns verborgene Fähigkeiten und dadurch entwickeln wir uns weiter.

Was das Konzept „Mit Leichtigkeit" auch nicht beabsichtigt: Es soll nicht das Gefühl vermitteln, dass ab nun alles lustig und fröhlich sein muss. Es darf uns auch mal schlecht gehen. Wir dürfen auch einmal unglücklich sein, denn selbst damit wird das Leben letztlich leichter. Nur wenn Sie Trauer unterdrücken oder Ärger hinunterschlucken, machen Sie es sich schwer. Geben Sie den schlechten Gefühlen jedoch Platz, wird es leichter.

Doch davon möchte ich später noch mehr schreiben. An dieser Stelle sei nur so viel gesagt: Ich freue mich, dass ich Sie mit Hilfe dieses Buchs ein Stück Ihres Weges begleiten darf. Es erwarten Sie viele Ideen und Anregungen, neue Gedanken sowie Möglichkeiten zur Veränderung Ihres Blickwinkels oder Ihrer Perspektive. Vielleicht haben Sie Lust, sich ein eigenes Heft zuzulegen, um Ihre Erkenntnisse festzuhalten. Diese Sammlung können Sie später immer wieder zur Hand nehmen, um sich inspirieren zu lassen, wenn es vielleicht mal nicht so leicht fällt, die Perspektive beizubehalten.

Der rote Faden, der sich durch das Buch zieht, ermöglicht es Ihnen, fortlaufend neue Erkenntnisse zu gewinnen. Sollte etwas nicht sofort klar sein, lesen Sie bitte weiter, denn ein konkretes Beispiel oder eine anschauliche Geschichte löst die Spannung bald auf. Sollten darüber hinaus Fragen auftauchen, freue ich mich auf unseren Dialog. Sie erreichen mich per E-Mail unter natalia@oelsboeck.at. Ich wünsche Ihnen viel Spaß und Freude bei dieser Entdeckungsreise. Genießen Sie es, sich mit Ihnen und Ihrem Leben zu beschäftigen!

Ihre Natalia Ölsböck

Der Leichtfaden

„Ich brauche dringend Stärkung", sagte Petra zu mir, als sie in meine Praxis kam. Wir hatten uns vor einigen Jahren kennengelernt als ich sie in der Anfangsphase ihrer Selbstständigkeit coachte. „Ich stehe vor einer wichtigen Prüfung, die für meine weitere Karriere entscheidend ist. Ich bin zwar gut vorbereitet, doch ich fühle mich so kraftlos!" Sie erzählte mir von ihrem privaten Schicksalsschlag – ihr Vater war an Krebs erkrankt. Sie fühlte sich ausgelaugt und ohne Antrieb.

Gemeinsam begaben wir uns auf die Suche nach Ruhe- und Kraft-Oasen, bei denen sie auftanken könnte. Dabei stießen wir unter anderem auf Dinge, die sie früher gerne machte oder machen wollte – auf Wünsche und Träume, die sie aus den Augen verloren hatte. Sie träumte laut vor sich hin: „Ich sehe mich auf einem kleinen Balkon mit Blick auf einen See. Ich sitze und tippe auf meiner Schreibmaschine." Dann stutzte sie, öffnete überrascht die Augen und rief: „Ein Buch! Ich wollte immer schon ein Buch schreiben! Das ist mein größter Traum, schon seit ich denken kann! Wie konnte ich das nur vergessen?"

Mit einem Schlag war Petra wie ausgewechselt. Die betrübte Frau, die mit hängenden Schultern vor mir saß, sprühte plötzlich vor Leben. Als hätte man ihre leeren Batterien gegen nigelnagelneue Power-Boost-Akkus ausgewechselt. Dieser Geistesblitz, diese Erinnerung erfüllte sie mit so viel Freude und Kraft, dass alles andere auf einmal klein erschien. Die Prüfung – ach, die schafft sie schon. Der kranke Vater – ja, sie wird ihm beistehen. Denn nun hat sie frische Energie, denn sie hat ein Ziel vor ihren Augen: Sie wird sich den Lebenstraum erfüllen und ein Buch schreiben. Kurze Zeit später traf ich sie wieder. Die Prüfung hatte sie bestanden und mit dem Schreiben des Buchs bereits begonnen!

Dieses Beispiel ist für mich ein schöner Beweis dafür, welche Wirkung es hat, wenn man auf die positiven Seiten des Lebens schaut und seine Ressourcen richtig zu nutzen versteht. Solche Situationen bestätigen mir, dass es gut war, mich nicht nur mit Psychologie zu befassen, sondern auch, mich in bestimmte Spezialbereiche der Wissenschaft zu vertiefen: in die Resilienzforschung, die Positive Psychologie sowie den Lösungsorientierten Beratungsansatz.

Alle drei Forschungsbereiche sind die Eckpfeiler dieses Leicht-Konzepts. Von der Resilienzforschung wissen wir, dass Menschen unterschiedlich ausgeprägte mentale Widerstandskräfte haben. Mit ihrer Hilfe wird erforscht, wie wir unsere Widerstandskraft stärken können, sodass wir schwierige Situationen leichter bewältigen.

In der Positiven Psychologie wird davon ausgegangen, dass es sinnvoll ist, sich mit den eigenen Stärken und Ressourcen zu beschäftigen. Es gibt psychologische und therapeutische Konzepte, deren Schwerpunkte im Analysieren und Eliminieren von Schwächen und Fehlern liegen. Die Positive Psychologie konzentriert sich hingegen darauf, Stärken und Erfolge wahrzunehmen und zu fördern sowie zielorientiert vorzugehen.

In der Lösungsorientierten Beratung werden einem schließlich Werkzeuge in die Hand gegeben, mit denen man Situationen stets unter Berücksichtigung des gesamten Umfelds betrachten und auflösen kann. Ermutigung, Wertschätzung, Autonomie, Selbstwirksamkeit und Achtsamkeit stehen dabei im Vordergrund.

4. Strategie für ein leichteres Leben

Lustvoll durchs Leben

Im Spielraum menschlicher Emotionen gibt es unglaublich viele Gefühle: von fröhlich bis traurig, heiter bis deprimiert, ängstlich, zuversichtlich, liebevoll oder hasserfüllt, grantig bis wutschnaubend und noch viele, viele mehr. Sie alle – so sagt die Psychologie – lassen sich auf zwei Grundgefühle zurückführen: Lust und Unlust. Mit Lust verbinden wir alle angenehmen und mit Unlust alle unangenehmen Emotionen.

Die meisten Menschen haben zwar hoffnungsvolle, positive Erwartungen an das Leben – wir möchten glücklich, gesund und erfolgreich sein – doch leider stehen wir uns dabei oft selbst im Weg. Etwa wenn wir unsere Wünsche zu sehr fordern und uns dadurch unter Druck setzen. Oder indem wir uns auf das Falsche konzentrieren und das Unangenehme statt des Angenehmen forcieren. Wir schauen auf die Unlust, statt auf die Lust! Das klingt doch ziemlich absurd, nicht wahr? Und doch passiert es häufig, ohne dass es uns bewusst ist.

Ein Glas, das zur Hälfte gefüllt ist, kann man auch halbleer sehen – je nachdem, wohin man seine Aufmerksamkeit lenkt. Man kann daran denken, dass der leckere Tropfen bald zu Ende geht, und sich darüber grämen oder man freut sich darüber, diese Köstlichkeit genießen zu dürfen. Wohin wir schauen, können wir selbst bestimmen. Deshalb ein Tipp für Sie: Sobald Sie bemerken, dass Sie gerade das halbleere Glas im Fokus haben, weil sich etwas nicht gut anfühlt, lenken Sie Ihr Augenmerk dorthin, wo es sich angenehmer anspürt.

Positive Gedanken und Handlungen ziehen Angenehmes an. Negatives Denken und Verhalten zieht vermehrt Unangenehmes an. Das klingt banal und das ist es auch.

Was in Ratgebern schon lange Zeit publiziert wurde, konnte neuerdings neurowissenschaftlich belegt werden. Der Hamburger Psychologie-Professor Klaus Grawe beschreibt diese Zusammenhänge als psychologisches Grundbedürfnis nach Lustgewinn und Unlustvermeidung. In seinem Buch „Neuropsychotherapie" bringt er die neuen wissenschaftlichen Erkenntnisse verständlich auf den Punkt: Eine bejahende Lebenseinstellung führt ganz automatisch dazu, dass unser Gehirn mehr Angenehmes aufnimmt. Das speist unsere Seele. Eine negative Einstellung verstärkt hingegen nicht nur das negative Erleben, eine solche Unlustvermeidung strengt auch unglaublich an.

Lassen Sie uns deshalb lieber bewusst auf die Fülle blicken, denn so wird unser Leben lustvoll und leicht!

Verstärken von Positivem statt vermeiden von Negativem

Stellen Sie sich vor, Sie stehen kurz vor Ihrem Urlaub. Sie haben mit Ihrer Freundin zwei Wochen in der Karibik gebucht. Doch vorher ist noch so viel zu erledigen: Sie haben noch jede Menge Kundentermine, ein Projekt muss unbedingt vorher abgeschlossen werden und gemäß Ihrer To-do-Liste warten viel zu viele Menschen auf Ihren Anruf. Der Erfolgsdruck lastet schwer auf Ihren Schultern, so sehr, dass Sie morgens schon mit Magenschmerzen aufwachen. Was tun Sie? Sie versuchen, den Stress zu verdrängen und die aufsteigende Versagensangst zu unterdrücken. „Da muss man durch", ist Ihre Devise und Ihre Chefin setzt noch nach: „Wer erfolgreich sein will, muss leiden."

So ist es leider oft: Anstatt unser Leben zu genießen, werden wir zu „Vermeidern". Wir bemühen uns, Stress, Misserfolg und unangenehmen Gefühlen auszuweichen. Dieser Effekt geht leider in die falsche Richtung, denn statt auf Leichtes, Freudiges, Schönes zu achten, steht so der Stress und Zeitdruck im Vordergrund. Laut Studien hat sich dieser Trend im letzten Jahrzehnt verstärkt. Immer mehr Menschen stehen unter Druck. Doch was fühlt sich leichter an: Stressiges zu vermeiden oder sich Duftigem zuzuwenden?

Es kann passieren, dass uns dadurch die Lust an dem vergeht, was wir gerne machen. Eine junge Kollegin war vor einiger Zeit bei mir im Coaching, als ihr genau das passiert war. Sie wollte sich auf betriebliche Gesundheitsförderung spezialisieren und ihre berufliche Laufbahn in diese Richtung lenken. Deshalb freute sie sich sehr, als sie von einer bekannten Firma ihren ersten Auftrag erhielt. Sie sollte an einem internen Gesundheitstag einen Vortrag zur Stressprävention halten. Ihrem Ziel würde sie dadurch einen entscheidenden Schritt näher kommen und wenn sie es gut machte, würden weitere Aufträge folgen.

Absurderweise war es genau dieses Vortragsthema, das ihr dann selbst zum Verhängnis wurde. Sie schaffte es kaum noch, ihren Stress im Zaum zu halten. Als der Termin näher rückte, wuchs ihre Befürchtung, es nicht gut genug hinzubekommen, ins Unermessliche. Sie konnte nicht mehr schlafen, war unruhig und unkonzentriert. Sie verfluchte diesen Auftrag, den sie zu Beginn so herbeigesehnt hatte, immer mehr! Sie hasste sich selbst dafür, so etwas Schwieriges überhaupt angenommen zu haben.

Solche Vorkommnisse passieren immer häufiger, bei immer mehr Menschen. Sogar die eigenen Hobbys können zur Last werden, wenn wir zu viel zu tun haben. Denken Sie nur einmal daran, wie schnell einem die Lust an der geliebten Gartenarbeit vergeht, wenn man überlastet ist, die Blumen in der Sommerhitze den Kopf hängen lassen und der Rasen braun wird. Wenn man das Gefühl hat, sie rufen einen bereits, doch man kommt einfach nicht dazu. Schließlich findet man ein wenig Zeit und erledigt das Notwendigste zwischen Tür und Angel. Dinge, die sonst ausgleichend wirken, können zur Last werden, wenn wir uns auf das Falsche konzentrieren und auf das Negative blicken statt auf das Positive. Das ist doch schade, oder nicht?

Was denken Sie, wofür verbrauchen Sie mehr Energie, um den Stresspegel zu bekämpfen oder um sich auf das Schöne zu freuen? In welchem Zustand wird der Vortrag der Kollegin besser gelingen, wenn sie sich stresst, weil sie an ihr mögliches Versagen denkt, oder wenn sie sich über die tolle Chance freut? Klar, in einer solchen Situation diesen Schalter umzulegen ist nicht so einfach, werden Sie jetzt wahrscheinlich sagen. Da haben Sie auch recht. Doch deshalb lesen Sie ja auch dieses Buch, nicht wahr? Um diesen Schalter zur Leichtigkeit in Ihnen zu entdecken, denn dann haben Sie viel leichter Erfolg!

Das Gute am Schlechten

Stellen Sie sich vor, Sie sind in einer scheinbar unlösbaren Situation gefangen. Sie haben Ihren Job verloren oder Ihr Partner will sich scheiden lassen – das sind wirklich schwere Zeiten. Nun stellen Sie sich vor, Sie treffen eine Freundin. Sie erzählen ihr von der betrüblichen Sache und sie sagt: „Oje, das tut mir aber leid. Wie schrecklich!" Macht es das leichter, wenn jemand mitleidet? Ihre Freundin hakt dann noch nach: „Du Arme, wie ist denn das passiert?" Und schon sind Sie mitten in der düsteren Geschichte gefangen und analysieren, was alles schiefgelaufen ist.

Welche Gefühle und Gedanken würden daraus entspringen? Wäre es Leichtigkeit oder Schwere? Stellen Sie sich nun vor, dass sich dann alles wiederholt, weil der nächste Zuhörer Ihre Situation ebenfalls bedauert. Ganz ehrlich, würde das helfen, damit Sie sich besser fühlen? Nein, im Gegenteil. Die andauernde Beschäftigung mit dem Problem würde Ihre traurigen Gefühle und das Problem nur noch verstärken. Man nennt das in der Fachsprache „Problemtrance": Es wird fast nur noch an das Problem gedacht und das lässt keinen Raum für eine Lösung.

Probleme sind die Herausforderungen des Lebens und sie lechzen danach, gelöst zu werden. Jeder hat seine schweren Zeiten. Sie kommen, weil sie uns stärken, und sie gehen, weil wir sie überwinden. Probleme gehören zum Leben einfach dazu und sie bergen immer auch etwas Gutes in sich. So betrachtet, fühlt sich unser Leben doch gleich viel leichter an, oder etwa nicht?

Es gibt Probleme, die von selbst vergehen, alle anderen fordern uns heraus. Sie flüstern uns ins Ohr: „Löse mich! Du bist stark genug, klug genug, erfahren genug. Du hast alles, was du brauchst. Und wenn dir etwas fehlt, dann frag doch einfach jemanden. Du hast Menschen, die dir helfen können. Ich weiß, dass du es schaffst!"

Stellen Sie sich nun vor, Sie sind in derselben scheinbar unlösbaren Situation gefangen wie zuvor beschrieben. Sie treffen Ihre Freundin, doch im Gegensatz zu vorher ist sie gut geschult bezüglich Leichtigkeit. Sie fragt: „Überleg doch einmal. Welchen Vorteil hat es denn, in dieser Situation gefangen zu sein?" Oder: „Sag, wie hast du es denn geschafft, in diese missliche Lage zu kommen?" Oder vielleicht auch: „Was hat dir dennoch die Kraft gegeben, zu mir zu kommen und mit mir darüber zu reden?"

Möglicherweise denken Sie jetzt: „Die Frau Ölsböck spinnt sich da etwas zusammen. Wie kann man einen verzweifelten Menschen so etwas fragen?" Doch ich kann Ihnen verraten: Diese Methode ist nicht auf meinem Mist gewachsen, sondern stammt vom Begründer der Lösungsorientierten Kurztherapie, dem US-amerikanischen Psychotherapeuten

Steve de Shazer. Ich habe sie als Coach schon viele Male angewandt und hatte damit immer Erfolg. Sehen wir uns doch mal an, was diese Fragen bewirken können:

„Überleg doch: Welchen Vorteil hat es jetzt erst mal, in diesem Loch zu sitzen?" Mit dieser Frage regen Sie dazu an, das Gute am Schlechten zu sehen. Manchmal birgt eine Schwierigkeit auch eine spezielle Aufgabe oder hat einen Sinn. In unserem Beispiel könnte es sein, dass man sich durch den Jobverlust eine Verschnaufpause verschafft. Oder dass man in der erzwungenen Pause nachzudenken beginnt und feststellt, dass man diesen Job die längste Zeit nur noch ohne Begeisterung hingenommen hat. Und nun hat man die Chance zu erkennen, was man lieber arbeiten möchte.

„Sag, wie hast du es denn geschafft, dass es so weit gekommen ist?" Wenn man so fragt, irritiert man sein Gegenüber natürlich und genau das ist die Absicht dahinter! Man hilft dem anderen dabei, sich aus der Schwere zu befreien, und genau so wird dieser der nach unten ziehenden Spirale entrissen. Zudem vermittelt es zwischen den Zeilen: Du hast es geschafft, in diese schwierige Situation hineinzukommen – also schaffst du es auch wieder heraus!

„Was hat dir dennoch die Kraft gegeben, zu mir zu kommen und mit mir darüber zu reden?" Diese Frage hilft dabei, die eigenen Kraftreserven zu erkennen. Sie enthält die Botschaft, dass man, obwohl man sich kraftlos fühlt, ganz offenbar noch Energiereserven hat! Damit ist der erste Schritt in Richtung Lösung unternommen worden, denn so holt man sich Hilfe und Unterstützung.

So betrachtet, schaffen Sie es selbst in schwierigen Zeiten, den Blickwinkel zu wechseln, und Sie bringen die Leichtigkeit in den Alltag. Wenn wir uns selbst zutrauen, das Leben zu meistern, fühlt sich die Gegenwart freudvoller und leichter an. Dieser Ansatz stärkt uns. Wer sich stark und selbstsicher fühlt, nimmt die Dinge automatisch gelassener und packt sie mit mehr Leichtigkeit an.

5. Die Leichtformel: 2 + 2 L

Im Sommer vor einem Jahr kam eine Personalmanagerin ins Coaching. Als ich sie nach ihrem Anliegen fragte, meinte sie: „Ich wünsche mir nichts mehr als ein unbeschwertes Leben." Sie hat diesen Satz mit einer Sehnsucht ausgesprochen, die mich noch lange berührte. Vielleicht war es auch diese Situation damals, die den Ausschlag gab, dieses Buch zu schreiben. Der Dalai Lama sagte einmal: „Es gibt zwei Wege zu einem erfüllten Leben. Beide gilt es zu gehen. Der erste ist, die Störfaktoren zu finden und zu eliminieren. Der zweite ist, die freudvollen Faktoren zu analysieren und zu kultivieren." Mit diesem Rat begaben wir uns auf die Suche nach dem, was das Leben der Dame so schwer machte. Sie lernte, sich mit einer einfachen Loslass-Übung, die Sie später als „mentalen Frühjahrsputz" kennenlernen werden, zu entlasten und konstruktiv Lösungen anzupacken. Dann spürten wir Dinge auf, bei denen sie Leichtigkeit spürte. So lange, bis die angenehmen Wahrnehmungen die unangenehmen überragten. Sie wusste dann, was sie tun und was sie lassen konnte, um mehr Leichtigkeit zu erlangen.

Unbeschwert und frei – so wie in der Kindheit. Sehnen Sie sich auch manchmal danach? Ich denke, es geht vielen so. Was sind also die großen Glücksverhinderer unserer Zeit, die uns die Schwere ins Leben bringen, sodass wir uns nicht frei fühlen?

Ich bin überzeugt davon, dass Ihnen gleich ein Beispiel einfallt, wenn Sie einen Blick in Ihren Terminkalender werfen. Tagtäglich nehmen wir uns so Vieles vor, oft ist es zu viel. Selbst wenn wir uns bemühen, lassen sich die vielen Dinge gar nicht im vorgegebenen Zeitrahmen unterbringen. So wurde mir klar, weshalb wir nicht nur tun sollten, was uns Freude macht, sondern unbedingt auch lassen müssen, was uns nicht passt. Dennoch habe ich etwas gesucht, das uns noch viel leichter Unbeschwertheit bringt. Ich überlegte einen ganzen Tag lang – neben meiner Arbeit. Kein Wunder, dass die Lösung auf sich warten ließ, denn die besten Einfälle habe ich nicht beim Arbeiten, sondern beim Wandern in der Natur.

Noch am selben Abend kam die Lösung. Nicht beim Sporteln, sondern bei etwas, das ebenso viele Kalorien verbrennt: beim Herumalbern mit meinem kleinen Neffen. Er machte so viele lustige Faxen, dass ich mir vor Lachen den Bauch halten musste. Ach du meine Güte, wie lange war es her, dass ich so herzhaft gelacht und herumgealbert hatte! Und genau das ist die Lösung: Wir sollten viel mehr lachen. Dabei fühlt man sich unbeschwert und frei. Einfach mal nur lustig sein, einfach mal Spaß haben, einfach mal nur spielen – wie ein Kind.

Wussten Sie, dass Erwachsene durchschnittlich nur fünfzehn Mal am Tag lachen? Kinder lachen hingegen bis zu 400 Mal, das belegen wissenschaftliche Untersuchungen. Lachen steigert die Produktion des Glückshormons Serotonin und hemmt gleichzeitig die Stresshormone Adrenalin und Kortison. Es befreit von aufgestauten Emotionen und lockert die Muskeln. Deshalb fühlen wir uns so unbeschwert, wenn wir herzhaft lachen.

Mehr Lachen und mehr Lassen

Leichtigkeit ist ganz leicht, wenn Sie ab sofort beherzigen dass Sie einfach mehr lachen und mehr lassen. Probieren Sie es aus. Gleich jetzt!

Lachen Sie!

Sie lächeln nur? Na kommen Sie schon: Lachen Sie, probieren Sie es aus. Sie haben nichts zu lachen? Dann lachen Sie erst recht. Jetzt!

Na wie fühlt sich das an? Erleichternd? Wenn nicht: Hand aufs Herz – Sie haben nicht richtig herzhaft gelacht, oder? Probieren Sie es noch einmal aus: Herzhaft – es wirkt!

Und jetzt, mit dieser Stimmung, überlegen Sie gleich einmal, was Sie heute lassen könnten. Irgendetwas von dem, was Sie vorhatten, wird doch nicht ganz so dringend sein. Lassen Sie es einfach. Probieren Sie es aus!

Ein toller Effekt ergibt sich durch das Beherzigen der zwei L, gell? Ein L steht also für das Lachen und eines für das Lassen. Was denken Sie, was passiert, wenn wir die L's verdoppeln?

6. Mit 4 L zu mehr Leichtigkeit

Wussten Sie, dass man Leichtigkeit mit 4 L schreibt? Diese vier L machen Ihnen das Leben, Lieben und Leisten leichter. LLLLeichtigkeit:

1. Lebensfreude
2. Lustigsein
3. Sein-Lassen
4. Ein-lassen

Na? Sind Sie jetzt neugierig geworden? Lesen Sie gleich nach, wie Sie das umsetzen können!

Wie sieht ein lebensfroher Mensch aus? Er geht motiviert, mit einer positiven Sicht durch die Welt und ist offen gegenüber anderen. Ein lebensfroher Mensch kann sich für das Leben, die Menschen und für seine Arbeit begeistern. Klar, das ist kein Dauerzustand, weil wir stets von vielen Dingen beeinflusst werden. Darum ist es auch eine so herrliche und wirklich sinnvolle Aufgabe, sich um seine Lebensfreude zu kümmern, sie wie einen Schatz zu behüten, zu schützen und einzuschreiten, wenn uns etwas davon geraubt wird.

Stabiler werden wir, wenn wir uns eine positive Lebenseinstellung aneignen, mit der wir automatisch ausgleichend auf ungesunde Eindrücke reagieren können. Das geht ganz leicht, wenn man weiß wie. Beginnen Sie damit, Situationen bewusst wahrzunehmen und bewusst zu denken, zu fühlen und zu handeln.

Wahrnehmen: Ihre Aufmerksamkeit fließt, wohin Sie sie lenken. Also ran ans Steuer und lenken Sie Ihre Achtsamkeit dorthin, wo es sich leicht anfühlt. Statt beispielsweise auf den Baustellenlärm vor dem Fenster zu hören, achten Sie lieber auf das Plätschern des Zimmerbrunnens.

Denken: Steuern Sie Ihre Gedanken und Bewertungen! Der Gedanke „Dieser Lärm ist unerträglich" fühlt sich schwer und drückend an. Leichter wird es zum Beispiel so: „Ich stelle mir vor, der Lärm vergeht, er wandert weiter und es wird immer leiser und ich höre, wie das Wasser angenehm plätschert." Wenn der Lärm ein Dauerlärm ist, kann das natürlich nicht so einfach bewältigt werden. Doch auch hier können Sie sich helfen, wenn Sie Ihr Denken steuern. Wenn Sie nach ein paar Tagen bereits die Erwartung haben „Na heute wird es sicher wieder den ganzen Tag laut sein, da krieg ich wieder nichts weiter", tappen Sie in eine Falle. Denn dann lenken Sie die Wahrnehmung umso mehr auf das, was Sie stört, und es wird Sie noch mehr stören.

Probieren Sie stattdessen: „Heute wird es so laut wie noch nie. So unsagbar laut, dass einem die Ohren platzen, doch je lauter es wird, desto konzentrierter arbeite ich." Mit der Annahme, der Lärm würde überdimensional werden, kann es sich ja nur verbessern und Humor macht außerdem alles leichter. Wir können den Lärm nicht wegzaubern, aber wir können ihn akzeptieren und das Beste aus der Situation machen. Weitere Tricks dazu finden Sie im nächsten Kapitel.

Fühlen: Gehen Sie bewusster mit Ihren Emotionen und Stimmungen um. Auch wenn man einmal nicht so gut gelaunt ist, kann man die Stimmung ganz leicht mit beschwingter Musik heben oder Sie schauen sich ein Bild von einem Baby, Welpen oder einer schönen Frau bzw. einem sexy Mann an. Die Werbung arbeitet mit solchen Tricks, um direkt unsere Emotionen anzusprechen. Warum sollten wir also nicht auch solche Techniken anwenden, um die eigene Stimmung zu verbessern?

Handeln: Statt wie ein Computer zu reagieren, agieren Sie selbstbewusst und selbstbestimmt. Wenn Sie Ihr Leben selbst gestalten, kommen Sie nicht so leicht ins Hamsterrad und fühlen sich auch nicht fremdbestimmt. Seien Sie den anderen voraus, indem Sie die Zügel in die Hand nehmen. Gestehen Sie beispielsweise einen Fehler ein, statt zu warten, bis der Chef sich darüber aufregt.

Sie sagen jetzt vielleicht: Gut und schön, doch so einfach ist das auch nicht. Mein Chef knallt mir ständig neue Arbeit auf den Tisch, das kann ich nicht selbst bestimmen und beeinflussen. Natürlich, Sie haben recht, man hat im Alltag immer mal das Gefühl, Dinge nicht beeinflussen zu können, und dennoch gibt es Möglichkeiten. Wir können immer wählen. Letztlich haben Sie es in der Hand, ob Sie für das, was der Chef als dringend ausweist, auch wirklich gleich alles liegen und stehen lassen oder vielleicht doch ein paar wichtigere Dinge vorher erledigen. Es gibt einen Trick, wie wir das Ruder in einer scheinbar unbeeinflussbaren Situation an uns reißen können – auch dazu finden Sie im kommenden Kapitel mehr Informationen.

Lustig sein – von Herzen lachen

Lachen Sie herzhaft, echt und durchdringend, so dass Sie für einen Moment alles rundum vergessen können. Das ist Leichtigkeit! Im Wesentlichen gibt es zwei Möglichkeiten, lustig zu sein – beide haben viele Menschen weitgehend aus ihrem Verhaltensrepertoire gestrichen, weil sie meinen, diese seien allein den Kindern vorbehalten.

Die erste Variante bezieht sich auf das Spielen: Nutzen Sie Ihren angeborenen Spieltrieb. Veranstalten Sie einen Spieleabend oder packen Sie Ihre Aufgaben spielerisch an. Zum Spielen gehört es auch, dass Sie ganz „ernsthafte" Dinge spielerisch angehen. Statt unliebsame Dinge vor sich herzuschieben, wie zum Beispiel die Ablage zu machen, lassen Sie sich ein Spielchen einfallen. Entweder mit anderen um die Wette – wer seinen Schreibtisch als Erste aufgeräumt hat, bekocht die anderen mit Kaffee. Oder Sie machen einen Wettbewerb mit sich alleine. Stoppen Sie die Zeit, wie lange Sie jeweils dafür brauchen, und wenn Sie einmal schneller sind als bisher, belohnen Sie sich!

Apropos spielen: Ich möchte Sie gerne zu einem Spielchen beim Lesen einladen. Sie wissen ja, dass alles viel leichter wird, wenn wir uns recht stark und kräftig fühlen. Aus diesem Grund sind in diesem Buch viele Starkmacher versteckt. Starkmacher sind Dinge, die Sie aufbauen. Vielleicht ist es der eine oder andere Tipp, der Sie persönlich stärkt. Möglicherweise entwickeln Sie aus Anregungen in diesem Buch aufbauende Gedanken und Ideen. Das können auch Kraft-Worte oder Kraft-Sätze sein, wie zum Beispiel der Satz

„Das macht ja nichts", den man sich als gelassene Bewertung einüben kann. Ich lade Sie herzlich dazu ein, wie bei einem Suchrätsel die Augen und vor allem Ihr Herz offen zu halten. Immer wenn Sie einen vermeintlichen Starkmacher entdecken, markieren Sie ihn. Am Ende des Buchs zählen Sie einfach, wie viele Kraftmacher Sie gefunden haben, und überlegen Sie dann auch gleich, welchen Sie schon ausprobiert und im Alltag umgesetzt haben. Ich freue mich, wenn Sie mir Ihre Antwort per E-Mail an natalia@oelsboeck.at schicken. Sie können die Ergebnisse dann auf der Homepage www.mitLeichtigkeit.com nachlesen.

Die zweite Möglichkeit, von Herzen zu lachen, ist einfach Spaß zu haben. Lassen Sie sich im Alltag auf Humor ein! Führen Sie ihn bewusst herbei und lassen Sie ihn vor allem zu! Lachen Sie auch über sich selbst!

Dazu möchte ich Ihnen ein interessantes Erlebnis schildern: Am Ende eines Firmenseminars zum Thema Stress- und Burnout-Prävention fragte ich die Teilnehmer, welchen der Inhalte sie sich ganz besonders mit nach Hause nehmen möchten. Eine Dame meinte: „Wissen Sie, was für mich das Wichtigste heute war? Dass wir so viel Spaß hatten. Ich habe es so genossen. Obwohl das ein ernstes Thema ist, haben wir so viel gelacht. Und wissen Sie, warum das für mich so besonders ist? Bei uns in der Abteilung ist Lachen verboten. Lachen wir dennoch, brüllt unsere Chefin: ‚Wir sind nicht im Kaffeehaus! Hier gibt es nichts zu lachen. Es wird gearbeitet!'" Unglaublich, nicht wahr? Und wissen Sie, was noch unglaublicher ist? Immer öfter, wenn ich diese Geschichte bei einem Vortrag erzähle, kommt nachher jemand zu mir und sagt: Bei uns ist das Lachen auch verboten.

Solche Gepflogenheiten sind ein Schuss nach hinten. Es geht so vieles verloren, wenn nicht gelacht wird und das Arbeiten keinen Spaß machen darf. Lachen ist unglaublich gesund – das ist kein dummer Spruch, sondern eine wissenschaftlich anerkannte Tatsache! Lachen stärkt Ihr Immunsystem und es ist das einfachste Mittel gegen Stress. Wer am Arbeitsplatz miteinander lacht, der hat nicht nur eine gute Gemeinschaft, sondern ist auch leistungsstärker. Einmal herzhaft zu Lachen bietet einen unglaublichen Energieschub und mit dieser Power geht alles leichter.

Leichtigkeit durch Sein-Lassen

Lassen Sie das eine oder andere bleiben – das erleichtert sofort. Loslassen, abgrenzen, Nein sagen, Prioritäten setzen – das kann man lernen! Hier eine Übersicht über ein paar Anregungen, auf die ich in den weiteren Kapiteln dieses Buchs näher eingehen werde, damit Sie diese gut umsetzen können:

Lassen Sie Gedanken, Erlebnisse und Vergangenes los. Rituale können zum Beispiel beim Loslassen helfen. Das können auch ganz alltägliche Dinge sein wie die Stechkarte, die wir symbolisch zwicken, bevor wir nach Hause gehen. Machen Sie das bewusst mit dem Satz: „Alles, was in die Arbeit gehört, lasse ich hier." Das geht auch umgekehrt: Lassen Sie Streitigkeiten zu Hause!

Grenzen Sie sich ab! Damit Unangenehmes nicht zu nah an Sie herankommt, schaffen Sie die nötige Distanz.

Sagen Sie „Nein!", bevor es Ihnen zu viel wird oder Sie etwas tun, das Ihnen nicht guttut.

Setzen Sie Prioritäten! Erkennen Sie, was wirklich wichtig ist. Manchmal glaubt man nur, man muss etwas tun, weil man beeinflusst wird, tatsächlich ist es jedoch nicht nötig, es zu tun.

Schaffen Sie den Perfektionismus ab! Haben Sie Mut zur Lücke und haben Sie die Courage, nicht Dringliches aufzuschieben, denn manche Dinge erledigen sich von selbst.

Leichtigkeit durch Ein-Lassen

Verlassen Sie hin und wieder Ihren Alltagstrott und lassen Sie sich auf Neues ein! Das ist nicht nur unglaublich gesund für Geist und Seele, es lässt Sie auch innerlich wachsen und aufblühen. Die dafür gut verwendbaren Zutaten gebe ich Ihnen nun mit auf den Weg.

Seien Sie offen für Neues! Stellen Sie sich vor, Sie treffen einen guten alten Freund wieder, den Sie lange nicht gesehen haben. Was erzählen Sie ihm wohl? Ganz bestimmt nicht, was Sie täglich zum Frühstück essen oder was Sie tagein, tagaus in der Arbeitsroutine machen. Sie erzählen bestimmt, was es Neues gibt, wen Sie kennengelernt haben und an welchen Orten Sie auf Urlaub waren. Die Routine und die Hektik hinterlassen keinen Eindruck – weder im Kopf noch im Herzen. Es sind die neuen Dinge, die wir in Erinnerung behalten, das ist gelebte Zeit!

Bleiben Sie gelassen! Bewahren Sie die Fassung, auch wenn es mal schwierig wird oder etwas Unvorhergesehenes passiert. Je ausgeglichener man ist, desto leichter fällt es einem, gelassen zu bleiben. Also entspannen Sie sich regelmäßig, damit Sie in sich ruhen können.

Tolerieren Sie auch andere Ansichten und Meinungen! Das heißt nicht, dass man sich selbst damit identifizieren muss, sondern lediglich, dass man das Anderssein respektiert.

Akzeptieren Sie Dinge, die Sie nicht ändern können! Nehmen Sie Unveränderbares an, anstatt sinnlos dagegen anzukämpfen. Andere Menschen können wir nicht ändern. Statt sich also immer wieder über die vorwurfsvolle Art der Schwiegermutter zu kränken, denken Sie sich: So ist sie eben.

Mit dem Leichtfaden durchs Leben

Die Leichtigkeit ist immer da, ebenso wie das Schwere. Die Frage ist, wie schaffen wir es, nicht den Druck und die Schwere dominieren zu lassen, sondern Leichtes? Wie erreichen wir es, dass in unserem Leben die Leichtigkeit überwiegt?

Es gibt eine von äußeren Dingen abhängige Leichtigkeit. Wenn wir erfolgreich sind und Anerkennung erhalten, spüren wir sie. Wenn wir Stress haben und viel Druck „von oben" spüren, kommt uns die Leichtigkeit abhanden. Äußere Faktoren können wir nicht immer beeinflussen, anders ist es jedoch mit der inneren Leichtigkeit. Sie ist wie eine Grundmelodie, die immerzu in unserem Herzen mitschwingt. Diese Gesinnung zur Leichtigkeit können wir erlernen, sie gedeiht durch Selbstschulung. Sie ist Ausdruck einer Lebenseinstellung, zu der Sie sich bewusst entscheiden können.

Die Entscheidung zur Leichtigkeit können Sie jederzeit treffen und Sie können und sollen sich sogar täglich erneut dazu entschließen, denn das Leben verläuft nicht gerade. Es gibt Kurven, die uns sogar aus der Bahn werfen können. Dann hilft ein erneutes „Ja" zur Leichtigkeit. So kehren Sie zurück zum Leichten, wenn Sie einmal vom Weg abgekommen sind.

Es ist nicht so, als würden Sie plötzlich in eine andere Dimension eintreten, in der alles gut und leicht ist. Vielmehr ist es wie ein leichter Umhang, den Sie überziehen, der Sie von nun an auf Ihrem Lebensweg begleitet. Manchmal werden Sie ihn ablegen. Vielleicht vergessen Sie ihn auch manchmal, wenn alles richtig gut läuft, wie einen Mantel, den Sie ausziehen, wenn Ihnen warm ist.

Sagen Sie erneut „Ja" zur Leichtigkeit! Wenn Sie merken, dass es schwer wird oder Sie sich belastet fühlen, erinnern Sie sich daran, sich den Mantel der Leichtigkeit wieder umzuhängen, denn die Leichtigkeit ist ja immer da. Greifen Sie zu!

Es ist wie mit einem Kunstwerk aus echter Handarbeit. Dieses Leicht-Werk wächst jedes Mal, wenn Sie daran werken. Wenn Sie eine Technik anwenden und eine Übung aus diesem Buch ausprobieren, gedeiht Ihr Leicht-Werk. Je größer es wird, desto kraftvoller kann es Schweres fernhalten. Denken Sie daran: Die Leichtigkeit ist da. Achten Sie auf das Leichte, dann wächst es auch.

7. Bereit für Leichtigkeit

Der Kopf ist überfüllt mit Aufgaben und der Kalender voller Termine? Wie soll da Leichtigkeit einkehren, wenn Herz und Hirn vollgestopft sind? Machen Sie sich frei, innerlich und äußerlich.

Schaffen Sie Platz! Dieses Freimachen erfordert keine Zauberkünste, es ist vielmehr ein Zusammentreffen von Wollen, Können und Dürfen. Den Willen haben Sie, sonst würden Sie dieses Buch ja nicht lesen. Und in dem Moment, wo Sie zur Leichtigkeit „Ja" sagen, beginnt sie bereits einzuziehen. Die Kompetenz, also das Können dafür, eignen Sie sich gerade an, während Sie lesen. Nun zum Dürfen: Selbst wenn es noch Hindernisse und Blockaden gibt, die Ihnen Leichtes zurzeit verwehren, so können auch diese mit einfachen Tricks und Übungen ausgeräumt werden. Also keine Sorge, die Leichtigkeit kommt, wenn Sie bereit dafür sind. Begeben Sie sich also in die Startlöcher!

Machen Sie sich bereit!

Wie sieht ein Mensch aus, von dem Sie meinen, er führe sein Leben mit Leichtigkeit? Wie ist jemand, der trotz täglicher Herausforderungen Unbeschwertheit genießt? Wie ist seine Körperhaltung: Ist er gebückt und zieht die Schultern ein oder hat er eine gerade, aufrechte Haltung? Wie ist sein Gesichtsausdruck: Zieht er eine finstere, angespannte Miene oder ist sein Gesicht freundlich und offen? Sind seine Muskeln angespannt oder locker? Ist seine Stimme unsicher, verkrampft, grantig, gereizt oder eher sicher und ruhig?

Öffnen Sie sich für die Leichtigkeit! Bereiten Sie Ihr gesamtes Erscheinungsbild auf die Leichtigkeit vor. Lockern Sie Ihre Muskeln, richten Sie sich auf. Wischen Sie sich die letzten Reste von Frust und Gram aus dem Gesicht. Sie wollen die Leichtigkeit doch nicht verschrecken, oder? Setzen Sie ein freundliches Lächeln auf. Der erste Eindruck zählt, also beeindrucken Sie die Leichtigkeit mit Ihrer Ausstrahlung und genau mit dieser Haltung kann sie kommen.

Darf die Leichtigkeit nun einziehen? Vielleicht wollen Sie zunächst als Gedankenexperiment versuchen, wie das so wäre. Beantworten Sie sich diese Frage: Wie sollte Ihr Tag heute aussehen, damit Sie am Abend sagen können: „Das war ein Tag voller Leichtigkeit"?

Für Karin sieht ein wunderbarer Tag so aus: „Mein Leicht-Tag startet ruhig und gemütlich und nicht so hektisch wie sonst. So ähnlich wie im Urlaub. Vielleicht würde ich ein wenig früher aufstehen, damit ich mehr Zeit für das Frühstück habe. An einem Tag voller Leichtigkeit würde auch mein Mann mit mir gemeinsam am Tisch sitzen. Wir plaudern ein wenig und schmieden Pläne für den gemeinsamen Abend. Bevor ich zur Arbeit fahre, räume ich nur das Nötigste weg, damit es beim Heimkommen gemütlich ist. Im Job würde ich mir manches nicht so zu Herzen nehmen, vielleicht nicht alles ganz so überperfekt machen, alles ein wenig lockerer angehen. Nach der Arbeit könnte ich gemeinsam mit meinem Mann etwas unternehmen. Vielleicht gehen wir ins Kino oder in einem feinen Restaurant essen oder wir besuchen Freunde. Und statt vor dem Fernseher einzuschlafen, lege ich mich mit einem guten Buch ins Bett und schlafe mit guten Gedanken ein. Dann wache ich am nächsten Tag auch erholt auf, damit es genauso leicht weitergeht."

Wie würde Ihr Leicht-Tag ausschauen? Wie würden Sie aufwachen? Wo würden Sie frühstücken und mit wem? Würden Sie sich mit getoastetem Brot und Orangensaft verwöhnen? Wie würden Sie den Arbeitstag verbringen, wenn es ein besonders leichter Tag wäre? Was würden Sie danach tun? Und was machen Sie am Abend, wie würden Sie den Tag mit Leichtigkeit enden lassen? Wann und wie würden Sie zu Bett gehen? Was wären Ihre letzten Gedanken und Gefühle vor dem Einschlafen? Was wäre bei Ihnen anders, wenn die Leichtigkeit Sie den ganzen Tag über begleitet? Beschreiben Sie Ihren Tag ganz konkret. Notieren Sie alles – gleich jetzt!

Gestalten Sie Ihren Leicht-Tag! Wenn Sie Ihre Gedanken zu Papier gebracht haben, dann arrangieren Sie den Tag auch genauso, wie Sie es aufgeschrieben haben. Ja, Sie beginnen gleich jetzt damit. Worauf warten Sie?

„Aber so einfach ist das doch nicht", höre ich Sie sagen. Doch, ist es! Wie sagt man so schön: Was nicht passt, wird passend gemacht. Damit es leicht statt stressig wird, stehen Sie ein paar Minuten früher auf. Machen Sie beispielsweise gleich am Morgen Ihre Einkaufsliste, damit Sie den Einkauf am Heimweg erledigen können, statt noch einmal wegfahren zu müssen. Basteln Sie ein wenig an Ihrem Tagesplan: Bauen Sie etwas ein, das Ihnen richtig Spaß macht. Drehen Sie fröhliche Musik auf und tanzen Sie am Nachmittag ein Viertelstündchen mit Ihrer Familie. Lassen Sie etwas weg, das nicht unbedingt sein muss. Die Bügelwäsche kann zum Beispiel noch warten. Machen Sie genau das, was auf Ihrem Zettel steht, damit aus diesem Tag Ihr Leicht-Tag wird. Ich bin ganz sicher, Sie haben viele Ideen, wie Sie die Leichtigkeit in Ihren Tag hereinholen können. Sie könnten ja auch gleich den Leichtfaden ausprobieren. Auf ein paar Möglichkeiten dazu werde ich gleich eingehen, aber zuvor haben Sie vielleicht noch eine wichtige Frage: Was tun, wenn die Leichtigkeit dennoch nicht kommt?

Wenn Sie, liebe Leserin, lieber Leser, der Ansicht sind, Sie würden es – egal aus welchem Grund – nicht schaffen, Ihren Tag ab sofort leichter zu machen, dann einigen wir uns darauf, dass Sie – im Sinne der Leichtigkeit – lieber sagen: Das schaffe ich noch nicht. Spüren Sie den Unterschied? Dieses einfache Wörtchen „noch" räumt Ihnen Möglichkeiten ein. Statt sich völlig zu verschließen, sagen Sie, Sie können es „noch" nicht. Dann ist klar, dass es zwar im Moment noch nicht klappt, aber in Zukunft könnte es möglich sein – vielleicht schon morgen. Und genau das ist es auch! Wenn es mit der Leichtigkeit nicht sofort klappt, kann das ganz unterschiedliche Ursachen haben. Vielleicht hatten Sie zu lange oder zu viel Stress. Vielleicht belastet Sie gerade etwas ganz besonders?! Alles hat seine passende Zeit und vielleicht passt es im Augenblick noch nicht für die Leichtigkeit. Auch das hat seine Berechtigung und es hat sicher seinen Sinn. Vielleicht gibt es eine ganz bestimmte Lektion, die Sie aus

Ihrer Situation lernen dürfen. Bleiben Sie also zuversichtlich und lesen Sie weiter.

Mentaler Frühjahrsputz

In unserer Seele sammelt sich immer wieder Müll an, der regelmäßig entsorgt gehört. Der mentale Frühjahrsputz ist eine Übung, bei der Sie all den alten, belastenden Plunder wegwerfen. So schaffen Sie Raum für Neues und gewinnen Freiraum für die Leichtigkeit.

Spüren Sie einmal in sich hinein, wie es in Ihrem Innersten gerade aussieht. Wie geht es Ihnen im Moment mental? Wie wohl fühlt sich Ihre Seele? Stufen Sie Ihr mentales Befinden zuerst auf einer Messlatte von plus zehn bis minus zehn ein. Plus zehn wählen Sie, wenn Sie sich außerordentlich gutes seelisches Wohlbefinden attestieren, minus zehn bei außergewöhnlich schlechtem mentalem Befinden. Null ist die Neutralposition, sie bedeutet, dass es Ihnen weder gut noch schlecht geht. Wo befinden Sie sich gerade? Plus drei? Minus zwei? Vielleicht können wir Ihren Seelenzustand etwas verbessern!

Lassen Sie uns mit dem Seelenputz beginnen. Nehmen Sie sich bitte zwei leere Blätter Papier und einen Stift zur Hand. Auf das erste Blatt schreiben Sie als Überschrift: „Was stört mich?"

Und dann geht's los! Alles, was Sie belastet, Ärgernisse, Stress, Sorgen und Ängste schreiben Sie sich von der Seele. Das soll kein ausführlicher Aufsatz werden. Jeden Gedanken halten Sie bloß in Stichworten auf dem Papier fest. Ärger im Büro, die Krankheit der Mutter, der Streit mit dem Arbeitskollegen oder der ewige Stress könnten beispielsweise auf dieser Liste stehen. Schreiben Sie sich alles vom Herzen. Bitte wirklich alles! Wenn Ihnen nichts mehr einfällt, denken Sie noch einmal nach. Sind Sie wirklich fertig? Dann nehmen Sie den Zettel und schreiten damit zum nächsten Papierkorb. Blicken Sie noch einmal auf Ihre Liste und überlegen Sie kurz, ob Sie bereit sind, loszulassen. Sind Sie bereit? Dann verabschieden Sie sich von diesen Störfaktoren mit den Worten: „Ich lasse es los."

Zerreißen Sie das Blatt in kleine Stücke und sagen Sie bei jedem Riss erneut: „Ich lasse es los." Lässt sich Ihr Papier nicht mehr zerkleinern, dann kommt beim letzten Wegwerfen noch einmal ein beherztes: „Ich lasse es los!" Das ist eine ausgesprochen wirkungsvolle Übung. Ich habe sie (inklusive der nächsten beiden Schritte) sogar bei schwer depressiven Menschen angewandt und deren Befinden hat sich deutlich verbessert. Bei völlig Gesunden wirkt sie ebenso erleichternd und präventiv.

Mit diesem ersten Schritt haben Sie Belastendes losgelassen. Der nächste hilft Ihnen dabei, den nun frei gewordenen Platz in Ihrer Seele mit Dingen zu füllen, die Ihnen gut tun. Nehmen Sie das zweite Blatt zur Hand und falten Sie es einmal wie ein Heftchen, um die Mitte zu markieren. Falten Sie es wieder auseinander. Nun haben Sie zwei Spalten. Die linke Spalte versehen Sie mit der Überschrift: „Was soll anders sein?"

Notieren Sie nun Punkt für Punkt, was in Ihrem Leben leichter sein soll. Wenn Sie fertig sind, gehen Sie bitte jeden Satz noch einmal durch und formulieren Sie jene Sätze um, die nicht positiv und konstruktiv sind. Denn es ist viel zielführender zu schreiben, was sein soll und nicht, was nicht sein soll. Statt „Ich möchte weniger Stress" schreiben Sie besser: „Ich möchte gelassener sein." Das ist ein eindeutiger Wunsch und ein klares Ziel.

Nun wählen Sie jenes Ihrer Ziele, das Ihnen am wichtigsten ist, und nummerieren Sie dann auch alle anderen entsprechend ihrer Wichtigkeit. Auf diese Art wissen Sie, was Sie zuerst anpacken können. Zuerst widmen Sie sich aber bitte noch dem dritten Schritt und versehen die rechte Seite Ihres Papiers mit der Überschrift: „Wie kann ich es erreichen?"

Sammeln Sie Ideen, wie Sie die einzelnen Punkte umsetzen könnten. Wer kann Ihnen dabei helfen? Sie könnten auch Freunde oder Familienmitglieder nach deren Ideen fragen. Packen Sie den ersten Punkt an, sobald Sie akzeptable Lösungsmöglichkeiten gefunden haben.

Wie geht es Ihnen nach dieser Übung? Wie wohl fühlt sich Ihre Seele? Stufen Sie sich erneut zwischen minus und plus zehn ein, jedoch ohne auf Ihre vorherige Einstufung zu blicken. Vergleichen Sie bitte erst, nachdem Sie Ihren aktuellen Seelenzustand bewertet haben. Hat sich Ihr mentales Befinden verändert?

Mit diesem seelischen Frühjahrsputz haben Sie Platz für die Leichtigkeit geschaffen. Nun holen Sie sich noch ein paar Tipps und Anregungen, wie Sie den Leichtfaden in Ihrem Alltag anwenden können, damit die Leichtigkeit gedeiht. Los geht's!

8. Die Formel, die unsere Lebensfreude bestimmt

Stellen Sie sich vor, die Leichtigkeit wäre eine junge Pflanze, die gerade mal zwei zarte Wurzeln ausgebildet hat. Damit steht sie schon ganz gut im Boden und jedes Mal, wenn Sie lachen oder etwas lassen (weg- oder loslassen), wurzelt die Leichtigkeit fester in Ihrem Leben.

Versuchen Sie dieses Experiment: Lachen Sie in den nächsten drei Tagen so viel und so oft Sie können. Nehmen Sie es selbst in die Hand, damit Sie etwas zu lachen haben: Lassen Sie sich eine lustige Geschichte einfallen, die Sie weitererzählen. Beobachten Sie, was Sie Lustiges im Alltag entdecken. Suchen Sie sich einen Witz aus, den Sie richtig köstlich finden und teilen Sie ihn mit Ihren Arbeitskollegen, Freunden und Ihrer Familie. Lachen ist ansteckend und tut der Gemeinschaft gut. Außerdem achten Sie in diesen drei Tagen ganz genau darauf, was Sie lassen könnten: Entscheiden Sie bei allem, was Sie vorhaben, ob Sie es wirklich tun müssen oder ob Sie es im Sinne der Leichtigkeit einfach lassen wollen.

Auf diese Weise bilden sich die Wurzeln immer mehr aus. Die Lach-Wurzel entwickelt zwei weitere: die Lebensfreude und das Lustigsein. Auch die Lass-Wurzel teilt sich in zwei weitere Fasern: das Ein- und das Sein-Lassen. So verwurzelt sich die Leichtigkeit tief in Ihrem Alltag. Mit jedem Tag wird alles leichter. Sie werden sehen, die vier L – Lebensfreude, Lustigsein, Sein-Lassen, Ein-Lassen – sind unschlagbar.

Leben im Hier und Jetzt

Das Geheimnis eines unbeschwerten Lebens ist es, ganz im Hier und Jetzt sein zu können. Umgekehrt gehört es zu den größten Erschwernissen unserer Zeit, kaum mehr einen Moment bewusst zu erleben. Achtsamkeit an sich ist zwar leicht, sie herzustellen jedoch nicht. Wie oft huschen unsere Gedanken in die Vergangenheit oder weichen in die Zukunft ab? Wir ärgern uns beispielsweise stundenlang über eine Sache oder wir denken an all die Pflichten des nächsten Tages. Bei solchen Ablenkungen entgeht uns der Zauber des Augenblicks, der Leichtes so wirkungsvoll näher bringt wie das ansteckend freudige Lächeln des Nachbarn beim Gruß am Morgen, das uns an einem schwierigen Tag doch so aufbauen könnte. Das Grün der Bäume auf dem Weg zur Bushaltestelle, das unseren Augen so gut tut, der gemütliche Abend bei einem guten Glas Wein, bei dem wir die Seele baumeln lassen können. Ich möchte Ihnen gerne zeigen, wie Sie Ihr Wahrnehmen, Ihr Bewerten, Fühlen und Ihr Tun so gestalten können, dass Sie nicht nur freudiger leben, sondern die Leichtigkeit sich ganz von selbst ergibt.

Wie kommt es dazu, dass wir uns leicht und lebensfroh fühlen und durch einen kleinen Fehltritt die Stimmung plötzlich kippt und der Tag für uns gelaufen ist? Das liegt letztlich an der fehlenden Achtsamkeit. Wenn wir nicht gerade achtsam sind, nehmen wir – meist im Eiltempo – unglaublich viele Reize auf. Oft unbemerkt verarbeiten wir diese Eindrücke auf unterschiedlichen Ebenen: Wir nehmen wahr, wir denken, wir fühlen und wir handeln. In jedem Augenblick geschieht in unserem Denkapparat fast alles gleichzeitig. Das Wahrgenommene wird ans Gehirn weitergeleitet, dort wird es gedanklich verarbeitet und bewertet. Je nachdem, ob die eingelangte Wahrnehmung als angenehm (positiv) oder als unangenehm (negativ) bewertet wird, fühlen wir uns spontan gut oder nicht. Von diesem Gefühlsresultat leiten wir unser Handeln ab. Das heißt, nicht nur was wir wahrnehmen, sondern vor allem die Art, wie wir bewerten, ist dafür entscheidend, ob wir Leichtigkeit oder Schwere empfinden.

Die gute Nachricht: Wir können auf jede dieser vier Ebenen Einfluss nehmen. Wir können entscheiden, was wir für wichtig genug erachten, um es wahrzunehmen. Wir können ebenso unser Denken und vor allem unser Bewerten beeinflussen – und die sich daraus ableitende Handlung erst recht.

Vor ein paar Jahren hielt ich in einem Wiener Unternehmen ein Seminar zum Thema Selbstmotivation. Da der Ort sehr angenehm mit öffentlichen Verkehrsmitteln zu erreichen war, fuhr ich mit der Bahn. Auf dem Heimweg hatte ich noch 20 Minuten Zeit bis zur Abfahrt des Zuges und die wollte ich nutzen, indem ich einen Einkauf erledigte. Ich huschte in den nächsten Supermarkt und ging in die Obstabteilung. Von weitem lachten mir schon wunderschöne, große Pfirsiche entgegen. Sie waren kiloweise in durchsichtigen Plastikschalen verpackt. Um zu sehen, ob auch die unteren Früchte frisch waren, hob ich eine Schale hoch. Plötzlich hörte ich hinter mir einen Mann mit starkem Wiener Dialekt brüllen: „Sind Sie wahnsinnig!!! Was erlauben Sie sich, das Obst so zu begrapschen?!" Natürlich erschrak ich zunächst. Sein Gebrüll war so schallend laut, dass mir die Ohren noch heute klingeln, wenn ich daran denke. Da ist man an einem Ort, an dem man noch nie war, ist guter Dinge und freut sich schon auf gute Pfirsiche – und plötzlich wird man dermaßen angeschrien und gemaßregelt.

In solchen Situationen rattert im Gehirn normalerweise alles durcheinander, auf allen vier Ebenen. Sie nehmen wahr, dass jemand laut schreit, und erschrecken. Je nachdem, welcher Typ Sie sind, bewerten Sie die Lage. Eine Möglichkeit wäre ein gedanklicher Angriff: „Was brüllt der Blödmann so herum? Was glaubt er, wer er ist? Das ist doch eine Frechheit!", würden Sie wütend denken. Sie wären in Kampfstimmung. Oder Ihre Bewertung könnte lauten: „Oje, was hab ich bloß falsch gemacht? Am liebsten möchte ich im Erdboden versinken!" Weder die eine noch die andere Bewertung wäre ein angenehmes Gefühl. Im ersten Fall sind Sie aggressiv und wütend, im zweiten Fall suchen Sie den Fehler bei sich selbst. So gut gelaunt Sie vorher auch waren – in dem Moment, wo Sie sich ärgern, ist der Tag womöglich sogar gelaufen.

Nun ja, es ist nicht unser Ziel, immer nur frohe Gedanken zu haben. Ich bin der Ansicht, man kann nicht immer positiv denken, das ist auch nicht immer angebracht. Sie würden so einen brüllenden Mann ganz sicher nicht freundlich anlächeln und ihm einen schönen Tag wünschen. Dennoch gibt es Möglichkeiten, diese Situation mit Leichtigkeit zu neh-

men, und zwar auf jeder der vier Ebenen: wahrnehmen –
denken – fühlen – handeln. Wie das konkret aussehen könnte, sage ich Ihnen gleich, zuvor habe ich noch eine Anregung
für Sie.

Ein wichtiger Schlüssel zur Leichtigkeit ist Achtsamkeit.
Buddhistische Mönche beschreiben sie als die Fähigkeit, sich
auf nur eine Sache zu konzentrieren und nicht zu bewerten: Wenn ich gehe, gehe ich. Wenn ich stehe, stehe ich und
sonst nichts. Das ist weder gut noch schlecht, sondern es
ist einfach so, wie es ist. Wenn Sie nur bei einem Eindruck
verharren, ohne dass Ihr Gehirn auf allen Ebenen gleichzeitig rattern muss, fühlt sich das sofort leicht an. Denken
Sie zum Beispiel an eine Rose. Sie schauen Sie an, die vielen Blütenblätter, die besondere Farbe, die einzigartige
Blütenform, Sie beschnuppern sie und nehmen den Duft in
sich auf. In diesem Moment gibt es keine Schwere, es gibt
nur die Rose. Das ist Achtsamkeit. Wenn Sie so etwas öfter
tun, trainieren Sie Ihre Achtsamkeit. Nichts wird bewertet,
es wird nur wahrgenommen. Das fühlt sich leicht an. Na,
haben Sie sich schon eine Rose geholt? Auf in den Garten
oder in den Blumenladen!

Wahrnehmen, bewerten, fühlen und handeln – auf jeder
dieser Stufen können wir ansetzen, um lebensfroher zu sein.
Wer sich seine Wahrnehmungen, Bewertungen, Emotionen
und Taten bewusst macht, kann sie steuern – und zwar am
besten in eine Richtung, die einem gut tut, statt sich das
Leben zu erschweren. Schauen wir uns nun an, wie man die
Lebensfreude auf allen vier Stufen bestärken kann.

Stufe 1: Die Aufmerksamkeit Richtung Lebensfreude lenken

Beginnen wir mit der Lenkung der Aufmerksamkeit auf der Ebene des Wahrnehmens. Im Beispiel weiter oben in der Obstabteilung wurde ich angebrüllt. Sie haben recht, ein solches Gebrüll lässt sich kaum überhören. Dennoch gibt es Leute, die dem kaum Aufmerksamkeit schenken würden, weil sie so positiv, vielleicht auch ein wenig naiv sind, sodass sie das Geschrei gar nicht auf sich beziehen. Sie würden es einfach ignorieren. So jemandem geht es gut, sein Tag ist dann bestimmt nicht vom Ärger getrübt. Doch selbst wenn Sie erwägen, dass die Maßregelung Ihnen gegolten hat, so können Sie sich trotzdem die Laune nicht verderben lassen. Das Geheimnis dabei ist, Ihre fünf Sinne auf andere Dinge zu lenken und zwar auf solche, die für Sie wichtiger, interessanter erscheinen, die es wert sind, dass Ihnen Aufmerksamkeit geschenkt wird. Nehmen Sie das Steuer in die Hand!

Aufmerksamkeit fließt, wohin wir sie lenken! Wir haben die Möglichkeit selbst zu bestimmen und zu entscheiden, wer und was unsere Aufmerksamkeit verdient. Wenn Sie ein Optimist sind, neigen Sie eher dazu, das Gute zu sehen und das Ungute kaum zu beachten. Wer ein Weilchen übt, eine frohe Lebenseinstellung zu haben, schafft das meist auch ganz automatisch. Dennoch kann es jedem einmal passieren, dass unangenehme Dinge die Aufmerksamkeit auf sich ziehen. Wir haben also die Chance vorzusorgen, indem wir uns eine frohe Lebenseinstellung angewöhnen. Wir können uns auch Techniken aneignen, die uns dabei helfen, die Wahrnehmung zu lenken, auch wenn es mal schwierig ist.

Ein ganz banaler Trick, seine Wahrnehmung zu lenken, ist, das Richten der Aufmerksamkeit nach innen. Wenn Sie also beispielsweise unangemessenes Geschrei wie in diesem Beispiel hören, dann achten Sie auf Ihre eigene Atmung statt auf das unangemessene Gebrüll. Fragen Sie sich: „Wie atme ich jetzt?" und konzentrieren Sie sich darauf, wie Ihr Atem ein- und ausfließt. Ist die Atmung tief oder oberflächlich? Atmen Sie schnell oder langsam? Probieren Sie es gleich aus! Wie atmen Sie gerade?

Merken Sie, wie Sie dabei ganz von selbst ruhiger werden? Es beruhigt, wenn man ganz bei sich ist. So einfach kann ein Stück Leichtigkeit sein.

Wahrnehmen heißt, dass Sinneseindrücke an unser Gehirn weitergeleitet werden, wo sie dann verarbeitet werden. Dinge, die wir sehen, hören, spüren, riechen und schmecken. Besonders starke Reize können manchmal auch direkt ins Emotionszentrum springen, wie beispielsweise der Duft von frisch gebackenem Kuchen, der den meisten von uns ein Lächeln ins Gesicht zaubert. In diesem Fall übergehen Sie die kognitive Stufe. Meist erfolgt jedoch zuerst die gedankliche (kognitive) Bewertung, bevor daraus Gefühle werden.

Stufe 2: Lebensfroh denken und bewerten

Sollte es mit der Aufmerksamkeitssteuerung noch nicht so gut klappen, macht das auch nichts. Setzen Sie einfach bei der zweiten Stufe, beim Denkprozess, an. Wie können Sie das Brüllen dieses unangenehmen Zeitgenossen in der Obstabteilung bewerten?

Nicht die Situation an sich bestimmt, ob es leicht oder schwer wird, sondern wie wir diese bewerten! Kein Mensch freut sich, wenn er angeschrien wird. Doch statt sich zu ärgern oder zu grämen, könnten Sie es sachlich bzw. neutral oder zumindest ein bisschen positiver bewerten. Wir haben weiter oben festgestellt, dass es nicht immer angebracht ist, positiv zu denken, doch neutral und sachlich denken, das geht immer und das ist auch immer besser, als negativ zu denken. Dazu gibt es einen Trick: Anstatt zu bewerten, denken Sie: „Aha."

Es gibt Universal-Worte und Universal-Sätze, die automatisch zu einer neutralen Bewertung verhelfen. „Universal" heißt, dass sie immer passen. Wenn Sie einmal so ein Wort oder so einen Satz einstudiert haben, rettet er Sie aus jeder stressigen Situation und Sie bleiben gelassen. Je öfter Sie sich darin üben, „aha" zu denken, anstatt zu bewerten, desto besser geht diese neutrale Sichtweise in Fleisch und Blut über und Sie bleiben in jeder Situation ruhig. Auch mir hat es damals geholfen. Ich hörte das Brüllen und dachte: „Aha."

Probieren Sie es aus, sagen Sie das Wort „Aha", so als wären Sie neugierig oder interessiert, laut vor sich hin. Machen Sie es gleich noch einmal und spüren Sie dabei hinein, wie es sich anfühlt: „Aha." Die meisten Menschen empfinden dieses Wort als angenehm und neutral, es fühlt sich gelassen an. Universell ist dieses Wort, weil es immer und überall passt. Der Trick bei der Sache ist, dass Sie diese Bewertung üben, üben, üben. Damit Sie das Wort auch in Stresssituationen sofort parat haben. Wenn Sie das eine Weile üben, könnten Sie wirklich Spaßiges erleben. Stellen Sie sich vor, Sie würden beim Mittagsplausch Ihre Hose mit Kaffee bekleckern und während Ihr Gegenüber erwartet, dass Sie nun fluchen, bleiben Sie ganz cool und denken sich: „Aha." Ich wette, dass Sie den anderen mit Ihrer Reaktion verblüffen. Oder Sie besuchen eine Freundin, die Zeit vergeht wie im Flug und plötzlich ist es viel zu spät geworden. Doch anstatt sich auf dem Heimweg schon wegen der bevorstehenden Diskussion mit Ihrem Mann in Missmut zu üben, denken Sie einfach: „Aha."

Wer so bewertet, kann außerdem klar denken. Wenn Sie sich nämlich aufregen, können Sie keinen klugen Gedanken fassen. Auch mir half diese Bewertung damals in der Obstabteilung. Mein erster Gedanke, als ich von dem Unbekannten am Obststand angebrüllt wurde, war: „Aha, sehr interessant. Da brüllt einer." So abwegig ist der Gedanke doch gar nicht, oder? Menschliches Verhalten kann durchaus interessant sein. In jedem Fall hat es dazu geführt, dass ich mich nicht ärgern musste. Das „Aha" hat mein Bewertungszentrum sozusagen neutralisiert. Probieren Sie es aus, es ist ganz leicht!

Ich möchte Ihnen noch einen Universalsatz vorstellen. Er lautet: „Das macht ja nichts." Spüren Sie einmal, wie sich dieser Satz für Sie anfühlt, sprechen Sie ihn laut aus: „Das macht ja nichts." Na, wie gefällt Ihnen das? Was empfinden Sie dabei – beruhigt es Sie, stimmt es Sie milder?

Ein Beispiel: Während ich an diesem Buch schreibe, schweifen meine Gedanken ständig ab, weil ich in ein paar Tagen ein Seminar in einer Firma halten und daher das Konzept vorbereiten sollte. Ich könnte mich nun selbst geißeln und mir sagen: „Jetzt reiß dich zusammen und konzentriere dich endlich, damit du mit dem Buch weiterkommst!" Doch stattdessen denke ich frohgemut: „Das macht ja nichts." Es ist doch in Ordnung, wenn die Gedanken ab und zu abschweifen wollen. Ich lasse sie einfach gewähren. Der Effekt: Meine Gedanken kehren so viel lieber zum Buch zurück und ich schreibe mit besserer Stimmung.

Als ich einmal bei einem öffentlichen Vortrag diese Idee kundtat, wandte eine Frau ein: „Aber das geht doch nicht! Immer und überall kann man das nicht anwenden! Sie können doch nicht mit Ihrem Auto ein anderes beschädigen und dann sagen, das macht ja nichts." Sie haben recht, Sie sollen diesen Universalsatz auch nicht unbedingt laut aussprechen. Sagen Sie es bitte nur zu sich selbst in Gedanken. Das Ziel ist bloß, dass Sie ruhig bleiben und nicht vor Aufregung die Nerven wegwerfen. Sie machen sich also keine Vorwürfe wie: „Oh Gott, was hab ich jetzt wieder angestellt! Ich weiß gar nicht, was ich jetzt tun soll." Sie beschuldigen vor Schreck auch niemand anderen, sondern bleiben ruhig, damit Sie einen klaren Kopf bewahren. Haben Sie den Satz „Das macht ja nichts" geübt, fällt er Ihnen in so einer Situation als erster ein. Es geht dabei nicht um das, was Sie zu anderen sagen, sondern um Ihre innere Sprache, die Bewertung. Mit „Aha" und „Das macht ja nichts" behalten Sie einen klaren Kopf.

Entscheiden Sie, welche Variante Ihnen lieber ist: „Aha" oder „Das macht ja nichts". Gefallen Ihnen beide Möglichkeiten, dann üben Sie bitte zuerst die eine und – wenn Sie diese beherrschen – dann die zweite Version.

Manchmal ist es so, dass die Reize, die wir wahrnehmen, gar nicht von außen kommen. Es sind unsere inneren Vorstellungen, die uns missgelaunt und destruktiv werden lassen. Vielleicht kennen Sie so eine Situation: Sie bereiten am Morgen Ihr Frühstück zu und plötzlich kommt eine Sorge dahergeflogen und lässt Sie nicht mehr los. Den ganzen Tag über kommen die gleichen quälenden Grübel-Gedanken. Hat man es geschafft einzuschlafen, wacht man nachts wieder auf, weil die Gedanken wieder und wieder im Kopf kreisen. Es passiert gar nicht selten, dass Leute deshalb meine psychologische Praxis aufsuchen, aber bei einer Dame war die Geschichte besonders hartnäckig.

Andrea war eine gebildete, souveräne Frau. In der Firma lief es recht gut, sie war zur Assistentin des Chefs aufgestiegen. Ein Job, bei dem man ausgeschlafen sein sollte. Doch wie sollte sie genug Schlaf finden, wo sie vor lauter Sorge nicht schlafen konnte? Ihr Sohn hatte seit drei Monaten ein Moped. Zwar hatte die Familie diese Anschaffung gemeinsam beschlossen, damit der Sohn eigenständiger werden konnte und er endlich nicht mehr chauffiert werden musste, doch seither hatte seine Mutter keine ruhige Nacht mehr. Immer wenn Sie zu Bett ging und der Sohn noch unterwegs war, kamen diese nervigen Sorgengedanken: „Hoffentlich hat er keinen Unfall. Hoffentlich geht alles gut. Hoffentlich trinkt er nichts. Hoffentlich kommt er heil wieder heim, …" Sie versuchte sich selbst zu beruhigen und nahm homöopathische Beruhigungstropfen, die ihr beim Einschlafen helfen sollten. Doch auch das brachte nichts. Sogar eine Psychotherapie hatte sie begonnen, doch sie hatte keine Lust, länger in ihrer Kindheit zu kramen. Sie hörte in einer Radiosendung einen Beitrag, in dem ich über lösungsorientierte Methoden sprach, und so kam sie zu mir. Wir packten die Sache von mehreren Seiten an. Sie lernte die Technik der Progressiven Muskelentspannung nach Jacobson und ein paar schnell wirksame Entspannungstechniken. Wir versuchten es auch mit ein paar psychologischen Tricks, doch was wirklich half, das Grübeln abzustellen, war die Methode des Gedankenstopps.

Stellen Sie sich aufrecht hin und erinnern Sie sich an eine typische Grübel-Situation, die Sie nachts wach hält. Lassen Sie diese Gedanken kommen – und dann machen Sie Folgendes: Sie klatschen ganz fest in die Hände und rufen gleichzeitig ganz laut „Stopp". Klatschen Sie so fest, dass Sie ein Kribbeln in den Händen spüren und rufen Sie so laut Sie können.

Sie lachen? Das kann ich verstehen, aber versuchen Sie es dennoch. Diese Technik entstammt der Verhaltenstherapie, sie ist witzig und sie wirkt. Zum Ausprobieren suchen Sie zunächst einen Ort auf, an dem es okay ist, wenn Sie ein paar Mal laut rufen. Wenn es zu Hause nicht passt, dann machen Sie es bei Ihrem nächsten Waldspaziergang, die Tiere werden es Ihnen bestimmt verzeihen. Also: aufrecht hinstellen, Grübel-Gedanken vorstellen, sofort fest in die Hände klatschen und gleichzeitig so laut Sie können „Stopp" rufen. Eine rote Stopptafel können Sie sich dabei bildhaft vorstellen, wenn Sie wollen. Wiederholen Sie diesen Vorgang fünf

Mal und versuchen Sie es jedes Mal ein wenig lauter. Geben Sie Ihr Bestes, Sie werden sehen, es wirkt!

Bei den meisten Menschen bleibt dieser Stoppruf sofort hängen. Das Gehirn speichert ihn ab und durch die Wiederholung bleibt er im Kopf haften. Wenn Sie sich das nächste Mal grübelnd im Bett wälzen, reicht es, sich das Klatschen und Stopp-Rufen vorzustellen. Sofern Sie das beherzt genug geübt haben, wirkt es garantiert.

Sollten Sie wider Erwarten nicht gleich damit erfolgreich sein, dann geben Sie bitte nicht auf, sondern beginnen Sie noch einmal mit lauten Wiederholungen, um den inneren Stoppruf besser im Gehirn zu verankern. Aber bitte nicht gleich nachts, wenn der Gatte neben Ihnen schläft, sonst fällt er womöglich vor Schreck aus dem Bett.

Beide Techniken – Universalwort/Universalsatz und Gedankenstopp – können Sie direkt in einer bestimmten Situation anwenden. Somit wissen Sie, wie Sie Ihre Bewertungen steuern können. Wenn Sie Ihre Gedanken grundsätzlich lebensfroher ausrichten möchten, probieren Sie es doch mit mentalem Training (Autosuggestion).

Wirklich lebensfroh macht uns eine positive Einstellung gegenüber uns selbst, unserer Umwelt und der Zukunft. Gründervater der modernen Autosuggestion war der französische Apotheker Émile Coué, er lebte von 1857 bis 1926. Während seines Psychologiestudiums interessierte er sich ganz besonders für die Hypnose. Bald stellte er fest, dass die Art und Weise, mit welchen Worten er seinen Patienten die Arzneien gab, den Heilerfolg beeinflusste. Wenn er sie mit den Worten „Das wird sie ganz rasch wieder gesund machen" übergab, traf dies auch überwiegend zu. Aus diesem Placeboeffekt leitete er das Prinzip der Suggestion ab, welches die Grundlage der heutigen Autosuggestion darstellt.

Émile Coué war es immer wichtig, möglichst vielen Menschen beizubringen, wie sie sich selbst helfen können. Er riet seinen Patienten dazu, bestimmte formelhafte Sätze zu wiederholen, um das eigene Wohlbefinden zu steigern und die inneren Heilkräfte zu stärken. Wenn Sie sich zum Beispiel immer wieder vorsagen: „Es geht mir jeden Tag in jeder Hinsicht besser und besser", dann ist die Wahrscheinlichkeit sehr groß, dass es Ihnen auch tatsächlich bald besser geht.

Mit seinen Ausführungen zur Selbsthypnose mittels Autosuggestion begeisterte er die Menschen in Europa und den USA. Heute wird Autosuggestion häufig in Verbindung mit Autogenem Training angewandt, weil durch diese hochwirksame Tiefenentspannung die Wirkung solcher Botschaften tief in unser Unterbewusstsein eindringen kann. Es gibt auch Hypnose-CDs, beispielsweise zur Raucherentwöhnung oder um abzunehmen, im Handel. Doch was tun, wenn man etwas ganz anderes erreichen möchte und die passende CD dazu gar nicht existiert oder man keinen CD-Player hat? Ganz einfach, man kreiert seine eigenen Botschaften an das Unterbewusstsein!

Reden Sie sich das Richtige ein! Wenn ich als Kind Zweifel oder Ängste hatte, hat meine Mutter oft zu mir gesagt: „Das redest du dir nur ein." Damals fand ich das ätzend. Heute weiß ich, sie hatte recht. Wir reden uns ständig Dinge ein. Wir sagen zu uns selbst: „Ach, bin ich ungeschickt" oder: „Das wird bestimmt schrecklich, das weiß ich schon jetzt." Wenn wir das dann ein paarmal wiederholen, wie soll es dann noch gut gehen? Wir überzeugen uns ja bereits vorher vom Gegenteil. Schon allein wenn wir solche Abwertungen wiederholt aussprechen, geht es uns schlecht.

Wir haben es oft wirklich nötig, uns von dem, was uns gut tut, zu überzeugen. Es gibt so viele Menschen mit geringem Selbstvertrauen, weil sie sich unbewusst einreden, nicht gut genug zu sein. Doch man könnte sich auch ganz andere Dinge einreden. Man könnte sich doch auch wiederholt sagen: „Ich bin ein wunderbarer Mensch. Ich bin liebenswürdig." Wäre das nicht besser? Fühlt sich das nicht leichter an?

Die 1926 in Los Angeles geborene Louise Hay wurde mit dieser Technik weltweit bekannt. Als sie erkrankte, begann sie ihre Gedanken überwiegend positiv auszurichten. Um, wie sie es nannte, ihren Geist zu reinigen, übte sie sich auch in Vergebung. Das heißt, statt sich und anderen ewig böse zu sein, ließ sie Vergangenes los. Diese Lebenseinstellung gibt sie seither in ihren Büchern weiter. Sie nennt die mentalen Botschaften ihrer Methode „Affirmationen". Auch wenn ihre spirituelle Einstellung der esoterischen Ecke entstammt, hat sie eine psychologische Technik angewandt und damit vielen Menschen weltweit geholfen, denn ihre Publikationen sind bislang in 29 Sprachen übersetzt worden.

In der Psychologie gibt es zwei Methoden, um auf unsere Gedanken und Bewertungen einzuwirken, sie stammen vom US-amerikanischen Psychiater Aaron Temkin Beck. Er gilt als Gründervater der Kognitiven Verhaltenstherapie.

Bei der kognitiven Umstrukturierung wandelt man negative Sätze in positivere um. Man beobachtet seine Gedanken und Sätze im Alltag und verbessert sie zu konstruktiven Aussagen. Zum Beispiel statt „Das schaffe ich nie" zu sagen, wandelt man die Botschaft um in „Ich gebe mir Mühe, dann kann ich es schaffen". Wenn man das eine Weile übt, gewöhnt man sich konstruktives Denken und damit gleichzeitig auch die Autosuggestion an, bei der man Mentalsätze formt und wiederholt, um insgesamt eine positivere Gesinnung zu bekommen.

Ich empfehle es, diese Gesinnung zu üben. Dabei helfen beispielsweise Sätze wie: „Ich mag mich, wie ich bin", „Die Menschen um mich tun mir gut" und „Mit Zuversicht blicke ich in die Zukunft".

Haben Sie Lust, sich Ihre eigenen, ganz persönlichen Formeln zu schneidern? Genau für Sie und Ihre Zwecke passend? Das geht ganz leicht – mit dem Leitfaden den ich Ihnen hier zur Verfügung stelle. Schreiben Sie Ihre Sätze auf, handschriftlich oder am PC. Am Computer haben Sie den Vorteil, dass Sie Ihre Sätze leichter vervielfältigen können. Andererseits, wenn Sie Ihren Satz mit der Hand ein paarmal geschrieben haben, ist das bereits ein Training. Die vervielfältigten Schildchen geben Sie dorthin, wo Sie diese möglichst oft sehen können: am Badezimmerspiegel, in die Kleiderschranktüre, aufs Nachtkästchen usw. Jedes Mal, wenn Sie einen Mentalsatz sehen, sprechen Sie ihn aus. Vielleicht schaffen Sie es sogar, sich Ihre Botschaft bildhaft vorzustellen. So werden Sie ganz oft daran erinnert, bis Sie selbst tief in Ihrem Innersten davon überzeugt sind. Mit dem Leitfaden für Autosuggestionen schneidern Sie Ihre eigenen Mentalsätze. Formulieren Sie Ihre Autosuggestionen positiv, in der Gegenwart, konkret, aktiv und glaubwürdig für sich selbst.

Sagen Sie, was sein soll, und nicht, was nicht sein soll. Wenn Sie nicht mehr so gestresst sein sollen, wie wollen Sie denn sein? Gelassen? Ruhig? Dann notieren Sie als Mentalsatz: „Ich bin völlig ruhig und gelassen." Wenn Sie weniger überlastet sein möchten, könnten Sie das in etwa so schreiben: „Ich fühle mich frei und innerlich gestärkt." Beschreiben Sie immer den Zielzustand.

Formulieren Sie Ihre Sätze in der Gegenwart und nehmen Sie den Erfolg vorweg. Statt zu sagen, Sie „werden" selbstsicherer, wählen Sie lieber so eine Variante: „Ich bin selbstsicher und überzeugend." Ein lasches „Ich werde mir keine Sorgen mehr machen" wirkt nicht, weil Sie so die Sorge zum Inhalt machen. Ihr Unterbewusstsein kann „nicht" oder „kein" nicht verstehen, alles, was hängen bleibt, ist dann „mehr Sorgen". Was ist Ihr Wunsch? Was wäre ein Erfolg für Sie? Zum Beispiel: „Ich denke mit Zuversicht an die Zukunft."

Wählen Sie eine Ausdrucksweise, die Bilder in den Köpfen entstehen lässt. Eine vage, allgemeine Schreibart tut das nicht. Je konkreter, desto besser. Statt „Es geht mir besser" machen Sie Nägel mit Köpfen: „Mein Körper ist völlig gesund, fit und kraftvoll." Beim Abspecken hilft beispielsweise: „Mein Bauch ist schlank und durchtrainiert." Sehen Sie es schon im Geiste?

Seien Sie selbstwirksam und schreiben Sie nicht: „Ich werde geliebt." Von wem? Diese Aussage bleibt unklar, wenn Sie die Person nicht nennen. Und da Sie andere nicht dazu zwingen, sich selbst aber mit diesem Mentaltraining überzeugen können, formulieren Sie es besser so: „Ich mag mich, wie ich bin. Ich bin ein liebenswerter Mensch. Das strahle ich aus."

Eine Grundregel im mentalen Training lautet: „Du kannst werden, was du dir vorstellen kannst!" Deshalb ist es wichtig, dass Sie für das, was Sie erreichen wollen, Bilder finden. Wenn Sie sich etwas partout nicht vorstellen können, kann es zu innerem Widerstand kommen. Deshalb habe ich die herkömmlichen Regeln in unserem Leitfaden um einen Tipp erweitert: Seien Sie glaubwürdig für sich selbst!

Wenn Sie sich zum Beispiel „Ich bin völlig entspannt" nicht vorstellen können, weil Sie im Moment alles andere als locker sind, formulieren Sie es so: „Mit jedem Tag bin ich entspannter." Wenn Sie vorhaben abzuspecken, sich jedoch „Ich bin schlank" nicht ausmalen können, dann probieren Sie: „Mit jeder Woche bin ich schlanker."

Je häufiger Sie diese Merksätze wiederholen (sehen, sprechen, hören, fühlen), desto eher wirken sie. Die neuesten Erkenntnisse der Hirnforschung beweisen die Wirkung. Sie zeigen, dass wir unsere Stimmung auf der Gedankenebene besonders nachhaltig beeinflussen können. Reden Sie sich lieber etwas Gutes ein. Das macht Sie lebensfroh!

Stufe 3: Fröhliche Gefühle erwecken

Mit dem Gefühl der Lebensfreude werden auch Begeisterung, Optimismus, Kreativität, Selbstbewusstsein und Vitalität verbunden. Andererseits gibt es auch Dinge, die Lebensfreude beeinträchtigen können. Für den griechischen Philosophen Epikur (341–271 v. Chr.) waren es drei große Klippen, die umschifft werden mussten, um dauerhaft Lebenslust und Seelenruhe zu erreichen: Furcht, Schmerz und Begierde. Übersetzt für uns heute sind das: andauernde Sorgen und Zukunftsängste; die um sich greifenden Depressionen, die immer mehr Menschen erleiden; und schließlich Maßlosigkeit, die gierig immer mehr möchte. Das sind die großen Freudenkiller der heutigen Zeit.

Können wir diese Klippen umschiffen? Na klar! Maßhalten können wir, indem wir lernen, den Verführungen des Alltags zu widerstehen.

Wir haben schon viel größere Weltkrisen überwunden, als die Finanz- oder Wirtschaftskrise. Auch persönliche Krisen überwinden wir, sie machen uns stärker, darauf werde ich später noch eingehen. Gehen Sie ans Steuer und lenken Sie das Ruder in Richtung positiver Wahrnehmungen, Gedanken, Gefühle und Handlungen! Setzen Sie dem Schweren die Leichtigkeit vor die Nase!

Lenken Sie Ihre Gefühle auf die lebensfrohe Seite! Um sich beständige Lebensfreude anzueignen, gibt es auch auf der Gefühlsebene einige Möglichkeiten, anzusetzen. Denken Sie zum Beispiel daran, wie schnell sich die Laune verbessert, wenn im Radio Ihr Lieblingslied ertönt. Warum ziehen Sie sich also nicht ganz bewusst, gleich in der Früh Gute-Laune-Musik rein? Musik kann beruhigen, entspannen oder aktivieren. Weshalb sollte man sie also nicht gezielt nutzen?

Auch über ansprechende Bilder und Farben können wir unsere Gefühle beeinflussen. Die Werbepsychologie bedient sich längst dieser Erkenntnis. Bilder von allerliebsten

Kindern, süßen Welpen oder heißen Körpern setzt man uns vor die Nase, um uns Produkte schmackhaft zu machen. Selbst wenn wir wissen, dass diese Bilder uns manipulieren, können wir der Wirkung kaum widerstehen.

Die Erkenntnisse der Farbpsychologie kommen bereits beim Entwurf der Verpackung von Produkten zum Einsatz. Marktforscher beobachten, wie Konsumenten auf neue Produktverpackungen im Supermarkt reagieren, ob sie ins Auge stechen und zum Kauf verführen oder kein Interesse erwecken. Neue Forschungsexperimente zeigen, dass Farben beispielsweise auch Appetit beeinflussen können. Für Restaurants empfiehlt sich deshalb eine rote Farbgestaltung bei Tischtuch und Co, sie regt den Appetit an. Blau ist hingegen in der Küche anzuraten, wenn Sie gerne ein paar Kilos abspecken möchten. Solch ein Wissen können wir im Dienste der Leichtigkeit nutzen.

Weshalb sollte man die Farbpsychologie nicht gezielt zum Stimmungsaufbau einsetzen? Packen Sie Ihre Umgebung bunt ein! Dazu braucht man nicht aufwändig die Wände streichen, ein paar Wohnaccessoires erfüllen den gleichen Zweck. Ein farbiges Tischtuch, Vorhänge, ein Überwurf fürs Sofa und ein paar bunte Pölster tun es auch. Der Vorteil der Accessoires liegt darin, dass Sie diese leicht wechseln können, so wie Ihre Stimmung variiert. Sonniges Gelb im Wohnzimmer macht fröhlich, orange am Arbeitsplatz kreativ, blau im Schlafzimmer beruhigt, und ein grünes Umfeld wirkt ausgleichend und vitalisierend. Auch deshalb tun Grünpflanzen im Wohnraum gut. Vielleicht sagen Sie jetzt, ein feuriges Rot im Schlafzimmer ist auch nicht zu verachten ... Seien Sie kreativ!

Auch die Farbe der Kleidung können wir bewusst wählen und uns mit lebensfrohen Farben gute Laune verschaffen.

Gefühle sind bunt. Probieren Sie mal Folgendes aus: Wenn Sie jetzt in Ihre Bauchgegend hinein spüren, welches

Gefühl empfinden Sie dort? Wenn Sie es nicht beschreiben können, versuchen Sie sich das Gefühl vorzustellen. Welche Farbe würden Sie ihm geben?

Wenn wir Gefühle nur schwer in Worte fassen können, tun wir uns manchmal leichter, Sie in Bildern oder Farben zu beschreiben. Diese Möglichkeit bietet sich auch für Kinder an. Fragen Sie mal Ihre Tochter, welche Farbe ihr Ärger hat! Meist kommt als Antwort rot, aber auch Liebe ist rot. Trauer und Depression ist meist grau. Freude strahlt im sonnigen gelb. Wenn Ihnen kalt ist, wärmen Sie sich gedanklich mit orange, stellen Sie sich vor, wie sich die warme Farbe im ganzen Körper ausbreitet.

Gefühle bewirken etwas und die bloße Farb-Vorstellung von Gefühlen ebenso. Deshalb werden Farben auch in der Hypnose und bei der Imagination therapeutisch eingesetzt, beispielsweise in der Schmerztherapie. Man fragt den Patienten: „Welche Farbe hat Ihr Schmerz?" und leitet ihn an, diese im Geiste in Farben umzuwandeln, die heilsam wirken und Wohlbehagen bereiten. Interessanterweise sind die beiden häufigsten Farben, die Schmerzpatienten nennen, rot und schwarz. Das sind auch die Farben von Wut und Trauer – möglicherweise sind das auch die dahinterliegenden Gefühle.

Wenn Sie möchten, probieren Sie es doch selbst einmal aus. Bei Kopfschmerzen oder Rückenschmerzen ziehen Sie sich für eine kleine Auszeit an einen ruhigen Ort zurück. Wenn möglich legen Sie sich bequem auf den Rücken oder setzen Sie sich gemütlich hin. Achten Sie einen Moment auf Ihre Atmung, ohne sie zu verändern. Das hilft Ihnen dabei, in sich zu gehen. Spüren Sie nun in die schmerzende Stelle am Körper. Welche Farbe würden Sie dem Schmerz geben? Lassen Sie die Farbe nun im Geiste ausbleichen, so wie die Sonne es mit der Wäsche tut. Nach und nach, bis sie ganz blass ist. Dann färben Sie sie neu ein mit einer Farbe, die sich wohlig und heilsam anfühlt. Ist es eher eine kühle oder eine warme Farbe? So wie bei einer akuten Verletzung manchmal ein Eisbeutel, ein anderes Mal eine Wärmflasche gut tut, ist es auch hier. Also wenn kühl bei Ihrem Schmerz angenehmer erscheint, stellen Sie sich eher blau vor, wenn es warm sein soll, orange. Himmelblau kühlt das entzündete Gelenk, orange wärmt die verspannten Muskeln.

Farben zu imaginieren – sich diese vor dem geistigen Auge vorstellen – kann Überraschendes bewirken. Einmal empfahl ich einer Dame, die mit einer Arbeitskollegin nicht gut auskam, etwas Lustiges auszuprobieren. Ich erzählte Ihr zuvor die Geschichte vom Rosalinchen (siehe unten). Dann sagte ich, sie solle mal beobachten, was passiert, wenn sie ihrer Kollegin im Geiste die Farbe Rosarot schickt. Sie probierte es aus und weil ihr die Idee gut gefiel, erzählte sie auch gleich einigen Kolleginnen davon. Da diese die besagte Mitarbeiterin auch nicht recht sympathisch fanden, machten sie prompt bei dem Experiment mit. Beim nächsten Treffen erfuhr ich, was sich dann ereignete:

„Die unbeliebte Mitarbeiterin war im Urlaub. Inzwischen haben immer mehr in der Kollegenschaft mitgemacht und ihr mental die Farbe rosa geschickt. Sie werden es nicht glauben, was dann passiert ist! Die Dame ist vom Urlaub völlig verändert zurückgekommen. Sie war wie ausgewechselt, auch ihre äußere Erscheinung war kaum wiederzuerkennen. Sichtlich war sie beim Friseur gewesen, denn sie kam mit pinkfarbener Haarpracht in die Firma. Alle mussten herzhaft lachen, was wiederum die Dame verwunderte. Wir weihten sie sogleich ein, weil die Geschichte so unglaublich war. Da musste auch die Kollegin herzhaft lachen und seither bemüht sie sich, umgänglicher zu sein."

Nett, gell? Sie glauben nicht, was die rosa Brille noch alles kann! Nun möchte ich Ihnen die Geschichte vom Rosalinchen aber nicht weiter vorenthalten:

Vor zwei Jahren veranstaltete ich einen vierzehntägigen Kurs zur mentalen Gesundheitsförderung. Eine junge Mutter aus dieser Kursgruppe erzählte, sie hätte extremen beruflichen Stress, obendrein ist ihr dreijähriges Mädchen ein richtiger kleiner Teufel. Sie ist unbändig, extrem lebhaft und fordernd. Und da sie sowieso schon von der Arbeit so gestresst ist, gibt ihr das den Rest. Sie kommt nicht mal mehr nachts zur Ruhe.

Da die Mutter schon vieles ausprobiert hatte und sämtliche Erziehungsratgeber fehlschlugen, empfahl ich ihr eine etwas unkonventionelle Methode. Immer wenn sie sich dabei ertappt, über ihre Tochter zu grübeln, soll sie dem Mädchen in Gedanken die Farbe rosa schicken. Nach vier Wochen sahen wir die Mutter wieder. Ihre Gesichtszüge waren völlig entspannt und sie schien wesentlich gelassener. Darüber staunten wir und alle in der Kursgruppe wollten wissen, was sich ereignet hatte. Sie erzählte uns: „Nach drei Tagen Rosa-schicken beschloss ich, mein Mädchen nicht mehr Teufelchen, sondern Rosalinchen zu nennen. Mir hat das Rosa-schicken richtig Spaß gemacht, ich fühlte mich Tag für Tag ausgeglichener. Mein Rosalinchen ist auch nicht mehr dieselbe, sie ist ruhiger und anhänglicher geworden. Früher konnte sie am Schoß nicht ruhig sitzen, aber jetzt kuschelt sie mit mir."

Haben Sie auch jemanden, dem Sie ein wenig Rosa schicken wollen? Probieren Sie es aus! Und wenn auch Sie eine lustige oder unglaubliche Geschichte erleben, lassen Sie es mich wissen!

Stufe 4: Lebensfroh handeln

Früher nahm man in der Gehirnforschung an, es gäbe keinen freien Willen, denn unser Verhalten wäre nur eine

Sache der Körperchemie. Inzwischen wurde diese radikale Ansicht widerlegt. Der Neurobiologe Peter Spork beschreibt die neuen epigenetischen Erkenntnisse in seinem Buch „Der zweite Code. Epigenetik – oder wie wir unser Erbgut steuern können". Durch bewusste Handlungen können nicht nur Gefühle beeinflusst, sondern sogar die Gene verändert werden. Das bedeutet, wenn ein Mensch über einen längeren Zeitraum hinweg lebensfrohe Handlungen setzt, empfindet er nicht nur mehr Lebensfreude, diese Veränderung kann sich auch auf die Gene auswirken. Also selbst wenn Sie keine fröhliche erbliche Veranlagung haben, können Sie dem bewusst entgegensteuern und Ihren Nachkommen ein fröhlicheres Erbgut mitgeben. Ist das nicht fantastisch? Wir können die Zukunft gestalten und sind nicht hilflos unseren Genen ausgeliefert.

Sich lebensfroh zu verhalten ist ganz einfach. Tun Sie genau das, was Sie machen, wenn Sie gut gelaunt sind. Pfeifen Sie zum Beispiel ein fröhliches Lied, schmunzeln Sie vor sich hin, lachen Sie, als hätte ein Witz Ihr Gemüt erheitert oder verlassen Sie mit erhobenem Haupt den Raum, trotz Ärgernis.

Der Unterschied zwischen Verhalten und Handeln liegt darin, dass Sie sich einer Handlung bewusst sind, während Ihr Verhalten eher automatisiert abläuft. Die Devise ist, agieren statt reagieren. Handeln Sie fröhlich, dann verhalten Sie sich auch über kurz oder lang fröhlich.

Was muntert Sie auf? Welche Ihrer Aktivitäten stimmen Sie fröhlich? Sammeln Sie Ideen und beobachten Sie sich im Alltag. Schauen Sie mal was andere tun, um Ihre Stimmung zu heben. Vielleicht passt es ja auch für Sie! Wenn Sie mal nicht so gut drauf sind, dann tun Sie so, als wären Sie lebensfroh! Probieren Sie es aus, Sie werden sehen, es macht happy.

Handeln Sie begeistert, dann sind Sie begeistert! Ein ganz besonders starker Ausdruck von Lebensfreude ist

Begeisterung. Haben Sie schon einmal bemerkt, wie ansteckend Begeisterung sein kann?

Haben Sie schon einmal erlebt, dass ein Redner sein Publikum förmlich mitgerissen hat? Ein begeisternder Vortrag ist kurzweilig und überzeugend. Oder wenn Sie in ein Geschäft gehen und der Verkäufer Ihnen mit Enthusiasmus erklärt, wie das neue Produkt funktioniert. Na klar kauft man da eher ein und ist selbst vom Produkt überzeugt. Begeisterung ist ein ganz besonderer Starkmacher. Begeisterung erweckt Leichtigkeit.

Okay, werden Sie jetzt vielleicht denken, doch was tun, wenn ich nicht begeistert bin? Kann man Begeisterung entwickeln? Ja, das können Sie. Tun Sie eine Weile begeistert (durch bewusstes Handeln) und Sie werden begeistert sein!

Nehmen wir als Beispiel Ihren Beruf. Es wird Tage geben, an denen Sie sich denken: „Heut hab ich keinen Bock." Ab und zu ist das ganz normal, bei allem, was man tut, kann man mal die Lust verlieren. Hält dies ein Weilchen an, ist das meist ein Hinweis darauf, dass die Energiespeicher wieder aufgeladen werden sollten. Begeisterung ist dann ein Starkmacher. Es geht um die Fähigkeit, sich selbst zu motivieren. Richten Sie Ihre Wahrnehmung gezielt auf das Gute, konzentrieren Sie sich auf das Schöne, auf die Vorzüge Ihrer Arbeit, damit Sie wieder Spaß an der Sache haben.

Helmut war beispielsweise sehr frustriert. Seine beiden Brüder waren beide im Finanzgeschäft tätig und verdienten mehr als er. Es wurmte ihn sehr, wenn Sie sich einmal im Monat beim Kartenspielen trafen und die Brüder ihn hänselten: „Der arme Herr Lehrer." Eines Tages fasste er sich ein Herz und beschloss, etwas dagegen zu unternehmen. Er wollte sich nicht länger von solchen Bemerkungen runterziehen lassen, also setzte er sich hin und schrieb eine Liste, was ihn an seinem Job begeisterte: „Ich wollte immer schon mit Kindern arbeiten", „Es macht mir Spaß, zu unterrichten",

„Ich liebe Biologie", „Ich kann mich selbst immer wieder weiterentwickeln", „Mein Job ist familienfreundlich", „Im Sommer kann ich mit meiner Familie längere Urlaube genießen", „Ich mache das, was ich immer schon tun wollte", „Wir haben eine gute Gemeinschaft am Arbeitsplatz", „Ich hab einen fairen Chef" usw.

In den nachfolgenden Tagen achtete er darauf, was ihm noch alles an seiner Arbeit gefiel und die Liste wurde immer länger. Seine Begeisterung wuchs und gedieh. Bei der nächsten Kartenrunde sprühte Helmut vor Enthusiasmus. Er schwärmte vor seinen Brüdern, wie aufregend es gerade war, weil er ein neues Projekt in der Schule initiiert hatte. Den Kindern mache es Spaß, die Biologie einmal hautnah zu erleben. Sogar die Eltern beteiligen sich. Helmut schilderte begeistert und die Brüder kamen gar nicht dazu, etwas Abfälliges über seinen Job zu sagen.

„Das ist ja banal", höre ich Sie förmlich sagen, „und wenn ich mir jetzt eine Liste mache, bin ich dann auch begeistert?" Möglicherweise, oft ist gerade das Banale wirkungsvoll. Als Helmut seine Liste schrieb, erinnerte er sich an berufliche Ereignisse, bei denen die Begeisterung besonders stark war. Als diese Gefühlserinnerung aktiviert wurde, war es, als hätte sich ein Schalter umgelegt. Die Begeisterung war wieder präsent.

Auch Sie können sich begeistern – in jeder Hinsicht, ob im Beruf oder in Ihrer Beziehung. Sie können begeistert sein von dem, was Sie tun, oder über Menschen, mit denen Sie in Kontakt treten. Machen Sie es wie Helmut und konzentrieren Sie sich auf das Schöne und Gute. Das baut Sie auf und so denken Sie enthusiastisch. Geraten Sie richtig ins Schwärmen! So wie ein begeisterter Verkäufer seine Kunden überzeugt, indem er über sein tolles Produkt jubelt, so überzeugen auch Sie sich immer wieder selbst von Ihrer Sache!

Lassen Sie bei allem, was Sie tun, die Begeisterung teilhaben! Machen Sie Begeisterung zu Ihrer Lebenseinstellung – und die Leichtigkeit ist ganz bei Ihnen.

Sich mit lieben Leuten angeregt zu unterhalten, steigert unser Wohlbefinden enorm. Auch kommunizieren heißt handeln. Die Art, wie wir miteinander reden, beeinflusst unser Befinden enorm. Dabei ist alles, was wir sagen, aber auch, wenn wir mal nichts sagen, Kommunikation. Vom Kärntner Kommunikationswissenschaftler Paul Watzlawick stammt der Satz: „Man kann nicht nicht kommunizieren." Sobald Menschen aufeinandertreffen, kommunizieren sie miteinander. Ob sie jemanden grüßen oder bewusst wegsehen, sagt eine Menge aus und auch, wie sie das tun.

Wie können wir unsere Kommunikationsfähigkeit nutzen, um unsere Lebensfreude zu bestärken?

Beginnen wir bei der Körpersprache. Die innere Haltung eines Menschen zeigt sich immer auch außen, in seiner Körperspannung, Bewegung und in der Mimik. Man sieht einem Menschen an, ob er frustriert oder lebensfroh ist. Nehmen Sie bewusst eine aufrechte Körperhaltung ein und setzen Sie einen fröhlichen Gesichtsausdruck auf: Kopf hoch, Bauch rein, Brust raus und zaubern Sie ein begeistertes Lächeln in Ihr Gesicht … nach ein paar Minuten in dieser Haltung sind Sie automatisch fröhlicher. Probieren Sie es aus! Am besten mehrmals täglich, denn je öfter Sie auf eine fröhliche Körpersprache achten, desto eher gewöhnen Sie sich diese Haltung an – und Ihre Lebensfreude wächst.

Auch mit verbalen Tricks können wir uns helfen. Achten Sie dabei bitte auch auf Ihre innere Sprache, darauf, wie Sie mit sich selbst sprechen. Worte und Sätze können sehr machtvoll sein. Sie können Kriege verhindern oder Frieden verwehren. Sie können uns innerlich zufriedener machen oder Harmonie stören.

Ein rhetorischer Starkmacher ist zum Beispiel das Wort „jetzt". Dieses Wort hilft Ihnen dabei, ganz in der Gegenwart zu sein. Das fühlt sich leicht an, denn die gegenwärtig erlebten Dinge sind unsere gelebte Zeit.

Sorgen und Ängste verschieben uns geistig in die Zukunft. Man erlebt im Kopf, was vielleicht irgendwann einmal sein könnte. Vielleicht passiert ja tatsächlich morgen etwas oder in zwei Jahren oder vielleicht auch gar nicht. Sie haben recht: Wenn es eintritt, sind Sie vorbereitet, immerhin haben Sie sich ja genug Gedanken darüber gemacht. Doch ist das tatsächlich so? Bereiten Sie sich im Kopf auf Schwierigkeiten vor oder machen Sie sich mit diesen sorgenvollen Gedanken einfach nur fix und fertig?

Zorngedanken halten uns in der Vergangenheit. Man denkt an eine bereits vergangene Situation und lässt die Ärgergefühle nicht los. Nun, in diesem Fall kommt es darauf an, ob Sie den Ärger sinnvoll verarbeiten wollen und deshalb die Situation in Gedanken noch einmal durchgehen – oder ob der Ärger zum Selbstläufer wird, der sich ja doch nur aufschaukelt, bis das Fass beinahe überläuft. Der Blutdruck steigt und ein klarer Gedanke, geschweige denn ein Bewältigen der Wut, gelingt dabei nicht.

Gegenwärtig zu sein, ist die einfachste Methode, loszulassen. Viele Leute sind jedoch so oft mit ihren Gedanken in der Vergangenheit und in der Zukunft, dass es ihnen schwer fällt, im Hier und Jetzt zu sein. Doch mit dem Wort „jetzt" können Sie das mit Leichtigkeit tun. Probieren Sie einmal, eine Viertelstunde lang alles zu kommentieren, was Sie gerade tun und zwar indem Sie jeden Satz mit „jetzt" beginnen.

Jetzt lese ich im Buch. Jetzt greife ich zum Glas. Jetzt trinke ich einen Schluck. Jetzt schlucke ich hinunter. Jetzt stelle ich das Glas wieder hin. Jetzt höre ich die Haustürglocke. Jetzt stehe ich auf. Jetzt gehe ich zur Haustür. Jetzt schaue ich, wer da ist. Jetzt mache ich die Tür auf. Jetzt grüße ich die Postbotin. Jetzt unterschreibe ich. Jetzt nehme ich das

Paket entgegen. Jetzt stelle ich es auf dem Sessel ab. Jetzt verabschiede ich mich. Jetzt schließe ich die Türe usw.

Das ist eine tolle Übung und sie macht Spaß! Machen Sie ein Spielchen draus. Der Hausputz oder das Kochen eignet sich besonders gut, um es mit „jetzt" zu kommentieren. Holen Sie sich ein paar Mitspieler. Bitte trinken Sie nicht bei jedem Patzer einen Tequila, denn das könnte zu einem Vollrausch führen. Man glaubt ja nicht, wie oft man von der Gegenwart abschweift: „Jetzt werde ich mich gleich setzen", ist ein Patzer, weil Sie damit in die Zukunft rutschen. „Jetzt habe ich mich gesetzt" bedeutet, dass Sie in der Vergangenheit gelandet sind. Benennen Sie am besten einen Schiedsrichter und bei jedem Patzer kommt der Nächste an die Reihe. So üben Sie spielerisch, im Augenblick zu verweilen.

Das Wörtchen „jetzt" kann auch sonst noch einiges. Es ist ein Starkmacher, weil es schöne Momente verstärkt. Das geht so: Sprechen Sie diesen Satz aus, wenn Sie sich freuen und Ihnen etwas gefällt: „Jetzt genieße ich es!"

Doch Vorsicht! Dieser Starkmacher hat einen Gegenspieler, den Schwächling „nur". „Nur noch ein paar Minuten, bis das schöne Lied zu Ende ist" – dieses „nur" am Anfang schränkt die Freude ein. So etwas passiert uns wirklich oft! Ist Ihnen aufgefallen, wenn Sie etwas Schönes erleben, wie rasch Sie sich die Schönheit verderben? Wenn Sie beispielsweise Ihren langersehnten Urlaub auf Korfu genießen möchten und während Sie am herrlichen Sandstrand spazieren, hören Sie innerlich: „Nur noch vier Tage." Ist doch ätzend! Oder: Sie bekommen eine Gehaltserhöhung, doch statt sich zu freuen, sagen Sie: „Sind ja nur drei Prozent." Oder: Nach langer Zeit treffen Sie Ihren besten Freund in Ihrem alten Lieblingslokal. Sie unterhalten sich köstlich und während des Gesprächs kommt Ihnen der Gedanke: „Wann geht mein Zug? Nur noch dreißig Minuten, dann muss ich gehen."

Schrecklich! Mildern Sie das Schöne nicht! Sagen Sie lieber: „Jetzt genieße ich das Leben!"

Was lernen wir daraus? Verwerfen Sie bitte nicht gleich das Wörtchen „nur", es kann uns auch recht nützlich sein. Setzen Sie es bewusst ein und zwar immer dann, wenn Sie etwas Ungutes erleben! „Nur" verkürzt die Zeit. Zum Beispiel: Sie sind beim Zahnarzt und haben dort eine Wurzelbehandlung. Während der Bohrer vor sich hinbrummt und Ihnen die Tränen aus den Augenwinkeln kullern, sagen Sie sich: „Nur noch ein paar Minuten." Auch wenn Sie verliebt sind und sich vor Sehnsucht nach Ihrem Schatz verzehren, während Sie auf ihn warten, passt das „nur".

Handeln Sie richtig! Oft richtet man sein Handeln danach aus, anderen zu gefallen. Wahrscheinlich werden Sie das gleich mal für sich verneinen. Doch Hand aufs Herz, davor ist man kaum gefeit. Es gibt zahlreiche Verführungen im Alltag, denen wir unbewusst unterliegen. Schließlich will man ja dazugehören, das ist ein normales menschliches Bedürfnis.

Dazu fällt mir eine kleine Geschichte ein: Drei junge Polizistinnen sind das erste Mal gemeinsam auf Streife. Zwei sind schon länger Partnerinnen, die dritte ist neu, sie soll eingeschult werden. Als endlich die Pause ansteht, machen es sich die drei im Streifenwagen bequem. Sie packen ihre Jausenbrote aus und die erste lästert: „Jetzt schau dir das mal an. Mein Mann hat mir schon wieder Leberwurst ins Brot geschmiert. Der müsste langsam schnallen, dass ich das nicht ausstehen kann." Sie steigt aus dem Wagen und schmeißt das Brot an der Straßenecke in den Mülleimer. Da beginnt schon die nächste zu fluchen: „Das darf doch nicht wahr sein. Da schau ich in mein Brot und was sehe ich? Schweineschmalz. Ich hasse Schweineschmalz! Das muss mein Holder doch längst wissen." Auch sie steigt aus und schmeißt ihr Brot in den Mistkübel. Plötzlich springt die Dritte aus dem Wagen und tut es den anderen gleich. Die anderen fragen: „Wieso schmeißt du dein Brot weg? Du hast ja nicht einmal hineingeschaut?" Sie antwortet: „Das brauch ich doch nicht. Ich kann Käse nicht leiden. Ich weiß, dass Käse drin ist, das hab ich mir heute Morgen selbst zubereitet."

Auch wenn das ein Witz ist, so angeschmiert sind wir alle von Zeit zu Zeit, wenn wir uns zu sehr anpassen. Warum wohl? Wer sich stets verbiegt, macht sich nicht glücklich, sondern bucklig. Der Selbstwert leidet darunter und das geht auf lange Sicht meist nicht gut. Die neue Polizistin hätte anders gehandelt, wenn sie zu sich selbst gestanden hätte. Sie hätte humorvoll sagen können: „Zum Glück kann mir das nicht passieren, meine Brote schmier ich mir selbst."

Wenn Sie mit jemandem Freundschaft schließen, würde es Ihnen dann gefallen, wenn der alles was Sie tun, gut findet und vielleicht sogar nachahmt wie ein kleines Äffchen? Oder würden Sie es genießen, wenn Sie einer interessanten Person begegnen, die sich öffnet und Sie an ihrer Individualität teilhaben lässt? Genau darum geht es bei Kommunikation: einander ehrlich und wertschätzend zu begegnen. Das macht jedes Zusammentreffen leicht! Seien Sie einfach ein Vorbild und machen Sie es den anderen vor.

Es gibt in Wirklichkeit nur einen einzigen Menschen, dem Sie es recht machen können. Was denken Sie, wer das wohl ist? Nur sich selber können Sie es recht machen – und das sollten Sie auch! Ein altes Sprichwort sagt: „Jedem Menschen recht getan, ist eine Kunst, die niemand kann."

Was tun, wenn Zweifel aufkommen? In dem Moment, in dem Sie an irgendetwas zweifeln, sollten Sie bereits handeln. „Der Zweifel frisst mich auf", hört man, wenn Menschen ihren Zweifel anstehen lassen.

Zweifel hat die Funktion, Ihnen zu zeigen, dass Sie sofort handeln sollen. Das beginnt bereits in ganz banalen

Alltagssituationen. Sie gehen außer Haus und nach ein paar Schritten überkommt Sie der Zweifel: „Hätte ich vielleicht den Schirm mitnehmen sollen?" Gehen Sie lieber zurück und holen Sie den Regenschirm! Vielleicht haben Sie Glück und es regnet nicht, doch wenn Sie Pech haben und es regnet in Strömen, werden Sie bis auf die Unterwäsche nass und ärgern sich, weil Sie nicht auf Ihre Intuition gehört haben.

Ein paar Tage vor der Meisterprüfung überlegt Tim, ob er das Kapitel über Hygiene noch einmal wiederholen soll. In dem Moment, wo er darüber nachdenkt, ist klar, dass er sich dabei nicht sicher ist. Also worauf warten? Doch Tim denkt sich nur: „Aber Hygiene ist ja nicht so wichtig, das fragt sowieso keiner. Lieber konzentriere ich mich auf Werkskunde." Prompt bekommt er bei der Prüfung eine detaillierte Hygienefrage gestellt. Sofort schießt ihm der Gedanke ein: „Oje, das hab ich nicht gelernt." Ihm wird heiß, er beginnt zu schwitzen, seine Knie schlottern. Der Schrecken ist so groß, dass er ihn für die gesamte weitere Prüfung blockiert. „Hätte ich das nur gelernt", hilft ihm im Nachhinein auch nicht mehr.

Danielas größter Traum war es, den Kilimanjaro zu steigen. Doch nach einer diagnostizierten Arthrose im Kniegelenk schien es unmöglich zu sein. Dann tauchte Helma in ihrem Leben auf, eine 70-jährige, unglaublich sportliche, fitte Person. Sie lernten sich bei einem Sprachkurs kennen. „Bewundernswert, mit siebzig möchte ich auch so fit sein", dachte sie. Bei einem gemeinsamen Kaffee hörte Daniela, dass Helma seit zehn Jahren Bergführerin am Kilimanjaro ist. Jährlich führt sie eine Gruppe hinauf. Je mehr sie darüber erfuhr, desto höher schlug ihr Herz. Sie wusste, das war genau das Richtige für sie. Mit Helmas Gruppe könnte sie mithalten, wenn sie zuvor trainierte. Im kommenden Februar wollte sie mit von der Partie sein.

Im Herbst erhielt Daniela ein umwerfendes Jobangebot.

Sie sollte eine eigene Filiale leiten. Nach einer Schulungsphase sollte es nach einem halben Jahr soweit sein. „Die Chance kann ich mir nicht entgehen lassen", dachte sie und griff zu.

Das Lernen war aufwendiger, als sie dachte. Zum Sporteln war immer weniger Zeit und Daniela kamen erste Zweifel, ob sie es bereuen würde, wenn sie nicht mit auf den Berg ging. „Naja, aufgeschoben ist nicht aufgehoben, ich mach die Kilimanjaro-Tour mit Helma ein Jahr später." Doch als sie nach vielen trainingsfreien Wochen wieder furchtbare Knieschmerzen bekam, musste sie zum Arzt. Zu diesem Zeitpunkt war es zweifelhaft, ob sie je wieder solch anstrengende Bergtouren machen könnte. Sie begann dann mit einer Physiotherapie. Erst im Sommer konnte sie wieder ins Fitnesscenter, um vorsichtig die Muskeln aufzubauen und da traf sie auch wieder Helma. Sie wunderte sich, dass die fitte Siebzigjährige kaum Gewichte auf ihre Hanteln gab. Beim Kaffee danach erfuhr sie, dass Helma ein Herzleiden hatte und nicht mehr auf den Berg gehen soll. „Hätte ich die Tour nur gemacht", dieser Gedanke kommt ihr immer wieder.

Die Geschichte hätte auch anders aussehen können, wenn Daniela auf ihren ersten Zweifel gehört hätte. Es hätte so ablaufen können: Als sie durch den neuen Job immer weniger Zeit fürs Sporteln hatte, überlegte sie, ob sie die Bergtour noch machen sollte. „Naja, aufgeschoben ist nicht aufgehoben, ich mach die Kilimanjaro-Tour mit Helma ein Jahr später." Doch als sie das ausgesprochen hatte, wusste sie, dass es falsch war. Dann fasste sie den Entschluss, trotz des Jobangebots auch für den Berg zu trainieren. Es war manchmal wirklich hart, denn die Jobschulungen waren aufreibend genug. Doch wenn sie Helma traf, waren die Zweifel flugs wieder weg. In der Arbeit ging der Antrag nach drei Wochen Urlaub im Februar durch. Dann war es soweit, ihr Traum ging in Erfüllung. Diese Tour wird sie ihr Leben lang nicht vergessen. Sie ist froh, dass sie dabei war, denn kurz darauf wurde bei Helma eine Herzschwäche diagnostiziert. Es war Helmas letzte Tour. Die beiden blieben gute Freunde und teilten die gemeinsame Erinnerung. Für Daniela war es die beste Vorbereitung auf ihren Job als Führungskraft. Was sie am Berg erfahren hatte, konnte sie im Joballtag gut brauchen.

„Man kann im Leben nur bereuen, was man nicht getan hat!" Dieser Satz stammt vom US-amerikanischen Professor Randy Pausch. Die Bedeutung dieser Worte wirkt noch ergreifender, wenn man erfährt, dass dies seine letzte Vorlesung war. Als er sie mit seinen 46 Jahren hielt, sah er bereits dem Tod ins Auge. Er wusste, er hatte nur noch ein paar Wochen mit einem Bauchspeicheldrüsentumor zu leben. Er motivierte seine Studenten, das zu tun, wofür ihr Herz brennt, und ihre Kindheitsträume zu verwirklichen. Am Ende stellte sich heraus, dass diese Rede vor allem seinen kleinen Kindern galt. Diese „Last Lecture" war so ungemein bewegend, dass Sie nicht nur als Video um die Welt ging, inzwischen wurde sie auch als Buch publiziert und in viele Sprachen übersetzt.

Es sich selbst recht zu machen, hat nichts mit egoistischem Ellenbogenverhalten zu tun, sondern damit, dass Sie zu sich und Ihrer Einstellung stehen. Bedenken Sie bei dieser Haltung natürlich auch Rücksicht zu nehmen. Eine einfache Regel dazu lautet: Die Grenze des einen endet dort, wo die Grenze des anderen beginnt. Respektieren Sie Grenzen! Ihre eigenen und die der anderen. Sich so zu verhalten, wie man es selbst für richtig hält, das macht zufrieden! Wenn man sich verbiegt, macht das auf Dauer unzufrieden.

Jeder Mensch hat eine eigene Moral und eigene Werte – auch das sind Grenzen. Als Kinder bekommen wir diese von den Eltern mit und übernehmen sie von der Kultur, in der wir leben. Als Erwachsene sollten wir sie überprüfen und modifizieren. Werte sind stark, sie bestimmen unser Handeln, sie motivieren, aktivieren oder blockieren uns. Wer etwas tut, das seiner Einstellung, seinen Werten und Zielen widerspricht, der ist mit sich selbst immens unzufrieden. Das Interessante an der Sache ist, dass wir oft gar nicht merken, was da abläuft.

Stellen Sie sich vor, Andrea und Bernd, ein bis über beide Ohren verliebtes Pärchen, sind in ein neues Haus in eine neue Stadt übersiedelt. Da Bernd leidenschaftlich gerne Handball spielt, besucht er den dort angesiedelten Club. Die Mannschaft gefällt ihm, das Spiel macht Spaß, er fühlt sich gefordert und freut sich, dass er so fit bleiben kann. Andrea freut sich für ihn und so teilen sie das Glück. Als die Männer beim nächsten Mal nach dem Spiel gemeinsam etwas trinken gehen, fühlt Bernd sich ziemlich unbehaglich. Einen so rauen, abfälligen Ton ist er nicht gewohnt. Bei jedem Bier, das die Jungs trinken, wird es abwertender. Als dann jeder in der Runde über die eigene Frau verletzend herzieht, wird es ihm zu tief. Er verlässt das Lokal. Nach jedem weiteren Training kehrt er gereizt nach Hause zurück. Als Andrea ihn darauf anspricht und fragt, was ihn so grantig macht, weiß er es selbst nicht wirklich.

Man spricht hier von innerer Diskrepanz. Ist der Abstand zwischen dem, was ist, und dem, was sein soll, groß, entsteht ein unangenehmer innerer Spannungszustand. Bernd ist ein wertschätzender Mensch. Abwertungen widerstreben ihm. Noch dazu ist er immer noch sehr in seine Frau verliebt und genießt jede gemeinsame Minute. Er versteht nicht, auf welche Art die Sportkumpels ihre Beziehungen führen. Der häufigste Grund, weshalb jemand scheinbar grundlos grantig ist, liegt darin, dass man sich selbst widersprochen hat. Diese Spannungen können zwar durch Sport abgebaut werden, doch im Fall von Bernd ist das ein Teufelskreis.

Er könnte sich bewusst machen, dass seine Gereiztheit daher rührt, dass er sich mit Menschen umgibt, die seiner

Gesinnung widersprechen. Erst dann, wenn ihm das klar wird, kann er die Diskrepanz lösen. Ändern wird er die Gruppe nicht können, das wäre wohl eine Lebensaufgabe. Er muss aber auch nicht gleich das Handtuch werfen. Vielleicht hilft es ihm, wenn er sich selbst sagt: Mit denen hab ich privat nichts am Hut, außer Sport haben wir nichts gemeinsam. Sollte das nicht klappen und sein Groll anhalten, ist es vielleicht besser, sich nach einer anderen Gruppe oder einer anderen sportlichen Betätigung umzusehen.

Vielen sind auch die eigenen Moralvorstellungen nicht bewusst. Erst in konkreten Situationen treten sie zum Vorschein. Bettina und Sabine sind seit dem Kindergarten beste Freundinnen. Sie haben viel miteinander erlebt, sicher auch ab und zu gestritten und sich so manches verziehen. Doch was die Freundschaft völlig zerrüttet, ist, dass Sabine eine Affäre mit einem verheirateten Mann hat. Als Bettina das nach ein paar Wochen erfährt, ist sie genervt und grantig. Zuerst glaubt sie, das rührt daher, weil sie es erst so spät erfährt. Als beste Freundin hätte sie ein Anrecht darauf, so etwas sofort zu wissen. Doch diese gespannten Gefühle halten an und bei jedem weiteren Treffen ist sie böse auf Sabine. Jedes Mal, wenn sich die beiden sehen, wird sie wütender. Die Situation eskaliert, als Sabine ihr eines Tages erzählt, dass sie plant, etwas zu unternehmen, damit er endlich seine Frau verlässt und sich für sie entscheidet. Bettina brüllt: „Mit dir will ich nie wieder etwas zu tun haben." Bei diesem Satz wird ihr erst klar, wie wichtig ihr die eigene Beziehung mit ihrem Mann ist und wie abscheulich sie es findet, wenn eine andere Frau sich in eine funktionierende Ehe drängt. Das Verhalten der Freundin widersprach ihrer Moral. Die zwei haben sich zum Glück später wiedergetroffen und ausgesprochen, doch so eng wie zuvor wurde die Freundschaft nicht mehr.

Die Moral von der Geschichte: Machen Sie sich Ihre

Werte und Moralvorstellungen bewusst, denn Sie verhalten sich (unbewusst) danach. Überprüfen Sie, ob diese für Sie noch passen und wenn ja, dann stehen Sie auch dazu. Sie sind Teil Ihrer Persönlichkeit. Machen Sie es sich selber recht, das macht das Leben leichter!

Der Weg zur stabilen Lebensfreude

Möchten Sie gerne, dass Ihre Lebensfreude sich festigt und anhält? Dazu können Sie ganz einfach etwas tun: Führen Sie ein Wohlfühltagebuch!

Schreiben Sie auf, was Sie froh macht! Nehmen Sie sich ein hübsches Notizbuch oder einen schicken Kalender und tragen Sie ab jetzt täglich am Abend die Antwort auf folgende Frage ein: „Was war das Schönste am heutigen Tag?"

Das Geheimnis dabei ist, dass man tatsächlich jeden Tag einen Eintrag macht. Sich nur die Antwort zu denken, bewirkt längst nicht so viel, wie sie aufzuschreiben. Irgendetwas finden Sie immer. Selbst wenn ein Tag noch so schrecklich verläuft, ist dennoch irgendetwas das Schönste. Probieren Sie es aus! Das geht wirklich ganz leicht und ein paar Notizen sind völlig ausreichend. Bereits nach drei bis vier Wochen verbessert sich Ihre Stimmung dadurch deutlich.

Überzeugen Sie sich davon, indem Sie Ihr mentales Befinden wieder auf einer Skala von plus zehn (Ich fühle mich seelisch absolut wohl) bis minus zehn (Ich fühle mich seelisch sehr schlecht) messen. Tragen Sie diesen Wert täglich dazu, gleich wenn Sie ins Wohlfühltagebuch schreiben – dann sehen Sie den Erfolg.

Sie können noch einen weiteren ganz besonderen Nutzen aus dem Wohlfühltagebuch ziehen. Sie können damit nicht nur depressiven Verstimmungen vorbeugen, man kann damit auch wesentlich etwas zu deren Heilerfolg beitra-

gen. Nach vier Wochen in denen Sie täglich etwas eingetragen haben, nehmen Sie das Büchlein mal zur Hand und lesen Sie darin. Streichen Sie jene Dinge an, die Ihnen besonders viel Freude bereitet haben und jene, die häufig vorkommen. Dieses Hervorheben dient einem ganz besonderen Zweck: Sollten Sie tatsächlich einmal in die missliche Lage kommen, dass Sie ein seelisches Tief haben oder gar unter Depressionen leiden, dann hilft es Ihnen, das zu tun, was Sie sonst erfreut. Tun Sie gezielt jene Dinge, die Sie angestrichen haben. Steht im Büchlein beispielsweise, dass Sie die Ausflüge ins Gartenparadies oder in den Zoo als besonders schön erlebt haben, dann machen Sie eine Tour dorthin. Und zwar nicht, weil Sie sich dann freuen (das werden Sie nicht, wenn Sie depressiv sind), sondern damit Sie wieder Freude empfinden können. Tun Sie all jene Dinge, die Sie angestrichen haben, damit sich Ihre Stimmung bessert. Ihr Gehirn bekommt jedes Mal, wenn Sie etwas für Sie Schönes erleben, einen Schubs in Richtung mentaler Gesundheit. Es ist ein Hinweis, der dem Kopf sagt: „So bist du lebensfroh" und wenn das Hirn ein paarmal geschubst wurde, geht's Ihnen besser.

Viele Menschen verfallen dem Glauben, gegen eine Depression könne man selbst nichts machen. Das stimmt nicht. Sie können selbst am allermeisten zur Besserung beitragen. Depression ist eine Störung im Gehirnstoffwechsel. Dabei helfen die passenden Antidepressiva, so wie Insulin bei Diabetes. Doch auch bei Diabetes kann man mit einem gesunden Lebensstil viel erreichen, ebenso wie durch eine positive Einstellung.

Früher nannte man Depression das „Losigkeitssyndrom", denn man ist freudlos, lustlos, antriebslos. Der Antriebslosigkeit nachzugeben, indem man sich zurückzieht, verstärkt die Störung. Aktiv zu sein und unter Leute zu gehen, vertreibt sie. Der größte Feind einer Depression

ist Aktivität. Das ist nicht immer leicht, doch sich einer Depression hinzugeben, macht alles noch viel schwerer. Was hilft, ist, sich immer wieder zu sagen: „Das ist nur die Depression. Das bin nicht ich." So kann die Erkrankung nicht völlig von einem Besitz ergreifen. Lernen Sie rechtzeitig auf Signale zu achten, wenn Sie eine chronische Form haben. Die ersten Alarmzeichen sind oft Gereiztheit, Freudlosigkeit, Lustlosigkeit und Schlaflosigkeit. In dem Moment, wo Sie beim täglichen Spaziergang überlegen, wozu das gut sein soll und sie sich bei der Vorstellung, bekannte Gesichter zu treffen unwohl fühlen, läuten die Alarmglocken! Suchen Sie sich eine vertraute Person, die Sie bei den ersten Signalen anrufen. Sie brauchen einen Menschen, der Sie dann abholt, um mit Ihnen hinauszugehen, und der sie dazu motiviert, aktiv zu bleiben. Auch Selbsthilfegruppen können sinnvoll sein, doch Vorsicht, bei dieser Thematik sollte die Gruppe von einem Arzt oder Psychologen betreut werden, damit sich die Teilnehmer nicht gegenseitig runterziehen, sondern aufbauen und unterstützen können.

Ein Wohlfühltagebuch zu führen kann selbst in der Depression helfen. Dabei ist es auch wichtig, dass man ein wenig geschubst wird, sonst schafft man es am Ende nicht, auch wirklich etwas reinzuschreiben.

Die Wirkung des Wohlfühltagebuchs wurde in einer Klinik mit schwer depressiven Patienten wissenschaftlich untersucht und seine Wirksamkeit gemessen. Dabei gab es drei Gruppen: In der Kontrollgruppe C waren zufällig ausgewählte Patienten, bei denen lediglich nach der Befindens-Skala das seelische Befinden gemessen wurde. Das wurde bei den beiden Versuchsgruppen A und B ebenfalls gemacht. Mitglieder der Gruppe A wurden noch dazu gebeten, täglich aufzuschreiben, was das Schönste am Tag war. Bei der Gruppe B wurde dasselbe verlangt, mit dem Unterschied, dass diese Patienten dem Psychiater täglich einen Besuch

abstatten sollten. Der Arzt fragte dann den jeweiligen Patienten, was er reingeschrieben hat. Depressiven Patienten kann der Antrieb dafür fehlen, deshalb bat der Arzt in solchen Fällen freundlich: „Bitte gehen Sie ins Wartezimmer und tragen Sie dort etwas ein. Es fällt Ihnen sicher irgendetwas ein und dann kommen Sie wieder herein." Mit diesem Schubs gelang es, dass die Patienten tatsächlich täglich eintrugen. Das Ergebnis nach vier Wochen war überzeugend: Bei der Kontrollgruppe und der Gruppe A hat sich nicht viel getan. Doch bei jenen, die tatsächlich täglich eingetragen hatten, stieg das seelische Wohlbefinden um durchschnittlich zwanzig Prozent.

Um Vorzubeugen, ist es wichtig, für erste Anzeichen sensibel zu werden, damit Sie bereits beim kleinsten Signal entgegenwirken können. Dann schaffen Sie es auch, etwas in Ihr Wohlfühltagebuch einzutragen, und das hilft.

Depression hat sich weltweit zu einer Volksseuche entwickelt, immer mehr Menschen sind betroffen. Dennoch kenne ich eine Menge Leute, die trotz Neigung zur Depression lebensfroh sind. Sie haben es gelernt, die ersten Anzeichen zu deuten und machen genau das, was die Depression nicht mag: Sie gehen unter Leute und tun Dinge, die Sie sonst auch tun würden. Sie tun, als gäbe es die Depression gar nicht. So kehrt die Leichtigkeit zurück!

9. Leichtigkeit in schweren Zeiten

Ist Ihnen überhaupt klar, wie stark Sie sind und über welche unglaubliche mentale Kraft Sie verfügen? Machen Sie sich das einmal bewusst!

Manchmal hat man das Gefühl, das Leben meint es nicht gut mit einem. Ein Schicksalsschlag folgt dem anderen, ein

Problem ist größer als das vorherige. An so einem Tiefpunkt angelangt, fühlt sich das Leben an, als würde es nicht weitergehen, weil das Loch, in dem man sitzt, zu tief ist, um das Licht am Horizont zu sehen. Jeder Mensch erlebt im Laufe seines Lebens solche Phasen. Das zeigt jedoch, dass wir es auch immer wieder schaffen hochzukommen. Es gibt Menschen, denen es sogar gelingt, gestärkt aus diesem Tief herauszugehen. Diese innere Kraft ist uns meist gar nicht wirklich bewusst.

Reiten Sie auf den Wellen des Lebens

Das Leben ist ein ständiges Auf und Ab. Setzen Sie sich mutig mit Ihren Tief- und auch den Hochpunkten auseinander. Sie werden merken, wie aufschlussreich das ist. Es zeigt uns, wie stark und kreativ wir sind, um uns zu schützen, wenn uns das Leben herausfordert. Reiten Sie einmal ganz bewusst auf den Wellen Ihres Lebens und veranschaulichen Sie sich Ihr Lebensbild.

Die Lebenslinie ist ein Instrument, das vom deutschen Psychologen und Professor für Methodenlehre Phillip A. E. Mayring entwickelt wurde. Er konzipierte es für Forschungszwecke. Warum sollte man es nicht auch zum Zweck der Selbsterforschung einsetzten?

Probieren Sie es gleich aus! Notieren Sie auf einem Zettel welche Hoch- und Tiefpunkte Sie in Ihrem Leben hatten. Schreiben Sie alle auf, die Ihnen einfallen. Vielleicht beginnen Sie bei Ihrer Geburt und wandern von dort über Kindheit, Schulzeit, Berufsausbildung, Berufseintritt und weiter bis zum heutigen Zeitpunkt. Was haben Sie Großartiges erlebt? Was waren die schrecklichsten Momente? Wie alt waren Sie damals? Schreiben Sie es dazu.

Zum Beispiel: Opa ist verunglückt/4 Jahre alt, Umzug ins neue Haus/5 Jahre, Schulbeginn: meine beste Freundin kennengelernt/6 Jahre, Oma gestorben/12 Jahre, geheiratet/19 Jahre, Scheidung/23 Jahre, mein neuer Berufsweg/24 Jahre, meinen Schatz kennengelernt/25 Jahre, neuer Job/27 Jahre, unsere Hochzeit/31 Jahre etc.

Möchten Sie Ihre Lebenslinie bildhaft darstellen, dann übertragen Sie einfach die Hoch- und Tiefpunkte in ein Diagramm. (Wenn Sie sich die Mühe sparen wollen, ein solches Diagramm selbst zu konstruieren, schicken Sie mir ein Mail mit dem Stichwort „Lebenslinie" und ich schicke Ihnen gerne den Vordruck zu.)

Spüren Sie bei jedem Punkt hinein, wie hoch das jeweilige Highlight oder wie tief der Schicksalsschlag war, und machen Sie einen Punkt beim passenden Alter. Nachdem Sie alle Punkte eingezeichnet haben, verbinden Sie diese wie bei einer Fieberkurve.

Wenn Sie nun Ihre Lebenslinie vor sich sehen, was fällt Ihnen auf? Welche Schlüsse können Sie daraus ziehen?

Vielleicht stellen Sie fest, dass Sie weniger Tiefpunkte hatten, als Sie zuvor dachten. Vielleicht verläuft Ihr Leben insgesamt positiver, als Sie es eingeschätzt hätten. Vielleicht sehen Sie ja auch, dass Sie in Ihrem Leben schon Unglaubliches geleistet haben, weil Sie viele Herausforderungen zu bewältigen hatten. Was Sie auf jeden Fall sehen, ist: Das Leben ist ein Auf und Ab! Und was noch viel wichtiger ist: Nach jedem Tiefpunkt geht es wieder bergauf!

Es ist völlig gleich, wie viele Tiefpunkte Sie hatten, es geht danach immer wieder hinauf. Verinnerlichen Sie diese Erkenntnis einmal! Ich möchte Ihnen noch einen weiteren Gedanken nahelegen, nämlich jenen, dass jeder Tiefpunkt auch begrenzt ist. Früher oder später glätten sich die Wogen und das Leben nimmt wieder seinen Lauf. Viele schlimme Ereignisse verlieren ihren Schrecken, wenn man sich das bewusst macht. Sagen Sie sich selbst: „Egal wie schwer es gerade ist, es geht vorüber!"

Davon überzeugt uns auch dieses Zitat von Oscar Wilde: „Am Ende wird alles gut, wenn es nicht gut wird, ist es noch nicht das Ende."

Immer wenn man sich an ein schreckliches Ereignis zurück erinnert und dadurch unangenehme Emotionen auftauchen, sollte man sich vor Augen führen, dass das Gefühle von damals sind. Sie haben heute keinen Bestand mehr. Anstatt traurig zurückzublicken, besinnen Sie sich auf das Positive. Ihre Stärken und Fähigkeiten, die Ihnen damals aus diesem Dilemma heraus geholfen haben, kann Ihnen niemand mehr nehmen! Das ist das Gute daran: Was bleibt, ist innere Stärke, sie ist Ihr Gewinn.

Ist Ihnen Ihre unglaubliche mentale Energie richtig bewusst? Ist Ihnen klar, welche verborgenen Schätze in Ihnen schlummern? Wecken Sie diese doch mal! Denken Sie nun in einer positiven Weise darüber nach: Wählen Sie dazu einen x-beliebigen Tiefpunkt in Ihrer Lebenslinie. Nehmen Sie Papier und Stift zur Hand und beantworten Sie diese drei Fragen schriftlich – eine nach der anderen:

1. Wie haben Sie es damals geschafft, aus dieser Situation wieder herauszukommen?
2. Wer oder was hat Ihnen dabei am meisten geholfen?
3. Was konnten Sie daraus lernen und wie können Sie heute im Alltag von diesem Wissen profitieren?

Patrick hatte beispielsweise folgende Antworten zu Papier gebracht: „1.) Ich habe es durch meine eigene Kraft geschafft, aus der Situation zu kommen. Als ich am Boden zerstört war und nicht mehr weiter wusste, hatte ich eine Entscheidung zu treffen, damals sagte ich zu mir selbst: Lieber Patrick, entweder gehst du an dieser schlimmen Sache zugrunde oder du entscheidest dich dafür, zu leben. Und ich habe mich für das Leben entschieden. Dieser Entschluss hat mich gestärkt. Ab dann ging es bergauf. 2.) Es gab wenige Menschen, die zu mir gehalten haben. Die meisten sogenannten Freunde haben mich im Stich gelassen. Wahrscheinlich wussten sie nicht, wie sie damit umgehen sollten. Aber ein ganz besonderer Mensch hat mir beigestanden, egal wie schlecht es mir ging. Wenn ich Trost brauchte, hat diese Person gesagt: Ich bete für dich, und obwohl ich nicht sehr religiös bin, hat es mir geholfen. Ich habe mich geborgen gefühlt und es hat sich richtig angefühlt. Diesem lieben Menschen werde ich immer dankbar sein. Und 3.) habe ich von Neuem gelernt, das Leben zu schätzen. Ich habe gesehen, dass vieles, was man für wichtig hält, völlig unwichtig ist. Ich habe für mich erkannt, was wirklich zählt: Menschen zu haben, die einen lieben, und eine Aufgabe zu haben, die mir Sinn schenkt. Ich habe erkannt, dass es meine Aufgabe ist, anderen Menschen zu helfen. Deshalb bin ich dann auch Krankenpfleger geworden und habe meinen alten Beruf an den Nagel gehängt. Es ist schön, mir das durch diese Übung wieder bewusst zu machen."

Jedes Mal, wenn wir diese Übung in Seminaren ausprobieren, sehe ich lächelnde Gesichter – obwohl wir einen Tiefpunkt zum Thema gemacht haben. Sie sehen, wie leicht ein Perspektivenwechsel gelingen kann. Selbst meine Kolleginnen an der Akademie für Psychologie staunen nicht schlecht, wenn sie diese Übung in meinem Fach „Resilienz" selbst ausprobieren. Über das Thema „Resilienz", die innere Widerstandskraft, werde ich Ihnen auch gleich etwas erzählen.

Wie ist es nur möglich, bei einem derart ernsten Thema so positive Gefühle zu erwirken? Das geht ganz leicht: Wir müssen uns lediglich auf den Gewinn konzentrieren. Die Frage an uns selbst lautet: Was hat mir diese Erfahrung damals gebracht?

10. Starkmacher für die Seele

Mit dem Wissen über unsere Fähigkeiten fühlen wir uns gestärkt. Dennoch können wir unsere mentale Widerstandskraft aufpeppen, damit wir uns richtig gut fühlen und seelisch fit bleiben. Dem nächsten Sturm wollen wir nicht nur standhalten, wir wollen sogar daran wachsen!

Die innere Widerstandskraft

Im Jahr 1955 brach eine Forschergruppe nach Hawaii zur Insel Kauai auf, um die Entwicklung der Menschen von Kindheit an zu erforschen. So eine Insel eignet sich besonders gut für wissenschaftliche Untersuchungen, weil äußere Einflüsse überschaubarer sind als in einer Stadt am Festland. Die beiden Forscherinnen Emmy Werner und Ruth Smith interessierten sich besonders für die Entwicklung der Kinder. Sie wollten herausfinden, wie sie trotz ungünstiger Umstände gedeihen konnten. Daher hielten sie sämtliche Daten über den Gesundheitszustand und die seelische sowie die soziale Entwicklung des gesamten Geburtenjahrgangs 1955 fest. Nach einigen Jahren bemerkte man, dass ein Drittel der Kinder besser zurechtkam als die übrigen. Man hatte den Eindruck, diese Kinder wuchsen förmlich an den Schwierigkeiten, die sie zu meistern hatten. Viele interessante entwicklungspsychologische Erkenntnisse konnte man aus dieser Studie entnehmen, doch der Ehrgeiz der Forscher war noch nicht gestillt. Sie behielten den gesamten Jahrgang im Auge, führten immer wieder psychologische Interviews und erhoben Daten – über vierzig lange Jahre hinweg. Die Beharrlichkeit der Forscher hat sich gelohnt, diese Studie ist bis heute einzigartig.

Eine der gewonnenen Erkenntnisse war die Entdeckung des Konzepts der Resilienz, so nannten sie die innere

Widerstandskraft, trotz widriger Umstände zu gedeihen. Weltweit werden diese Ergebnisse genutzt. In England und in Deutschland wurde in weiteren Studien darauf aufgebaut. Es folgten zahlreiche Untersuchungen auf anderen Kontinenten und in anderen Kulturen. Heute können wir sagen, dass Resilienz wirklich gut erforscht ist: bei Kindern, bei Erwachsenen und inzwischen werden sogar Unternehmen auf ihre Krisenstärke hin durchleuchtet.

Egal in welchem Teil der Welt die Forschungsarbeit zur inneren Widerstandskraft durchgeführt wurde, es zeigte sich immer ein identes Ergebnis: Egal wie widrig die Umstände auch sein mögen, zumindest ein Drittel der Menschen, die das Schicksal teilen, geht daraus nicht nur unbeschadet, sondern sogar gestärkt hervor. Ist das nicht faszinierend?

Was unterscheidet die besonders widerstandsfähigen Menschen nun konkret von den anderen?

Bei resilienten Menschen sind bestimmte seelische Abwehrkräfte stärker ausgebildet. Das ist der Grund dafür, weshalb sie widrige Umstände und Schicksalsschläge nicht nur gut überstehen, sondern sogar gestärkt daraus hervorgehen.

Studienübergreifend haben sich sechs Faktoren als besonders schützend erwiesen: die Fähigkeit sich selbst (Körper, Seele, Geist) wahrzunehmen, seine Gefühle und Gedanken fruchtbar zu lenken, sein Leben selbstwirksam zu steuern, sich ein Netzwerk von wohltuenden Menschen zu schaffen sowie mit Anforderungen und Problemen lösungsorientiert umzugehen. Resiliente Menschen können das. Zumindest gelingt es ihnen meistens, denn auch mental Widerstandsfähige können einmal ein seelisches Tief erleiden und blockiert sein. Selbst der Robusteste kann sich auch mal eine Grippe einfangen, aber auch hier gilt: Jeder Schnupfen und jede Erkältung trainiert unser Immunsystem und stärkt es.

Das heißt, dass auch ein resilienter Mensch mal deprimiert sein oder seinen Lebensmut vorübergehend verlieren kann. Der Unterschied liegt vor allem darin, dass sich die Widerstandsfähigen rasch wieder erholen und ihre Probleme anpacken, statt sich dem Schicksal zu ergeben. Sie betrachten sich selbst nicht als Opfer, sondern sind erfolgreiche Stehaufmännchen. Man spricht sogar von posttraumatischem Wachstum, wenn Menschen es schaffen, aus einem Trauma gestärkt hervorzugehen. Anstatt sich später als Opfer zu sehen, finden sie Sinn in ihrem Schicksal.

Resilienz meint also die innere Widerstandskraft. Resilient zu sein, bedeutet, Schwierigkeiten unbeschadet zu überstehen oder sogar gestärkt daraus hervorzugehen. Bekannte Beispiele für Menschen mit ausgeprägter Resilienz sind Viktor Frankl, der das Konzentrationslager mit Hilfe seiner Resilienzfähigkeiten überdauert hat, Natascha Kampusch, die ein jahrelanges Martyrium als starke Persönlichkeit beendet hat, oder Niki Lauda, der, egal was ihm widerfährt – der spektakuläre Rennfahrunfall, private und wirtschaftliche Schicksalsschläge –, immer wieder gestärkt aufsteht. Welche Beispiele fallen Ihnen ein? Wer ist in Ihrem Umfeld ein typisches Stehaufmännchen? Wen kennen Sie, der über eine ausgeprägte Resilienz verfügt?

Haben Sie bei der Aufzählung nicht noch jemanden vergessen? Wahrscheinlich sich selbst! Denn jeder Mensch verfügt über Resilienz! Jeder. Wir Menschen haben unsere eigenen inneren Starkmacher! Denken Sie daran, wie Sie gestärkt aus all Ihren Tiefpunkten im Leben hervorgegangen sind. Wir alle verfügen über enorme innere Kräfte – manchmal weniger, manchmal mehr.

Resilienz ist nicht ausschließlich angeboren, sondern überwiegend erlernt. Jeder hat von Geburt an eine innere Widerstandskraft, sonst könnte er nicht überleben. Mancher wächst in gedeihlichem Klima auf, andere in blockierendem.

Die einen hatten es leichter, weil ihnen diese Fähigkeiten in der Kindheit vorgelebt wurden. Bei manchen wurde das Fördern von Resilienzfähigkeiten durch die Überbehütung und das Abnehmen von Schwierigkeiten verhindert. Und wieder andere wurden auf die harte Tour gestärkt.

Völlig gleich, ob Ihre seelische Widerstandskraft von klein an gefördert wurde oder nicht, Sie können Ihre mentale Abwehrkraft jederzeit stärken! Und genauso wie Sie wahrscheinlich vor Grippeepidemien Ihr Immunsystem stärken – also vorsorgen – so können Sie das auch seelisch tun.

Sorgen Sie mental vor, wenn Sie wissen, dass bald schwierige Zeiten auf Sie zukommen, weil Sie beispielsweise beruflich viel vorhaben oder eine private Veränderung ansteht. Tun Sie sich besonders viel Gutes, sollten Sie bereits psychisch angeknackst sein. Wenn es Ihnen richtig gut geht, genießen Sie es und trainieren Sie Ihre Resilienzfähigkeiten, dann können Sie lange davon zehren!

Schulen Sie Ihre Selbstwahrnehmung!

Einer der wichtigsten Schutzfaktoren ist die Selbstwahrnehmung. Diese Fähigkeit, in sich zu horchen und in sich hinein zu schauen, bewahrt uns ganz besonders vor den negativen Folgen seelischer Krisen.

Allerdings spielt es dabei eine Rolle, ob man sich realistisch wahrnimmt oder nicht. Menschen mit einem negativen Selbstbild oder zu geringem Selbstwert sehen sich oft zu kritisch und unterschätzen ihre Fähigkeiten meist. Leute, die einen übersteigerten Selbstwert haben, neigen dazu, sich zu überschätzen. Ein wenig Klarheit, ob man sich realistisch einschätzt, erhält man, wenn man andere befragt: „Wie siehst du mich? Welche Stärken und welche Schwächen habe ich?" Fragen Sie unterschiedliche Personen nach deren Sichtweise.

Je mehr Leute Sie fragen, desto objektiver wird das Ergebnis. Wenn sich dann herausstellt, dass andere Sie ganz genauso sehen, wie Sie sich selbst, dann ist Ihr Selbstbild realistisch.

Die Fähigkeit zur Selbstwahrnehmung beinhaltet auch, zu erkennen, was in einem selbst vorgeht und welche Gefühle dabei entstehen sowie die Möglichkeit, die eigenen inneren Vorgänge und Emotionen ausdrücken zu können.

Interessieren Sie sich für Ihr Inneres! Haben Sie den Mut, in sich hineinzuschauen! Ins Innere zu blicken ist so, als würden Sie Ihr Äußeres in einem Spiegel betrachten. Dabei erkennen Sie Veränderungen. Vielleicht freuen Sie sich beim Blick auf Ihr Spiegelbild, dass Sie ein Speckröllchen über den Sommer verloren haben. Dabei würden Sie auch bemerken, wenn Sie blaue Flecken haben oder sich Muttermale vergrößern. Dann würden Sie mehr achtgeben, die wunde Stelle mit einer Salbe einreiben und die Sonnenflecken vom Hautarzt überprüfen lassen. Genauso ist es auch, wenn Sie nach Innen blicken. Denn dann erst fällt Ihnen auf, wie gut sich Ihr Leben gerade anfühlt oder Sie bemerken, dass Sie im Moment unzufrieden sind. Vielleicht entdecken Sie Empfindungen wie Wut oder Neid, dann ist es sinnvoll, deren Ursache zu ergründen. Fragen Sie sich: „Was will mir dieses Gefühl sagen?" Jedes Gefühl hat seine Berechtigung, erforschen Sie diese. Lösen Sie das Gefühl und lassen Sie es los!

Jedes Gefühl ist okay! Akzeptieren Sie auch unangenehme Emotionen, denn unbewusste, verdrängte Gefühle können es uns unnötig schwer machen. Sie können unangenehme Auswirkungen haben und psychosomatische Störungen hervorrufen, auch das Miteinander kann darunter leiden. Wie oft passiert es, dass Menschen andere schlecht behandeln und ihren Gram an anderen auslassen, anstatt ihn aufzulösen?! Wenn Sie merken, dass Sie grantig oder gereizt sind, dann fragen Sie sich: „Womit bin ich gerade unzufrieden? Was fehlt mir? Was brauche ich, damit ich wieder ausgeglichen bin?" Bereits während Sie den Knoten auflösen, kehrt die Leichtigkeit zu Ihnen zurück.

Fragen Sie sich auch, wie sich der andere fühlen könnte. Zur Selbstwahrnehmung gehört es auch, dass man nicht nur die eigenen Gefühle wahrnimmt, sondern sich in andere Menschen hineinfühlen kann. In Ausnahmesituationen kann diese Empathie lebensrettend sein.

Als Beispiel für herausragende Resilienz gelten Entführungsopfer wie Frau Kampusch. Sie hat ihr Schicksal meisterhaft bewältigt. Es ist unglaublich, wie sie es geschafft hat, die Zeit in der Gefangenschaft zu überstehen. Sie war ein Kind von acht Jahren, als alles begann. In ihrem Buch „3096 Tage" und in zahlreichen Interviews hat sie immer wieder erwähnt, wie sie sich in den Entführer hineingefühlt hat. Entführungsopfer können oft das Schlimmste verhindern, wenn sie rechtzeitig merken, was im Täter vorgeht. Sie können ihn beruhigen, beschwichtigen oder erkennen, wann es besser ist, zu schweigen und den Blick zum Boden zu wenden, damit er sich nicht provoziert fühlt. Diese Einschätzung der inneren Verfassung ihres Entführers war überlebenswichtig.

Die Selbstwahrnehmung schützt uns, wenn wir in Schwierigkeiten sind. Sie verhindert, dass es noch schwerer wird. Sie hilft uns auch dabei, wieder aus diesen Phasen herauszukommen. Haben Sie keine Furcht davor, in sich hinein zu spüren. Selbst wenn Sie dabei bemerken, dass Sie sich besonders niedergeschlagen fühlen, ist das Bewusstmachen der erste Schritt aus der schlechten Stimmung. Erst wenn Ihnen Ihre inneren Gefühlsregungen bewusst sind, können Sie Einfluss auf diese nehmen.

Akzeptieren Sie jede Emotion, die Sie fühlen. Auch wenn Sie entsetzt, eifersüchtig, neidisch, wütend, zornig, traurig, einsam, ängstlich oder besorgt sind – jedes Gefühl hat seine Berechtigung. Jede Emotion hat einen Zweck.

Erlauben Sie es sich auch unangenehme Gefühle zu haben, sie haben einen ganz bestimmten Grund. Sie zeigen, dass etwas nicht stimmt. Gestehen Sie sich zu, auch einmal wütend oder niedergeschlagen zu sein. Sagen Sie Ja zu diesem Gefühl, indem Sie ihm einen Namen geben. „Das Wut-Tief Katarina überquert gerade meine Herzgegend" oder so ähnlich. Wetterkapriolen vergehen und auch die Wut und das Seelentief ziehen wieder weiter. Indem Sie es benennen und sich sogar ein Bild wie z.b. einen Sturm vorstellen und vielleicht noch eine Prise Humor dazugeben, wird es leichter. Sie akzeptieren und distanzieren sich von der Emotion und können sie steuern, statt sich völlig überwältigen zu lassen.

Auch unseren Mitmenschen gegenüber ist es fair, sich seine Emotionen einzugestehen. Gefühle zu verbergen, zu verdrängen oder zu überspielen raubt enorm viel Energie. Sie unkontrolliert explodieren zu lassen, ist für alle Beteiligten unangenehm. Kein Wunder, wenn andere dann auch ungut reagieren und sich die Gemüter aufschaukeln. Wenn Sie sehr verärgert sind, dann sagen Sie: „Ja, ich bin jetzt wütend, ich weiß auch weshalb und deshalb verzieht es sich bald." Das funktioniert auch mit Neid, Angst, Unsicherheit etc.: „Ja, ich bin jetzt ängstlich und ich weiß auch weshalb, deshalb verzieht es sich bald."

Dieser gereimte Loslass-Spruch prägt sich gut ein. Merken Sie sich den Satz für Ihre unangenehmen Gefühle, um diese akzeptieren zu können. So lassen Sie los. Das tut Ihnen gut und den anderen auch.

Ich erzähle Ihnen nun schon die ganze Zeit etwas über unsere Gedanken und Gefühle, über unser mentales Befinden und wie wir es verbessern können. Doch lassen Sie mich nun auch ein wenig auf unseren Körper eingehen, er hat es sich redlich verdient! Selbstwahrnehmung meint nämlich auch die Fähigkeit, seinen Körper und dessen Bedürfnisse wahrzunehmen.

Körper, Seele und Geist bilden eine Einheit, eine Ganzheit, die uns ausmacht. Was bleibt, wenn auch nur ein Teil in Mitleidenschaft gezogen wird? Können wir dann noch ganz wir selbst sein?

Viele verfallen dem Irrglauben, sie täten ihrem Körper viel Gutes, weil Sie ins Fitnesscenter rennen, eine Yogaübung machen und täglich einen Vitamindrink zu sich nehmen. Sind Sie sicher, dass Sie das tun, weil Ihr Körper das braucht und möchte? Oder machen Sie das in Wirklichkeit, weil es Ihnen von außen aufgedrückt wurde? Die Freundin ist ja schließlich auch sportlich und im Frauenmagazin stand, wie man sich zu ernähren hat. Man möchte doch dazu gehören.

Viel wichtiger ist: Hören Sie auf Ihren Körper. Lassen Sie all das, was man tun sollte, für einen Moment weg und lauschen Sie einmal in sich hinein. Horchen Sie, was Ihr Körper sagt. Er spricht andauernd mit uns, wir sollten nur etwas genauer hinhören. „Ich brauche Bewegung zur Auflockerung", sagt der angespannte Nackenmuskel. Wie reagieren Sie darauf? Vielleicht so: „Mir ist das egal, ich hab keine Lust, mich zu bewegen." Oder Sie hören einfach weg. Dann muss Ihr Körper meist noch etwas deutlicher werden, indem er zusätzlich Schmerz auslöst. Dann tut der Kopf weh, denn die Anspannung breitet sich aus. Manche glauben, sie sind zu müde, um sich nach der Arbeit noch ein wenig körperlich zu betätigen. Ist Ihr Körper das ebenso, obwohl er doch den ganzen Tag gesessen ist?!

Dazu eine kleine Geschichte: Eine Mutter hat drei Kinder: Sebastian, Korinna und Gerhard. Sebastian ist ein kräftiger, durchsetzungsfähiger Kerl. Er und Gerhard dominieren über Korinna. Sie ist ja ganz hübsch anzusehen, doch sie ordnet sich meist unter. Wenn Gerhard und Sebastian sagen: „Vollgaaaas! Lasst uns noch mehr Gas geben, noch mehr tun. Pausen sind fad, die brauchen wir nicht. Wir wollen alles ganz perfekt und rasch. Wir wollen schließlich besser sein als die anderen!", dann sind sie kaum zu überhören. Also ist die Mutter voll dabei, sie macht mit, so gut sie kann. Korinna spricht leise: „Lass uns doch ein wenig ausruhen. Ich brauche eine Pause!" Doch anstatt sich ihrer einzigen Tochter liebevoll zuzuwenden, geht sie an ihr vorüber, als wäre sie nicht da. So geht es tagein, tagaus. Natürlich ist ihr das nicht bewusst, dass sie ihr Töchterchen vernachlässigt. Als Korinna plötzlich zusammenbricht und sie gezwungen ist, sich ihr zu widmen, ist sie im ersten Moment auch noch böse auf Korinna.

Na, was denken Sie? Ist es unfair, wie sie sich verhält? Wie würden Sie Ihre Kinder behandeln, wenn Sie diese Mutter wären? Was würden Sie anders machen? Wenn Sie Lust haben, schreiben Sie die Szene um, so wie Sie es für richtig empfinden. So, wie Sie gerne zu den Kindern sein möchten.

Versuchen Sie nun die Geschichte noch einmal zu lesen, wobei Sie andere Namen verwenden. Statt Sebastian lesen Sie „Seele", statt Gerhard „Geist" und den Namen Korinna ersetzen Sie nun durch „Körper". Probieren Sie es aus!

Was sagen Sie jetzt? Kommt Ihnen diese Version bekannt vor? Könnte es Ihre Geschichte sein? Hand aufs Herz! Wie sieht Ihre Geschichte wirklich aus? Wie behandeln Sie Ihren Körper, Ihre Seele und Ihren Geist? Gleichwertig oder bevorzugen Sie unbewusst den einen oder anderen? Lieben Sie alle gleichermaßen? Das sollten Sie tun, denn Sie haben nur die einen!

Sagen Sie diesen Satz einmal ganz deutlich: „Ich liebe meinen Körper!"

Das tut gut, das hat er sich verdient! Der Körper dient uns, völlig gleich, wie wir ihn behandeln. Er tut stets sein Möglichstes, um gesund zu bleiben, immer wieder aufs Neue. Wer glauben Sie, macht es ihm dabei leichter? Der, der Müll in sich hineinstopft, überwiegend faul herumsitzt, grantig und mürrisch ist? Oder der, der sich ausgewogen ernährt, genussvoll bewegt, sich Ruhepausen gönnt und wohlwollende Gedanken hat? Wer macht es ihm leicht? Machen Sie es auch Ihrem Körper leichter.

Steuern Sie Ihre Gefühle

Wenn Sie wissen, welche Gefühle gerade im Inneren aufkommen, können Sie diese lenken. Die Selbststeuerung ist ein weiterer wichtiger Schutzfaktor! Selbststeuerung ist die Fähigkeit, sich selbst gegebenenfalls zu beruhigen oder zu aktivieren, sich selbst zu ermutigen und wieder aufbauen zu können.

Lösen Sie innere Spannungen! Kleine Babys schreien, um ihre innere Spannung abzubauen, eine andere Strategie haben sie noch nicht. Deshalb reagieren Mütter instinktiv darauf, indem sie das Kind versorgen und beruhigen. Dadurch lernt der Säugling, dass die durch Unbehagen ausgelöste Spannung durch Beruhigen aufgelöst wird. Bei gesunder Entwicklung ist das Kind dann ab dem fünften Lebensjahr dazu fähig, seine eigenen Gefühle zu regulieren. Dieser Lernprozess wird unterbunden, wenn eine Mutter beispielsweise depressiv ist und deshalb das Kind nicht trösten kann.

Heute ist wissenschaftlich nachgewiesen, dass man solche Defizite später beheben kann, sollte so eine frühe Erfahrung ausgeblieben sein. Holen Sie es jetzt nach. Lernen Sie jetzt, solche Defizite zu beheben, indem Sie bewusst den Spannungsabbau trainieren. So wie sich Babys durch Schreien auspowern, so können Sie Ihre Erregung durch Sport oder Entspannungstraining in den Griff bekommen. Joggen oder Walken wirkt da Wunder. Das tolle ist, Sie merken selbst genau, welche Dosis Sie brauchen. Laufen Sie solange, bis die innere Spannung nachlässt. Oder noch besser: Laufen Sie vorbeugend, dann kommt unangenehme Spannung erst gar nicht so leicht auf. Deshalb empfehle ich, sofern Sie kein Morgenmuffel sind, regelmäßig Morgensport zu machen. Der Effekt ist herrlich, man weiß, man hat bereits etwas geleistet, sich selbst etwas Gutes getan und man geht mit einem ausgeglichenen Gefühl in den Tag.

Vielfalt ist besser als Einfalt. Sowohl bei der Bewegung als auch bei der Entspannung ist das zu beachten. Wenn Sie täglich joggen, könnte es irgendwann fad werden. Machen Sie mal ein Intervalltraining: eine Minute volle Power, dann fünf Minuten langsam laufen. So kann man übrigens auch Panikattacken ganz gut in den Griff bekommen. Sämtliche Symptome, die man bei so einer Attacke bekommt, Schwitzen, Zittern, weiche Knie, Herzklopfen etc., erzeugt man gezielt, wenn man sich körperlich anstrengt. Beim Intervalltraining erlaubt man seinem Körper, kontrolliert die Symptome loszulassen.

Wechseln Sie nicht nur das Tempo, variieren Sie auch die Strecke und rennen Sie mal eine andere Laufrunde. Probieren Sie auch andere Ausdauersportarten aus, es darf gerne auch etwas Ungewöhnliches sein, wie z.B. Speed-Jumping, Parkour oder Zumba-Tanzen. Je größer die Vielfalt, desto lustiger ist es. Sie sollen Spaß an der Sache haben, damit Sie sich regelmäßig bewegen.

Auch bei der Entspannung gibt es unendlich viele Möglichkeiten zur Auswahl. Neben Alltagsstrategien wie eine warme Dusche, eine Massage und Co, gibt es auch beinahe unaussprechliche exotische Methoden wie Qigong und Taijiquan (Schattenboxen) sowie viele wissenschaftlich erprobte Techniken, zum Beispiel Autogenes Training oder Biofeedback. Besuchen Sie Volkshochschulkurse und schnuppern Sie hinein, um herauszufinden, was zu Ihnen passt. Die Progressive Muskelentspannung nach Jacobson eignet sich für Alt und Jung. Sie macht uns nicht nur gelassener, sie hilft auch chronischen Schmerzpatienten, ihre Spannungen erfolgreich abzubauen. Das ist nötig, denn Schmerz ist enorm stressig und erzeugt nicht nur muskuläre sondern auch seelische Spannung. Die Spannung steigert den Schmerz, mit der Muskelrelaxation entkommt man jedoch dem Teufelskreis. Das Tolle an der Methode ist, sie ist ganz leicht zu erlernen!

Bei der Progressiven Muskelentspannung handelt es sich um eine wissenschaftlich erprobte Methode zur Selbstentspannung, die rasch erlernt werden kann. Dabei werden nacheinander verschiedene Muskelgruppen fünf bis sieben Sekunden lang angespannt und danach gezielt entspannt. Wichtig ist es, den Unterschied zwischen Anspannung und Entspannung zu spüren und sich während der Entspannungsphase (ca. 20 Sekunden) auf das Loslassen der Muskeln zu konzentrieren. Je häufiger Sie die Methode trainieren, desto mehr profitieren Sie davon.

Bevor Sie mit der Übung beginnen, sorgen Sie für eine ungestörte, bequeme Atmosphäre. Drehen Sie Ihr Telefon ab und lassen Sie es die Familie wissen, dass Sie zwanzig Minuten ungestört sein möchten. Drehen Sie das Licht schwächer und nehmen Sie eine bequeme Rückenlage ein. Legen Sie die Arme locker neben den Körper. Pölster und Decken können Ihnen dabei helfen, sich wohlzufühlen.

Schließen Sie die Augen und konzentrieren Sie sich ganz auf Ihre Atmung, ohne sie zu verändern. Atmen Sie während der gesamten Übung in gewohnter Weise. Halten Sie bitte nicht den Atem an, wenn Sie die Muskeln anspannen. Lenken Sie Ihre Aufmerksamkeit komplett auf die betreffende Muskelgruppe.

Spannen Sie eine Muskelpartie für ca. fünf bis sieben Sekunden an, lassen Sie diese dann langsam locker und führen Sie sie wieder in die Ausgangsposition. Genießen Sie die Entspannung ca. 20 Sekunden lang. Gehen Sie dann zur nächsten Muskelgruppe über. (Bei Schmerzen lassen Sie bitte die schmerzhaften Stellen aus oder spannen Sie nur mental, in Gedanken, an.)

Beginnen Sie mit den Armen, indem Sie die rechte Hand zur Faust ballen, dann kommt die linke Hand, auch diese wird zur Faust geballt Spannung halten, loslassen, entspannen. Dann ballen Sie beide Hände zur Faust, spannen an, lassen los und entspannen. Danach den rechten Ellenbogen abwinkeln und so den Oberarmmuskel (Bizeps) anspannen, dann den linken Ellenbogen abwinkeln und so den Bizeps anspannen. Dann beide Arme abwinkeln. Als nächstes beide Arme durchstrecken und so den hinteren Oberarmmuskel (Trizeps) spannen.

Dann kommt das Gesicht: Runzeln Sie die Stirn, um diese Muskeln zu spannen und wieder locker zu lassen. Kneifen Sie die Augen zusammen, dann spitzen Sie die Lippen und pressen sie zusammen. Die Zähne leicht zusammenbeißen und dabei die Zunge nach oben drücken. Gehen Sie weiter zur Nacken- und Schulterregion: Kopf aufrecht halten und Hinterkopf gegen die Unterlage drücken (nicht den Kopf überstrecken, sondern lieber leicht das Kinn zur Brust ziehen und die Nackenmuskulatur spannen). Als nächstes ziehen Sie die Schultern hoch bis zu den Ohren, halten Sie die Spannung und lassen Sie locker. Ziehen Sie die Schulterblätter nach vorne und nach hinten. Holen Sie über die Nase tief Luft, halten Sie kurz und atmen Sie dann langsam aus, um schließlich locker zu lassen. Spannen Sie die Bauchmuskeln, indem Sie den Bauch einziehen. Dann kommt das Kreuz, indem Sie es gegen den Boden drücken. Als nächstes das Gesäß und die Oberschenkel anspannen, indem Sie die Pobacken zusammenkneifen. Die Schienbeinmuskulatur spannen Sie, indem Sie die Zehen Richtung Gesicht ziehen. Die

Wadenmuskulatur spannen Sie, indem Sie die Zehen vom Gesicht wegdrücken.

Wenn Sie alle Muskelgruppen durch haben, fühlen Sie noch einmal in die Entspannung des Körpers hinein, von den Armen über den Kopf bis zu den Zehen. Genießen Sie den Entspannungszustand und nehmen Sie sich diesen als ein Stück Gelassenheit mit.

Wenn Sie nach der Entspannung nicht liegen bleiben, sondern wieder wach sein sollen, aktivieren Sie sich. Schütteln Sie Arme und Beine kräftig durch und strecken Sie sich einmal genüsslich.

Viele Menschen setzen die Progressive Muskelentspannung ein, um besser einschlafen zu können – dabei fällt dann die Aktivierung weg. Genießen Sie den guten Schlaf! Und noch ein Tipp: Wenn Sie nicht sofort entspannen können oder es mit dem Einschlafen nicht gleich klappt, beginnen Sie noch einmal von vorne. Meistens schläft man beim zweiten Durchgang ein.

Je größer unser Sortiment an Entspannungsübungen ist, desto gelassener macht uns das. Wer sich täglich bewusst entspannt, ist widerstandsfähig gegenüber Belastungen. Abwechslung sorgt dafür, dass uns regelmäßiges Entspannen mehr Spaß macht. Übrigens steigern Sie dadurch auch Ihren Selbstwert, das ist mittels wissenschaftlicher Untersuchungen mehrfach belegt worden.

Je mehr Techniken und eigene Ideen zum Spannungsabbau Sie in Ihrem Repertoire haben, desto leichter ist es aus der Vielfalt jeweils das passende Werkzeug auszuwählen. Legen Sie sich doch gleich einmal eine Liste mit Ideen an. Zum Beispiel: ein warmes Bad, Entspannungsmusik hören, das Lieblingslied laut singen, eine Polsterschlacht machen, ein kreatives Bild mit den Händen (ohne Pinsel) malen, joggen gehen etc.

Schaffen Sie sich eine positive Gefühlsatmosphäre! Bei

Wut oder Zorn hilft es beispielsweise, von zehn an rückwärts zu zählen. Statt in Rage zu geraten, atmen Sie tief durch und zählen innerlich: zehn, neun, acht ... und werden dabei immer langsamer. Das holt Sie runter. Leider haben viel zu viele Leute Gewalt als Strategie gelernt. Sie schlagen zu, wenn Sie außer sich geraten, vielleicht, weil Sie als Kind selbst geschlagen wurden.

Aber auch das bloße Ansehen brutaler Videos fördert die Gewaltbereitschaft, das ist wissenschaftlich längst erwiesen. Tun Sie sich selbst etwas Gutes und setzen Sie sich solchen Bildern und Geräuschen nicht aus! Verzichten Sie auf brutale Gewaltspiele und -filme. Bereits durch ein einmaliges Gewalterleben kann ein solches Verhalten gelernt und die Schlaghemmung überwunden werden.

Vor einigen Jahren habe ich ein Projekt gegen Kindesmisshandlung geleitet. Da es auch den Eltern manchmal passiert, dass ihnen die Hand ausrutscht, haben wir empfohlen, statt auf das Kind zu schlagen, lieber auf den Tisch zu hauen. So kann man es wieder verlernen, gewalttätig zu sein, weil man sofort eine Rückmeldung bekommt. Sobald die Hand auf den Tisch knallt, tut das weh – und zwar einem selbst und nicht dem Kind. Das Kind erschrickt zwar, ihm wird aber nicht geschadet und danach hat man sich unter Kontrolle. Das ist wirklich effektiv. Natürlich sollte man dann auch bewusst neue, gesunde Strategien erlernen, um seine Gefühle zu beherrschen.

Schaffen Sie sich vor allem zu Hause, in der Familie, eine angenehme Gefühlsatmosphäre. Ein positives emotionales Klima fördert die Fähigkeit zur Selbststeuerung ganz besonders, nicht nur bei Erwachsenen, sondern auch bei Kindern. Gehen Sie wertschätzend und besonnen miteinander um, denn dann wissen Sie, egal was draußen passiert: Zu Hause geht's mir gut.

Sprechen Sie öfter über Gefühle! Unterhalten Sie sich

über Ihre Gefühlslage. Fragen Sie einander: „Wie fühlst du dich heute?", oder erzählen Sie von sich und welche Emotionen Sie tagsüber erlebt haben. Zum Beispiel: „Heute habe ich mich unglaublich geärgert, weil mein Chef total unfair war! Zuerst habe ich versucht, den Ärger hinunter zu schlucken, doch das hat mir nicht gut getan. Ich hab dann all meinen Mut zusammengenommen und ihm gesagt, dass ich seine Entscheidung nicht fair finde. Er hat unerwartet ruhig reagiert und mir dann sachlich erklärt, weshalb er diesen Entschluss gefasst hat. Zwar hat er seine Meinung nicht geändert, aber mir geht es trotzdem besser, weil ich seine Beweggründe verstehen kann." Solche Erzählungen schaffen Ihnen nicht nur selbst Erleichterung, sie zeigen dadurch auch den anderen Familienmitgliedern, wie man gekonnt mit unangenehmen Gefühlen umgehen kann. Auch wenn es Ihnen einmal nicht so gut gelingt, Ihre Gefühle gleich in den Griff zu bekommen, so erzählen Sie es trotzdem. Auch daran kann man lernen, wenn Sie darüber diskutieren, wie man die Situation erfolgreich lösen hätte können. Das entlastet und alle profitieren davon.

Ermutigen Sie sich öfter mal! Zu einer erfolgreichen Selbststeuerung zählt es nämlich auch, sich selbst motivieren zu können. Das ist im Alltag wichtig, um seine Ziele zu erreichen. Wer sich zu gar nichts aufraffen kann, bringt nicht nur nichts weiter, sondern ist auch anfällig für depressive Verstimmungen.

Wenn man an einem Tiefpunkt angelangt ist, ist die Fähigkeit zur Selbstmotivation besonders unentbehrlich. Resilient zu sein heißt, selbst in Krisensituationen nicht aufzugeben, sondern sich Mut zu machen. Natürlich darf man auch mal ein Tief haben. Das passiert jedem einmal, da kann man noch so resilient sein. Die Kunst ist es jedoch, sich selbst wieder aus einem herausholen zu können.

Heinz hat seit langer Zeit starke Schmerzen im Knie. Für

ihn ist das besonders bitter, weil er seit jeher täglich Sport getrieben hat. Das war für ihn der beste Ausgleich neben der Familie und dem stressigen Beruf. Im Moment geht gar nichts. Nach einigen Untersuchungen wird ihm klar, dass eine Operation unumgänglich ist. Seine Frau leidet an Multipler Sklerose und er ist ihr eine große Stütze. Sie gönnen sich vor der OP einen gemeinsamen Urlaub in einem Thermalbad. Dort machen sie gemeinsam Wassergymnastik und gönnen sich ein paar Wellness-Anwendungen. Nach dem Urlaub bekommt Heinz zum Kniegebrechen noch etwas dazu: Seine Schulter schmerzt plötzlich fürchterlich. Als der Schmerz trotz Schonung schlimmer wird, fürchtet er, er hätte sich etwas gerissen und geht zum Arzt. Die Untersuchungen zeigen, dass auch das Schultergelenk operiert werden muss, und zwar bald. Er, der sich so vor einer Operation fürchtet, soll plötzlich zwei Gelenke operieren lassen. Er, der seiner Frau beistehen soll, muss ins Spital und auf Reha. Er, der immer so stark ist, fühlt sich wie ein kleiner hilfloser Wicht, der seinem Schmerz ausgeliefert ist. Seine Verzweiflung wächst ins Unendliche, wenn ihm der Schmerz nachts den Schlaf raubt. Doch plötzlich wird ihm bewusst, dass dieses Grübeln zu nichts führt. Statt sich mit negativen Gedanken, argen Befürchtungen fertig zu machen, sagt er jeden Morgen, bevor er aufsteht, zu sich: „Halte durch! Du schaffst es! Heinz, du hast schon Schlimmeres geschafft. Raff dich auf und versuche es!"

Es gibt auch einen Trick, um sich zu motivieren, statt sich fertig zu machen: Stellen Sie sich vor, es handelt sich um ein verzweifeltes Kind. Wie würden Sie ihm gut zureden? Wie würden Sie ihm Mut machen? Einem Kind würden Sie vermutlich liebevoll beistehen, also tun Sie das auch bei sich! Sagen Sie möglichst oft ermutigende Sätze zu sich selbst! Probieren Sie das gleich mal aus! Sagen Sie drei Mal laut und beherzt zu sich selbst: „Du schaffst es!"

Na, wie fühlt sich das an? Macht es Ihnen Mut? Spüren Sie die Kraft? Nein? Dann sagen Sie es gleich noch einmal, aber mit mehr Energie: „Du schaffst es!"

Wenn Ihnen dieser Satz gut tut, warum sagen Sie ihn nicht öfter mal laut zu sich? Ermutigen Sie sich auch mal im Alltag dazu. Wir sagen viel zu oft innerlich zu uns: „Das schaffst du nie, damit wirst du nie fertig." Das baut nicht auf, das erschwert uns den Alltag. Sagen Sie lieber möglichst oft zu sich selbst und zu Ihren Mitmenschen mit ermutigender Stimme: „Hab Vertrauen, du schaffst das!"

Glauben Sie an sich und Ihre Fähigkeiten!

Der fixe Glaube an sich und seine Fähigkeiten lässt einen nicht nur erfolgreich den Alltag meistern, er hilft auch dabei in aussichtslosen Situationen starke Nerven zu bewahren. Diese Fähigkeit ist nicht nur ein Schutz vor kritischen Situationen, sondern auch ein wesentlicher Bestandteil des seelischen Immunsystems.

Selbstwirksamkeit ist mehr als Selbstvertrauen. Es bedeutet, dass man sich und seinen Fähigkeiten vertraut und fest daran glaubt, mit seinem Handeln etwas bewirken zu können. Mit dieser Kompetenz- und Kontrollüberzeugung hat man das Leben selbst in der Hand.

Das krasse Gegenteil davon wäre es, sich völlig hilflos ausgeliefert zu fühlen. In so einem Zustand ist man wie gelähmt, mental völlig eingeschränkt und handlungsunfähig.

Das Paradoxe an der Geschichte ist, dass gerade in Momenten, in denen es völlig normal wäre, sich hilflos ausgeliefert zu fühlen, das Gefühl der Kontrolle beinahe überlebensnotwendig ist. Bei einem Banküberfall mit Geiselnahme zum Beispiel, wenn der Eindruck entsteht, die Räuber sind besonders brutal und schrecken vor nichts zurück.

Völlig gleich wie sich die Geisel verhält, es drohen negative Konsequenzen. Egal ob sie sich still verhält oder nicht, sie könnte geschlagen oder getötet werden. In so einer Situation ist es völlig natürlich, sich ausgesprochen hilflos und ausgeliefert zu fühlen. Doch bei manchen Opfern wird das Bedürfnis, die Kontrolle zurückzuerlangen, so groß, dass sie beginnen, den Täter zu provozieren, obwohl sie wissen, dass sie dafür Schläge oder schlimmere Maßregelungen bekommen. Doch das haben sie dann selbstwirksam herbeigeführt, sie haben das Gefühl, den Täter beeinflussen zu können. Das gibt Hoffnung, die Kontrolle über die Situation zurückzuerlangen.

Dennoch gäbe es einen leichteren Weg die Kontrolle zurückzuerlangen, ohne Schläge zu kassieren. Wenn der Täter befiehlt, still zu sein, kann man innerlich zu sich selbst sagen: „Ich bin jetzt still, weil ich mich dafür entscheide." Wenn der Räuber einen zwingen will, sich hinzulegen, kann man innerlich zu sich selbst sagen: „Ich entscheide mich jetzt dafür, mich auf den Boden zu legen." Völlig gleich in welcher Lebenslage Sie sich befinden, das Gefühl, selbstwirksam zu sein, erlangen Sie durch den Gedanken, dass es Ihre Entscheidung ist, was Sie tun. Sie bestimmen über sich, Sie haben Ihr Leben in der Hand.

Halten Sie sich immer vor Augen: Egal wie schlimm die Situation ist, Sie haben immer eine Wahl! Selbst in einer so aussichtslosen Situation können Sie sich entschließen, zu schweigen oder zu weinen oder zu beten. Sie bestimmen über sich! In Ausnahmesituationen ist die Selbstwirksamkeit besonders wichtig, um diese heil zu überstehen. Doch auch im Alltag tut man sich Gutes, wenn man dem Bedürfnis nach Kontrollüberzeugung nachkommt. Kommentieren Sie die kommenden drei Tage Ihre Handlungen mit den Worten: „Ich entscheide mich jetzt, das zu tun."

Entscheiden Sie sich dafür, nicht hilflos zu sein! In jedem

Menschenleben gibt es Momente in denen man sich ausgeliefert fühlt. Wenn beispielsweise der geliebte Vater in eincm sehr fortgeschrittenen Krebsstadium dem Tod ins Auge blickt. Auch in solch einer Situation hat man die Wahl, sich als Angehöriger völlig hilflos der Traurigkeit hinzugeben oder damit zu beginnen die Gegebenheit zu akzeptieren. Vielleicht kann man den Vater begleiten und die verbleibende Zeit in Gemeinschaft verbringen. Oder wenn die geliebte Partnerin an schweren Depressionen leidet und man das Gefühl hat, egal was man tut, nichts hilft ihr – dann haben Sie die Wahl, sich weiterhin hilflos zu fühlen oder der Frau mit all ihrer Kraft beizustehen. Es ist nicht Ihre Aufgabe sie zu heilen. Es ist Ihre Aufgabe einfach nur da zu sein – und dafür können Sie sich entscheiden.

Was fühlt sich leichter an, die Hilflosigkeit oder das Gefühl das Leben in der Hand zu haben? Entscheiden Sie!

Menschen, die Schreckliches erlebt haben, ist es oft besonders wichtig, Kontrolle über ihr Alltagsleben zu haben. Das kann sich in scheinbar banalen Kleinigkeiten äußern, wie mit dem rigiden Festlegen der Einkaufsliste, welche Lebensmittel eingekauft werden, oder täglich zu bestimmen, was und wie gekocht wird, oder sich im Auto stets selbst ans Steuer zu setzen, weil man es nicht erträgt, dem Fahrkönnen oder Fahrtempo eines Anderen ausgeliefert zu sein. Dann kann es besonders wichtig sein, selbst für seinen Unterhalt zu sorgen, statt sich versorgen zu lassen. Das starke Kontrollbedürfnis erklärt auch, weshalb manche sich nicht helfen lassen wollen: Sie fürchten, sie könnten sich abhängig fühlen.

Haben Sie Verständnis dafür! Sie können und sollten trotzdem Hilfe anbieten, aber nicht aufdrängen, sondern die Chance geben, dass der Andere selbst bestimmt, wann und wie viel Unterstützung er benötigt. Sagen Sie es auch so, dass die Person sich selbstwirksam fühlen kann: „Bitte bestimme du, wie viel Gesellschaft du möchtest. Ich bin da, wenn du mich brauchst."

Sobald man sich wieder sicher in sein soziales Netz eingebettet fühlt, könnte man nach und nach Versuche starten, hin und wieder die Zügel der Kontrolle locker zu lassen. Denn sie stets fest in der Hand zu halten müssen, ist auf Dauer anstrengend. Es ist ganz einfach: Entscheiden Sie sich dafür, jetzt einfach mal los zu lassen.

Früher oder später fasst jeder den Mut, das auszuprobieren. Dann darf auch mal der Gatte ans Steuer, dann kann auch mal die Mutti sogar ohne Liste einkaufen und dann darf auch mal der Partner entscheiden, wohin der Urlaub geht.

Nicht jeder, der gerne die Zügel in der Hand hat, ist ein Opfer. Kontrollüberzeugung ist ein seelisches Bedürfnis. Sollte Ihre Partnerin in der Beziehung gerne sagen, wo es lang geht, betrachten Sie es dennoch geduldig mit Liebe. Es könnte ein Auswuchs von einer einmal in einer schwierigen Situation nicht erlangten Selbstwirksamkeit sein. Einen Psychologen oder eine Psychotherapeutin sollte man aufsuchen, wenn sich vor lauter Kontrolle zwanghaftes Verhalten entwickelt. Woran merkt man, dass es zwanghaft ist? Das ist immer dann der Fall, wenn der normale Alltag beeinträchtigt wird. Beispielsweise dann, wenn man bereits das dritte Mal überprüft, ob der Ofen abgedreht ist, und sich trotzdem immer noch unsicher fühlt. Oder wenn man sich nach dem Händeschütteln mehrmals gewaschen hat und sich immer noch unbehaglich fühlt. Entschließen Sie sich zu einer Therapie.

Menschen, die im Alltag oder im Beruf viel Kontrolle ausüben, tun sich oft nicht leicht, auch mal loszulassen. Doch für unsere seelische Gesundheit ist beides wichtig: selbstwirksam sein und loslassen können.

Eine tolle Übung, um sich auch mal fallen zu lassen und

anderen zu vertrauen, aber gleichzeitig auch das Gefühl von Kontrolle zu spüren, können Sie in der Natur mit ein paar Freunden ausprobieren. Ich mache es am liebsten bei Outdoor-Seminaren, aber es geht auch drinnen. (Das bedarf ein wenig Vorbereitung und Improvisation.) Es geht dabei um ein ganz besonderes Gefühlserlebnis und die Möglichkeit, diese Erfahrung im Alltag zu integrieren. Vielleicht finden Sie eine kleine Gruppe von Leuten, ein paar Freundinnen oder Arbeitskollegen, die Lust haben, diese Loslass-Übung auszuprobieren. Sie brauchen vier Personen und ein Tuch zum Verbinden der Augen.

Machen Sie sich aus, wer beginnen darf. Diese Person darf sich zwei Leute auswählen, denen sie vertraut. Die zwei gesellen sich links und rechts neben sie, um sie, sobald ihre Augen verbunden sind, durch die Gegend zu führen. Die vierte Person gibt den Weg vor, beobachtet und unterstützt, wenn es nötig ist. Das Wichtigste ist jedoch, dass während der gesamten Übung nicht gesprochen wird!

Sie sagen also nicht: „Heb dein Bein" oder „Geh nach links". Nein, sie führen völlig stillschweigend über Stock und Stein, marschieren mal langsam, mal schnell und klettern auch mal unter einem Busch durch. Probieren Sie verschiedene Untergründe aus: weiches Moos, Tannenzapfen, Kieselsteine – was der Boden gerade bietet. Indoor könnten Sie weiche Matten oder Pölster verwenden, Hindernisse mit Möbeln aufbauen und die vertrauende Person, unter einen Tisch kraxelnd, führen.

Sie dürfen den Geführten auch tasten lassen. Führen Sie schweigend seine Hand auf einen kühlen Stein oder das weiche Moos oder ins frische Wasser. Lassen Sie ihn einen Baum umarmen oder auf einem Felsen niedersetzen. Seien Sie dabei stets fürsorglich, denn Sie sind für das Wohl der Person verantwortlich. Ein solcher Durchgang sollte zehn Minuten, kann aber gerne auch länger dauern. Dann nehmen Sie die Augenbinde ab, um sich orientieren zu können. Gönnen Sie dem Geführten eine kurze Pause. Bitte bleiben Sie dabei noch still, reden Sie kein Wort, weil erst die anderen in ihre Rollen schlüpfen sollen. Erst zum Schluss, wenn jeder einmal an der Reihe war und jede Person jede Rolle ausprobiert hat, unterhalten Sie sich. Bitte sprechen Sie wirklich erst dann.

Fragen Sie, wenn Sie etwas wissen wollen, zum Beispiel wo genau Sie geführt wurden, welche Route Sie genommen oder welche Gegenstände Sie da angefasst haben. Reden Sie über Ihre Erfahrungen und Eindrücke. Jeder sagt, welche Aufgabe die größte Herausforderung war und welche ihm am besten gefallen hat. Begründen Sie es auch. Jeder sagt, in welcher Rolle er sich am wohlsten gefühlt hat: Führender, Geführter oder Beobachter?

Man kann sich diese Erfahrung nicht vorstellen, diese Eindrücke kann man nur selbst erleben. Klar gibt es Leute, die berichten, ihnen hat die Rolle als Geführter nicht so gefallen, aber das sind nur wenige. Ich habe es noch nie erlebt, dass jemandem die Übung insgesamt nicht gefallen hat. Im Gegenteil, alle sind begeistert. Jeder staunt, welch intensive Eindrücke das sind. Wie toll es ist, wenn die Augen verschlossen sind und plötzlich die anderen Sinne zu arbeiten beginnen. Die Geräusche, die Empfindungen, alles wird stärker. Viele lassen sich fallen und genießen es, vertrauensvoll geführt zu werden. Manchen gefällt die Beobachterrolle, weil auch das sehr interessant ist. Ich habe die Übung x-Mal gemacht. Mit Führungskräften, mit völlig Gesunden, mit Menschen, die psychisch angeknackst waren, mit Kindern, mit Jugendlichen, mit alten Leuten. Mein ältester Teilnehmer war übrigens 84 Jahre alt. In der abschließenden Gesprächsrunde meinte der alte Herr dann beeindruckt, diese Übung hätte ihm die Furcht genommen, einmal Hilfe annehmen zu müssen.

Besonders wichtig ist es, zu erleben, wie es sich anfühlt, wenn man loslässt und dass es sogar schön sein kann das zu tun. Kamen Sie schon einmal in den Genuss, sich völlig fallen zu lassen und darauf zu vertrauen, dass alles gut ist? Auch das ist ein Stück Selbstwirksamkeit, denn es ist Ihre Entscheidung, loszulassen. Eine solch intensive Erfahrung prägt einen lange und ermutigt dazu, diese Erkenntnis im Alltag anzuwenden: Man darf auch mal loslassen! Das ist eine ganz wichtige Erfahrung und die sollten Sie auch einmal erleben.

Noch etwas zählt zur Kontrollüberzeugung: die Verantwortung für sein Leben zu übernehmen und aus der Rolle des Opfers zu schlüpfen, anstatt zu sagen: Man kann ja nichts dafür, die Umstände sind schlecht, der oder das ist dafür verantwortlich, dass es einem nicht gut geht oder dass man so geworden ist. Entscheiden Sie sich dafür, Ihr Leben selbst in die Hand zu nehmen. Tun Sie den ersten Schritt und fragen Sie sich: „Was kann ich tun, damit es mir besser geht?" Das ist Selbstwirksamkeit. Denken Sie daran: Sie haben immer eine Wahl! Entschließen Sie sich dafür, Ihre Zukunft selbstwirksam anzugehen und lassen Sie los, was Sie festhält. Sie werden sehen, im Nu wird alles leichter.

Nehmen Sie Herausforderungen an

Eine weitere Stärke unserer mentalen Widerstandskraft ist der Umgang mit Stress. Für viele ist der Begriff „Stress" negativ besetzt. Manche stresst es bereits, nur das Wort zu hören, aber der Stress ist nicht unser Feind.

Stress ist allgegenwärtig und wenn es uns richtig gut geht, betrachten wir die meisten Anforderungen als Herausforderung. Inzwischen hat sich in der Neuropsychologie gezeigt, dass, wenn wir die Dinge als Herausforderungen betrachten, der unangenehme Stress sofort beseitigt wird. Je öfter wir das bewusst tun, desto leichter gelingt es uns. Anforderungen werden automatisch zu Herausforderungen, wenn wir das üben. Im Gehirn findet dabei ein neuronaler Lernprozess statt, der unser Selbstvertrauen stärkt.

Es gibt Menschen, die meinen, sie brauchen Stress, für sie sei Stress gesund. Dabei geht es um unsere Anpassungsfähigkeit. Manche wachsen sogar an ihren alltäglichen Belastungen. Zarte Pflänzchen werden durch einen Windhauch geknickt. Jene, die aber von Haus aus unterschiedlichen Witterungsbedingungen oder anderen widrigen Umständen ausgesetzt waren, sind stark und blühen oft besonders kraftvoll.

Das Aufblühen funktioniert auch nur, solange die Energiespeicher regelmäßig aufgetankt werden. Wir brauchen auch mal eine Ruhephase. Zu einer Überlastung kommt es, wenn zu viel oder zu lange Stressoren auf uns einwirken.

Ob wir eine Sache als Herausforderung annehmen, ist immer auch eine Sache der selbst wahrgenommenen Möglichkeiten oder Ressourcen. Das beginnt jedoch bereits bei der Bewertung einer Situation. Sie kann wichtig oder unwichtig für einen sein. Wenn mir eine Sache völlig gleichgültig ist, kann sie mich nicht stressen. Deshalb mein Tipp für Sie: Überdenken Sie erst einmal, ob es eine Sache überhaupt wert ist, sich für sie einzusetzen. Nur wenn Sie das wirklich ist, investieren Sie Ihre Energie!

Ist eine Sache relevant, dann werden Sie diese Anforderung von angenehm herausfordernd bis unangenehm stressend bewerten. Je nachdem, welche Möglichkeiten Sie für deren Bewältigung gerade wahrnehmen. Wenn Sie den Eindruck haben, Sie schaffen es nicht, Sie haben keine Unterstützung oder nicht die nötigen Mittel parat, dann steigt der Stresspegel.

Dabei geht es nicht um die real verfügbaren Möglichkeiten. Denn sonst könnten wir jederzeit alle Anforderungen locker meistern. Wir sind von einer unendlichen Fülle von Ressourcen umgeben, wir erkennen diese jedoch nicht immer gleich. Manchmal, wenn man mit jemandem über ein Problem spricht und der andere einen einfachen Rat gibt, denkt man sich nachher, wieso einem das nicht gleich selbst eingefallen ist. Kennen Sie das? Die Lösung war vorher auch da, nur haben Sie sie einfach nicht gesehen. So ist es eben, das ist wieder so eine paradoxe Angelegenheit. Wir sind manchmal nicht offen für unsere Möglichkeiten, das Gefühl von zu viel Stress verschließt uns.

Was wir tun können, ist auch hier das Anlegen eines Sammelsuriums, indem wir uns mit Stressbewältigung beschäftigen, ein Seminar besuchen, andere Leute dabei beobachten, wie sie Situationen lösen und was man besser machen könnte. Denn wenn wir uns mit den Möglichkeiten beschäftigen, sind diese auch präsent. Sie könnten natürlich auch ein Buch über ein Leben mit Leichtigkeit lesen. Ach, das tun Sie ja gerade!

Wir wachsen an dem, was wir selbst in die Hand nehmen. Ein Mensch muss nicht tief genug fallen, damit er änderungsbereit ist. Stressresistent werden wir durch das Anpacken von Stress und Problemen, indem wir lernen, unser Leben selbst in die Hand zu nehmen. Durch Erfahrung und das Aneignen von Bewältigungs- und Problemlösestrategien erweitern wir unsere Stress- und Problemlösekompetenzen.

Deshalb lassen Sie mich auch hier über Hilfe und Unterstützung sprechen. Es gibt Menschen, die haben immer, wenn es brenzlig wird, andere, die die Probleme für sie lösen. Das ist keine gute Hilfe, weil es abhängig macht. Gute Hilfe ist es, je nach Bedarf den anderen zu ermutigen, ihm beizustehen, gemeinsam Ideen zu sammeln etc. Aber handeln Sie nicht für andere! Lassen Sie es andere selbst solange versuchen, bis sie es schaffen! Nur so lernt ein Mensch Probleme zu lösen. Trauen Sie anderen etwas zu!

Anerkennen und lösen Sie Probleme

Zur Problemlösefähigkeit zählen einige Fertigkeiten, die den gesamten Lösungsprozess ausmachen, das beginnt beim Problembewusstsein. Weltmeister im Verdrängen scheiden hier aus und jene, die vor lauter Wald keine Bäume sehen, ebenso – damit meine ich Leute, die überall Probleme sehen und dadurch den Blick auf mögliche Lösungen verdecken. Wer ein Problem hat, sollte es also weder durch die rosa noch durch die graue Brille betrachten, sondern den Blick für die Realität schärfen. Fragen Sie sich: „Was konkret ist das Problem? Was daran macht mir zu schaffen?"

Wobei wir auch schon beim nächsten Schritt angelangt sind, der Problemanalyse. Sie hat den Zweck, die Sache einzugrenzen und nach Prioritäten zu ordnen. Dabei führen Fragen wie die folgenden weiter: „Was an der Sache stört mich am meisten? Was sollte zuerst geklärt werden?" Sobald man ein reales Bild von der Schwierigkeit hat, kann die Beschäftigung mit dem Problem beendet werden. Sie haben es erkannt, Sie haben es akzeptiert. So, jetzt beschäftigen Sie sich mit der Lösung. Holen Sie Informationen ein, sammeln Sie Ideen. Wägen Sie die Lösungsmöglichkeiten ab und entscheiden Sie, welche für Sie passt. Das ist das 3 x A-Konzept: akzeptieren – analysieren – auflösen.

Hier können Sie auch die Psychohygiene-Übung vom Beginn dieses Kapitels anwenden, die Sie in drei Schritten vom Anerkennen und Loslassen von Problemen (Was stört mich?) über die fruchtbare Sichtweise (Was soll anders sein?) zu möglichen Lösungen führt (Wie kann ich das erreichen?).

Jede selbst bewirkte Lösung stärkt uns. Resilient zu sein bedeutet, Probleme konstruktiv anzupacken (statt sich also in einer destruktiven Weise in das Problem hineinziehen zu lassen). Analysieren Sie das Problem, sammeln Sie Lösungsideen, entscheiden Sie sich für eine Variante und probieren Sie diese aus. Sollte sich herausstellen, dass die Lösung nicht gepasst hat, lässt man sich nicht unterkriegen, sondern versucht die nächste Lösungsidee, solange bis das Problem gelöst ist. Jede gelungene Lösung stärkt uns!

Es gibt Lösungstalente, das sind Leute, die sich überwiegend auf das Lösen fokussieren. Während jemand meint, er habe ein Problem, sehen sie nur Lösungen. Das ist ein gutes Training. Probieren Sie das im Alltag, dann können Sie es in der Not.

Achten Sie mal über einen Tag hinweg auf Lösungsmöglichkeiten und sammeln Sie dabei viele Ideen. Je größer Ihr Repertoire wird, desto mehr Möglichkeiten haben Sie zur Verfügung. Suchen Sie sich Übungsplätze: z.B. wenn am Morgen die Kaffeemaschine ausfällt, welche Einfälle haben Sie, um rasch zu Kaffee zu kommen? Sollte das Auto streiken, wie kommen Sie in die Arbeit? Fällt der Computer aus, was könnten Sie tun? Sie haben vergessen Lebensmittel einzukaufen, wie kommen Sie dennoch zu einem Abendessen? Der Fernseher ist kaputt, was unternehmen Sie? Üben Sie es, Schwierigkeiten zu bewältigen, indem Sie auf Probleme anderer achten. Wie reagiert die Arbeitskollegin, wenn Sie Angst hat, den Job zu verlieren? Überprüft Sie diese Furcht mit Realitätssinn oder schwächt Sie sich durch Selbstmitleid? Wie reagiert der Freund, wenn er eine Meinungsverschiedenheit mit dem Leiter des Sportvereins hat? Schafft er es, sich zu beruhigen, um den Konflikt zu lösen, oder grantelt er tagelang vor sich hin und beschließt, den Verein zu verlassen? Schauen Sie im Alltag darauf, was andere gut machen oder wie man es besser machen könnte – aus beidem kann man lernen. So trainieren Sie Ihre Kompetenz, Probleme zu lösen!

Schaffen Sie sich ein Netzwerk voller Menschen, die Ihnen gut tun!

Eine schwerkranke Frau hat einmal gesagt: „Alle sagen, das Wichtigste im Leben ist es, gesund zu sein. Doch wissen Sie, was noch wichtiger ist? Liebe Menschen um sich zu haben, die zu einem halten, auch wenn man krank ist!"

Was gibt es Schöneres, als für andere da zu sein, sich geliebt und angenommen zu fühlen, zu einer Gemeinschaft zu gehören? Oder umgekehrt gefragt: Was gibt es Schlimmeres, als in einer schwierigen Situationen plötzlich alleine da zu stehen, keinen Rückhalt, keine Stütze, keine Hilfe zu erhalten. Schaffen Sie sich ein Netzwerk mit Menschen, die Ihnen gut tun und auf die Sie auch in schwierigen Zeiten zählen können!

Wie oft berichten Menschen nach Schicksalsschlägen, dass Sie erst dadurch gemerkt haben, wer wirklich ihr Freund ist?! Es ist wirklich schön und auch sinnstiftend, wenn sich eine Vertiefung einer Freundschaft durch eine schwere Lebensphase ergibt.

Dennoch muss man nicht so schnell seine alten Freunde abhaken. Es kann nämlich es sein, dass langjährige Freunde sich deshalb zurückziehen, weil sie nicht wissen, wie sie mit der Situation umgehen sollen. Aus dieser Unsicherheit heraus entsteht Hilflosigkeit. Der einzige Ausweg scheint, auf Distanz zu gehen. Deshalb fühlt man sich im Stich gelassen. Kein Mensch verlässt einen, weil man krank wird, die meisten halten deshalb Abstand, weil sie sich hilflos fühlen.

Menschen lieben es, anderen zu helfen. Das tut einem

selbst so gut, weil es direkt das Selbstwertgefühl vitalisiert. Erleichtern Sie es anderen Menschen, Sie zu unterstützen, indem Sie konkret sagen, was Sie brauchen. Nicht nur in Krisenzeiten, sondern üben Sie das ruhig auch mal im Alltag.

Das verlangt, dass Sie Hilfe überhaupt annehmen können. Genauso aber erfordert es, dass Sie über eine gute Selbstwahrnehmung verfügen, denn in Ausnahmesituationen sollten Sie bereits routiniert in sich hinein spüren können, um zu erfühlen, was in diesem Moment für Sie hilfreich ist. Spüren Sie so oft wie möglich in sich hinein. Sie wissen bestimmt am besten, was Sie brauchen und auch was Sie nicht brauchen. Sagen Sie es dann auch unbedingt! Wenn Sie sich beispielsweise durch ein Gespräch entlasten wollen, also keine Ratschläge haben möchten, dann sagen Sie: „Bitte hör mir einfach nur zu, ich brauche einen guten Zuhörer zur Aussprache." Manchmal erleichtert es nämlich das, was einen belastet, auszusprechen und oft kommen einem dabei selbst die besten Erkenntnisse. Über das, was einem am Herzen liegt, zu reden, ist bereits ein großes Stück Arbeit in Richtung Loslassen. Wenn Ihnen selbst keine Lösungsideen einfallen, dann bitten Sie in etwa so: „Kannst du mir bitte sagen, was du in meiner Situation tun würdest, ich weiß nicht weiter? Bitte gib mir doch einen Tipp." Der andere weiß, was zu tun ist, wenn Sie ihn konkret dazu anweisen. Das macht es auf jeden Fall leichter!

Bindung ist ein besonders starkes Bedürfnis, denn wir Menschen sind soziale Wesen und brauchen die Gesellschaft anderer. Aus diesem Grund widme ich die nachfolgenden Absätze der Beziehung zu uns und unseren Mitmenschen. Je besser wir mit anderen umgehen können, desto besser geht es uns. Ein paar Infos noch vorweg: Soziale Kompetenz nennt man die Fähigkeit, mit anderen Menschen gut umgehen zu können. Dazu gehört es, Kontakte aufzunehmen, diese aufrechtzuerhalten, also Beziehungen einzugehen und gegebenenfalls auch beenden zu können.

Haben Sie den Mut, einmal konsequent Ihre Kontakte auszumustern und zwar in Hinblick darauf: Wer tut mir gut? Wer schadet mir? Freunde kann man sich selbst aussuchen! Kunden, Kollegen, Nachbarn, Geschwister und Eltern nicht. Im Freundeskreis könnten Sie ein wenig Hausputz machen. Mustern Sie jene, die Ihnen gar nicht gut tun, aus.

Kontakte, die wir uns nicht selbst aussuchen können, also beispielsweise die energieraubende Kundin in der Arbeit oder den stets nörgelnden Kollegen, können wir auf ein Minimum reduzieren. Beim Kollegen reicht es, wenn man freundlich grüßt und weitergeht. Schütteln Sie ihm nicht die Hand, denn das heißt: Ich möchte mit dir in Kontakt treten und dann fängt er wahrscheinlich ein Gespräch an. Also: Grüßen und weitergehen. Viele weitere Tipps dazu gibt's im nächsten Kapitel.

Der erste Schritt, sich auf andere einzulassen, ist ein offenes, freundliches Auftreten. Gehen Sie auf andere zu und warten Sie nicht darauf, ob Sie jemand anspricht. Man muss nicht immer tiefsinnige Gespräche führen, es reichen ein paar freundliche Worte über Unverfängliches: „Herrlich, dass die Sonne mal wieder scheint, gell?" oder: „Na Sie sind wieder fleißig am Gießen. Sie haben wohl einen grünen Daumen, nicht wahr?" Wenn Sie gehemmt sind, sind Sie das höchstwahrscheinlich, weil Sie es nur nicht gewohnt sind, auf andere zuzugehen. Probieren Sie es einfach aus! Stellen Sie sich eine mögliche Situation vor, zum Beispiel wie Sie in die Bäckerei gehen und dort freundlich plaudern. Üben Sie vorher zu Hause laut vor dem Spiegel: „Guten Morgen! Na heute ist es wieder kalt, gell?" (oder warm oder windig oder …). Sagen Sie den Satz wirklich laut vor sich hin, denken Sie ihn nicht nur. Üben Sie es, ihn zu sagen, damit Sie sich daran gewöhnen, Ihre freundliche Stimme zu hören:

zehn Mal laut und freundlich: „Guten Morgen! Na heute ist wieder mal ein Wetter, gell?"

So und nun sind Sie gewappnet für die Wirklichkeit. Raus aus dem Haus und auf zum Bäcker. Sagen Sie ein offenes, freundliches „Guten Morgen", plus Wetter-Kommentar, plus ein fragendes „Gell?" zum Schluss. Genießen Sie es! Freuen Sie sich über die Antwort Ihres Gegenübers. Sie haben jetzt Ihre Verschlossenheit überwunden. Ab jetzt sind Sie ein Mensch, der offen auf andere zugeht, und bei jedem weiteren Versuch fällt es immer leichter.

Blickkontakt, Lächeln und freundliche Wortangebote eröffnen den Kontakt. Um ihn aufrecht zu erhalten, helfen einfache Kommunikationsregeln wie zum Beispiel: sich dem anderen zuwenden, ihn aussprechen lassen, zuhören, aber auch die passende emotionale und körperliche Distanz zu wahren.

Es gibt Menschen, die kommen einem im Gespräch so nahe, dass es unangenehm wird. Meist traut man sich nicht, etwas zu sagen, und versucht irgendwie zu entkommen. Andere halten einen auf Abstand, das bewirkt auch innere Distanz. Wie sieht es mit Ihnen aus? Welchen Zwischenraum lassen Sie bei Ihren Gesprächspartnern? Gehen Sie eher auf Tuchfühlung und rücken anderen damit auf die Pelle oder sind Sie eher der Distanztyp, der gerne Abstand hält? Vielleicht machen Sie es ja genau richtig!

Überprüfen können Sie das so: Stellen Sie sich aufrecht hin und heben Sie Ihre Arme so, als würden Sie einen fiktiven Freund umarmen. Innerhalb dieses Radius lassen Sie nur intime Freunde, also Leute, die Ihnen emotional sehr nahe stehen, z.B. Ihren Schatz, Ihre Kinder, vielleicht manchmal die Eltern oder die beste Freundin. Zu Menschen, die Sie noch nicht so gut kennen, halten Sie Abstand und zwar genau so, dass diese außerhalb des Umarmungsradius bleiben. Das ist der Wohlfühl-Zwischenraum, den jeder braucht. In der

Fachsprache nennt man das „Personal Space" – den persönlichen Raum. Je höher eine Person hierarchisch gestellt ist, desto größer ist der persönliche Raum. Deshalb hält man automatisch mehr Distanz zum Chef. Wenn Sie beispielsweise eine Audienz beim Papst bekommen, sind ehrfürchtige zwei bis fünf Meter Abstand angebracht.

Zum Kontakthalten gehört es auch, Komplimente zu geben oder diese annehmen zu können. Wie geht es Ihnen damit, wenn Ihnen jemand sagt: „Sie schauen heute toll aus"?

Der gesunde Selbstwert saugt es auf und freut sich, der instabile Selbstwert zweifelt. „Nur heute? Bin ich sonst so hässlich?" Lassen Sie das und verzichten Sie auf Verlegenheit. Erfreuen Sie sich solcher Komplimente! Komplimente tun unserem Selbstwertgefühl richtig gut! Genießen Sie dieses Stück Leichtigkeit.

Teilen Sie möglichst viele ehrliche Komplimente aus, denn je mehr Anerkennung Sie anderen aussprechen, desto mehr kommt zurück. So lernen auch schüchterne Leute, sich daran zu erfreuen. Solche Anerkennung wirkt allerdings nur, wenn Sie echt ist. Besonders wirksam ist ein Kompliment, wenn es die Selbstwirksamkeit des anderen betont: „Sie schauen toll aus mit dem Pullover. Kompliment, Sie haben wirklich guten Geschmack, den haben Sie perfekt ausgewählt!" Diese Aussage kann man nur genießen, sie lässt sich gar nicht abwerten. Das tut gut und fordert zum Gespräch auf. Sie können über Mode, Geschmack, Farben, Shopping etc. plaudern. Bemerken Sie laut, was Ihnen an anderen gefällt, und schaffen Sie dadurch gleich die Gelegenheit zu einem Gespräch!

Seien Sie das Vorbild, das Sie sich wünschen zu sein. Manche Menschen tun uns einfach gut. Diese Begegnungen erwecken förmlich Glücksgefühle. Meist sind das jene Personen, die uns wertschätzend begegnen. Sie sprechen mit uns auf Augenhöhe. Sie machen andere nicht nieder und verwenden keine unaussprechlichen Fremdworte, um sich aufzuwerten. Das haben sie nicht nötig, denn ihr Selbstwert ist intakt. Sie strahlen mehr aus als: „Ich bin okay – du bist okay". Sie begeistern sich für andere und schenken ehrliches Interesse.

Es gibt Menschen, die eine Vorbildwirkung auf uns haben, weil Sie Gelassenheit und Ruhe ausstrahlen oder genau das leben, was wir uns wünschen. Seien Sie selbst so ein Vorbild! Gehen Sie mit anderen stets so um, wie sie es sich von anderen wünschen. Zeigen Sie ehrliche Begeisterung und Interesse. So binden Sie Kontakt- und Freundschaftsbänder, die verlässlich sind und lange halten.

11. Leichtigkeit durch innere Stärke mit den 6 Starkmachern

Jeder Mensch hat innere Fähigkeiten, die einem in den Aufs und Abs des Lebens zur Seite stehen. Bei manchen sind diese besonders stark ausgeprägt, weil sie im Laufe des Lebens erfolgreich gefordert und gefördert wurden. Wenn das bei Ihnen nicht der Fall war, macht das nichts. Mit diesem Input können Sie jetzt Ihre inneren Stärken fördern.

Wir haben Kräfte in uns, die uns extrem widerstandsfähig machen. Jeder Mensch hat diese inneren Starkmacher, auch Sie. Lernen Sie Ihre inneren Kräfte kennen. Hier können Sie mehr darüber erfahren, wer die Starkmacher sind, wie sie wirken und was Ihre Starkmacher brauchen, um richtig gut zu sein.

Die sechs inneren Starkmacher sind der Kapitän, der Beobachter, der Steuermann, der Kampfgeist, der Saubermacher und der Verbindungsmann. Machen Sie Ihr inneres Schiff klar und mobilisieren Sie Ihre Mannschaft, damit Sie in Zukunft jedem Sturm standhalten können.

Der Kapitän

Der Kapitän trägt die Verantwortung. Er ermutigt uns: „Ich hab alles unter Kontrolle" und motiviert: „Wir schaffen das."

Der Kapitän ist der Chef unserer inneren Mannschaft. Er ist äußerst kompetent und eine gute Führungskraft mit souveränen Leuten. Er hat alles im Griff und traut seinen Mitarbeitern auch einiges zu, so kann er auch mal loslassen. Doch letztlich übernimmt er immer die Verantwortung.

Richtig gut wird der Kapitän durch Erfahrung. Was er braucht sind Erfolgserlebnisse, denn sie bauen den Selbstwert auf und schenken Selbstvertrauen. Jedes Erfolgserlebnis speist ihn und führt zu weiteren Erfolgen.

Sein bester Freund ist der Optimismus. Er ermutigt ihn, sich Dinge zuzutrauen, und verhilft ihm so zum Erfolg. Mit seinem Freund dem Optimismus schafft er es auch, selbst aus negativen Erfahrungen gute Erkenntnisse und Erfolge abzuleiten. Deshalb ist er so ein guter Starkmacher!

Der Beobachter

Die typische Aussage eines tüchtigen Beobachters ist: „Ich sehe alles, meinem Blick ins Schiff (ins Selbst) entgeht nichts." Seine Aufgabe ist die Innenschau und das rechtzeitige Alarmieren, wenn etwas nicht stimmt.

Was er braucht, um seinen Job gut zu meistern, ist freie Sicht, denn nur in ein geöffnetes Selbst kann er gut blicken. Deshalb sollte man alles, was die Sicht versperrt, zur Seite räumen (die Unfähigkeit zur Reflexion oder die Angst sich zu öffnen oder die Furcht in sich zu gehen), indem man lernt, in sich zu horchen und seine Ängste zu überwinden – in uns finden wir nur Wahrheit.

Wonach er Ausschau hält, ist, ob in der Seele und im Körper alles in Ordnung ist. Wenn ihm etwas seltsam vorkommt, schlägt er Alarm.

Der Steuermann

Wenn Sie ihn fragen, was sein Job ist, antwortet er: „Ich lenke das Selbst und vor allem seine Gefühle." Der Steuermann arbeitet am besten mit dem Beobachter zusammen, weil er wichtige Informationen (über aufkommende Gefühle) dann früher erhält. Dadurch kann er entgegensteuern und so einen Zusammenprall oder gar eine Explosion verhindern.

Seine Aufgabe ist es, Emotionen zu steuern, zu beschwichtigen und einzudämmen. Da Gefühle sein Fachgebiet sind, schaut er auch manchmal in das Selbst von anderen. Dieses Einfühlungsvermögen bewirkt, dass er auch auf Gefühle anderer einwirken kann, indem er beispielsweise besänftigt.

Manchmal aktiviert er auch das eigene Selbst, indem er es ermutigt, damit es sich aufrafft und in Schwung kommt.

Er ist ziemlich gefordert, weil ständig etwas los ist, deshalb braucht er besonders viel Fürsorge und hin und wieder eine Ruhepause.

Der Kampfgeist

Der typische Kampfgeist sagt: „Ich nehme jede Herausforderung an!" Seine stärkste Waffe ist dabei die Klugheit.

Zuerst überlegt er, ob es eine Sache überhaupt wert ist,

sich damit auseinanderzusetzen. Unwichtige Dinge tangieren ihn überhaupt nicht, dafür vergeudet er seine Energie nicht.

Jede Anforderung wandelt er in Leichtigkeit um. Das macht er, indem er sie als interessant, herausfordernd, bereichernd oder als Klacks einstuft.

Probleme leitet er an den Kollegen weiter. Weil er so viel schuftet, braucht er zwischendurch auch mal Ruhe, um seine Energiespeicher wieder aufzuladen.

Der Saubermacher

Auch dieser Kerl ist ziemlich weise: „Probleme sind zum Lösen da. Ich weiß für jedes Problem die passende Lösung."

Er weiß auf alles eine Antwort, findet unzählige Möglichkeiten, um Hindernisse zu überwinden sowie Schwierigkeiten klein und nichtig zu machen.

Er beginnt meist mit einer Analyse der Situation, um das Problem zu benennen. Sogleich fallen ihm hundert Stärken und Ressourcen ein, die er mobilisiert. Er kann wirklich alles lösen.

Ist er ausreichend mit Informationen versorgt, weiß er, was er zur Lösung braucht, welche Entscheidungen zu treffen sind und welche Mittel er mobilisieren soll. So schafft er jedes Problem aus dem Weg.

Für seine Arbeit sind zu viele Emotionen und Selbstmitleid hinderlich, aber dabei hilft ihm sein Kollege, der Steuermann. Was er braucht, um richtig gut arbeiten zu können, sind konkrete, sachdienliche Infos.

Der Verbindungsmann

„Ich bin die Verbindung zur Außenwelt", spricht der Verbindungsmann, wenn man ihn danach fragt, was er tut. Er weiß, wie wichtig seine Rolle ist. Ohne ihn wäre das Selbst nichts, denn weil es ein soziales Wesen ist, braucht es andere.

Seine größten Stärken sind die Kommunikation und sein offenes Herz. Er nimmt mit anderen Schiffen Kontakt auf, stellt Beziehungen her, bildet Freundschaften und hält sie aufrecht. Das ist unglaublich bereichernd. So erkennt das Schiff (das Selbst), wer es ist und was es kann. Dadurch erhält es gute Energie und weiß, wenn es darauf ankommt, kann es auch auf Unterstützung zählen.

Er kann jedoch auch anders: Wenn einer nicht zu uns passt, uns andauernd eine Last ist und die Energie raubt, dann geht er auf Distanz. Nötigenfalls wird er auch deutlich, um ihn loszuwerden.

Richtig gut ist er durch die Unterstützung seiner inneren Kollegen. Er ist laufend mit Informationen konfrontiert, wie ein Kanal leitet er Eindrücke, Gefühle und Anforderungen weiter, womit er den anderen etwas zu tun gibt. Dadurch sind alle gefordert und werden immer besser.

Seine besten Freunde sind übrigens Frohsinn und Humor, damit geht alles wie geschmiert.

Kommen Ihnen die Starkmacher bekannt vor? Als Vorbild dafür standen die Resilienzfaktoren, jene bewährten Fähigkeiten, die sich studienübergreifend als schützend herausgestellt haben. (Anmerkung: In Wahrheit sind es sechs Starkmacherinnen: die Selbstwirksamkeit, die Selbstwahrnehmung, die Selbststeuerung, die Stressbewältigung, die Problemlösekompetenz und die soziale Kompetenz.)

Der Kapitän, der das Schiff führt, ist die Selbstwirksamkeit, sie wird in der Literatur oft auch als Kompetenz-

und Kontrollüberzeugung beschrieben. Der Beobachter ist die Fähigkeit zur Selbstwahrnehmung. Der Steuermann ist die Fähigkeit zur Gefühlssteuerung, dazu zählt auch das Einfühlungsvermögen. Der Kampfgeist ist die Stressbewältigungskompetenz, denn wenn wir Dinge als Herausforderung betrachten, stressen sie uns nicht. Der Saubermacher ist die Problemlösekompetenz, die unsere Ressourcen mobilisiert, und der Verbindungsmann ist die soziale Kompetenz.

Diese sechs Fertigkeiten, die jeder Mensch in sich trägt und die einen im Alltag unterstützen, sind unsere Starkmacher. Machen Sie sich bewusst, welch tolle Mannschaft Sie in sich haben. Seien Sie ein guter Chef! Ein wenig Wertschätzung und Anerkennung, ein wenig von dem, was die einzelnen Starkmacher zum Gedeihen brauchen, und schon blüht Ihre Einheit auf. Bauen Sie Ihre Starkmacher auf! Mit ihnen können Sie künftige Schwierigkeiten als bereichernd erleben und mit Leichtigkeit meistern.

Mit dieser Meditation können Sie Ihre innere Mannschaft aktivieren: Setzen Sie sich ganz bequem hin, spüren Sie in die Sesselunterlage hinein, bis sie sich richtig wohl fühlen. Spüren Sie, wie die Beine den Boden berühren und die Hände ganz locker auf den Oberschenkeln ruhen.

Stellen Sie sich vor Ihrem inneren Auge vor, wie die sechs Starkmacher aussehen könnten. Machen Sie sich ein Bild von jedem Mitglied: der Kapitän, der Beobachter, der Steuermann, der Kampfgeist, der Saubermacher, der Verbindungsmann. Stellen Sie sich diese Mannschaft ganz besonders kraftvoll und entschlossen vor.

Gehen Sie nun in jenen Bereich Ihres Innenlebens, in dem sich Stress, Druck, Probleme, Ängste, Sorgen oder Ärger festgesetzt haben, und holen Sie sich Ihre innere Mannschaft zum Einsatz.

Stellen Sie sich vor, wie der Kapitän sagt: „Wir schaffen das. Packen wir es an. Los geht's!"

Der Beobachter sieht genau, wo sich die Störfaktoren versteckt oder eingenistet haben, er zeigt dem Steuermann den Weg.

Der Steuermann macht sogleich aus jedem negativen Gedanken einen positiven. Aus jedem heftigen Gefühl macht er ein sanftes.

Der Kampfgeist nimmt die Herausforderungen des Alltags an. Jeden gestressten Gedanken wandelt er in einen leichten um.

Der Saubermann löst jedes Problem einfach auf.

Der Verbindungsmann findet immer die passenden Worte, um mit den Menschen, die Ihnen begegnen, gut umzugehen.

Vergegenwärtigen Sie sich, wie die innere Mannschaft ihre Arbeit mit Leichtigkeit erledigt. Diese Leichtigkeit überträgt sich ganz auf Sie und auf alle Ihre Lebensbereiche. Stellen Sie sich nun ein lebensfrohes Abbild Ihrer selbst vor, wie Sie vor Ihnen stehen oder sitzen. Beobachten Sie, wie dieses fröhliche Ich aussieht, wie es sich bewegt, wie es atmet, wie es lächelt.

Treten Sie nun in dieses lebensfrohe Ich ein und schauen Sie durch seine Augen, hören Sie mit seinen Ohren und spüren Sie, wie gut es sich anfühlt.

Genießen Sie das gute Gefühl. Genießen Sie es!

Wenn Sie möchten, kehren Sie langsam wieder in die Wirklichkeit zurück und nehmen Sie sich ein Stück Leichtigkeit und Stärke mit.

Denken Sie daran, egal was auf Sie zukommt, Sie schaffen es. Sie haben stets sechs starke Begleiter, die Ihnen mit Leichtigkeit zur Seite stehen.

Das Leben ist Fülle. Alles, was wir für unser Leben brauchen, ist in und um uns da. Egal wie schwer eine Situation erscheinen mag, zwei Waffen entschärfen sie immer: Ihr Geist, der die Situation als Herausforderung annimmt, und Ihre fixe Überzeugung, dass alles, was Sie zur Lösung brauchen, da ist.

Kapitän, Kampfgeist und alle anderen Starkmacher unterstützen Sie bei der Lösung jeder Anforderung Ihres Lebens! So meistern Sie das Leben mit Leichtigkeit!

Mit dem Leichtfaden lieben

Die Beziehung zu anderen Menschen ist ein sehr grundlegender, großer Teil unseres Lebens und unserer Persönlichkeit. Deshalb widme ich dieses Kapitel dem gelungenen Miteinander.

Der Begriff „Liebe" bezeichnete ursprünglich (mittelhochdeutsch) „Gutes, Angenehmes, Wertes". Genau darum geht es hier in diesem Kapitel „Mit dem Leichtfaden lieben". Es beinhaltet den wertschätzenden Umgang mit uns und unserer Umwelt. Das Gute und Angenehme in anderen Menschen zu sehen ist eine Geisteshaltung, die uns jede Beziehung erleichtert.

12. Was uns beziehungsfähig macht

Manfred hatte es geschafft, er hatte alles erreicht, was er wollte: Karriere, Familie und Haus, doch dann begann er eine Affäre mit seiner Sekretärin. Die Konsequenzen ließen nicht lange auf sich warten. Die junge Frau bat ihn um ein privates Gespräch. Sie trafen sich beim Mittagessen im kleinen Beisel um die Ecke. Als das Essen serviert wurde, gestand sie ihm: „Ich bin schwanger." Zuerst verschlug es ihm die Sprache, denn damit hatte er nun wirklich nicht gerechnet. Doch als er sich wieder fasste, kam ihm ein Gedanke. Er hatte eine beträchtliche Summe Geld gespart, von der seine

Gattin nichts wusste. Das könnte sein Verhängnis aus der Welt schaffen. Also schlug er der Sekretärin vor, sie solle nach Amerika gehen und dort ihr Baby zur Welt bringen, damit die Sache für ihn aus der Welt ist. Dafür bot er ihr seine gesamten Ersparnisse an. Da die junge Frau schon lange den Wunsch hatte, eine Weile ins Ausland zu gehen, um neue Erfahrungen zu sammeln, willigte sie ein. Doch zuvor wollte sie von ihm wissen, wie sie ihm Bescheid geben konnte, wenn das Kind geboren ist. Er meinte, sie solle ihm eine gewöhnliche Postkarte mit einem vereinbarten Codewort schicken, er wisse dann, dass alles in Ordnung wäre. „Und wie lautet der Code?", fragte die Frau. Er senkte zum Nachdenken seinen Blick und als er auf den Teller sah, meinte er: „Sauerkraut. Schreib einfach nur Sauerkraut auf die Karte, ich weiß dann schon, was gemeint ist."

Gesagt, getan. Ein halbes Jahr später kam die Ehefrau aus dem Staunen nicht heraus, als sie die Post erhielt. Mit der Ansichtskarte in der Hand eilte sie zu ihrem Mann und sagte: „Bitte erklär mir das mal. Da ist eine Karte angekommen, an dich adressiert, da steht drauf: zwei Portionen Sauerkraut, eins mit Würstchen und eins ohne."

In diesem Witz steckt viel Wahres. Die Partnerschaft ist zwar eine der wichtigsten Beziehungen unseres Lebens, doch genau sie scheint oft auch die schwierigste zu sein. Hierzulande wird statistisch gesehen jede zweite Ehe geschieden. Woran liegt das? Sind wir allesamt nicht beziehungsfähig?

Lassen Sie uns einmal betrachten, wie es überhaupt zu einer Beziehung kommen kann und was unsere Beziehungsfähigkeit ausmacht.

Die erste Liebe zählt …

Sobald ein Menschlein die Erde erblickt, sucht es nach seiner Bindungsperson. Das ist in den meisten Fällen die Mutter, könnte aber genauso gut die Großmutter, Tante, Pflegemutter oder bei gleichgeschlechtlichen Paaren einer der Väter sein. Positiv auf die Bindungsfähigkeit wirkt es sich aus, wenn die Bezugspersonen nicht ständig wechseln, denn durch diese Stabilität kann Bindung tief wurzeln.

Ein neugeborenes Menschlein kann nicht alleine existieren. Es ist auf die liebevolle Fürsorge anderer, die es ernähren, pflegen, umsorgen und liebkosen, angewiesen. Ohne Berührung kann ein Baby genauso wenig überleben wie ohne Nahrung. Vielleicht ist das Bedürfnis nach Bindung deshalb von Anfang an so stark ausgeprägt. Der Züricher Professor und Psychotherapieforscher Klaus Grawe beschrieb dieses Bedürfnis nach Nähe als ein angeborenes seelisches Grundbedürfnis. Von Anfang an suchen wir ganz automatisch die Nähe einer Bezugsperson. Als Belohnung dafür schenken wir unser bezauberndes Babylächeln, das der Vertrauensperson das Herz aufgehen lässt.

Bindung ist also wesentlich stärker als eine Beziehung oder ein flüchtiger Kontakt. Eine Bindung einzugehen bedeutet, eine andauernde, gefühlsmäßige Beziehung mit einer vertrauten Person zu haben, die Schutz und Unterstützung bietet. Das gilt auch später für alle weiteren Bindungen, wenn wir erwachsen sind. Wenn uns der Stress da draußen in der Arbeitswelt nervt, sind wir erleichtert, wenn wir zu unserem Schatz heimkommen, der zu uns steht.

Diese frühen Bindungserfahrungen beeinflussen nicht nur unsere Beziehungsfähigkeit, sondern auch unsere künftige Stressresistenz. Denn für die Bildung neurophysiologischer Schaltkreise, die für unsere spätere Gefühlsregulation zuständig sind, brauchen wir in der frühen Lebensphase eine Bezugsperson, die einfühlsam ist.

Allerdings bestätigen die aktuellen Neuropsychotherapie-Forschungen von Klaus Grawe, dass unser Gehirn lebenslang lernfähig ist – auch was unsere Gefühlssteuerung und Beziehungsfähigkeit angeht. Wenn wir erfolgreiche Kontakte haben, bilden wir neue Nervenzellen aus, die dann wiederum weitere Erfolge nach sich ziehen. Es ist ein positiver Kreislauf, der sich vorteilhaft auf das Zusammenleben mit anderen auswirkt.

Sollten Sie früher schlechte Erfahrungen gemacht haben, haken Sie diese ab. Lassen Sie los, denn Erfolg im Umgang mit anderen kann man lernen. Denken Sie an Ihre positiven Beziehungserlebnisse. Was waren in Ihrem Leben die schönsten Beziehungen? Mit Frauen oder mit Männern? Hatten Sie Verbindungen mit Gleichaltrigen? Von welchen Kontakten haben Sie am meisten profitiert? Was konnten Sie sich daraus mitnehmen, das Sie heute noch anwenden?

Mit solchen Fragen schulen Sie Ihre Selbstwahrnehmung und so stärken Sie Ihr Ich. Wenn Sie Lust haben und länger davon zehren möchten, schreiben Sie sich Ihre Antworten auf.

Herzenswärme erleichtert den Umgang mit anderen Menschen. Ist Ihnen aber schon einmal aufgefallen, welch rauer Ton manchmal im Arbeitsleben herrscht? Man könnte meinen, es ginge um Leben und Tod.

Ich höre öfter, wie Menschen darüber klagen, dass es so etwas wie ein freundliches Miteinander im harten Arbeitsalltag nicht mehr gäbe, Herzlichkeit sei generell in unserer Gesellschaft verlorengegangen. Ich meine, dass die Herzlichkeit nicht weg ist, sie ist vielleicht nur ein wenig verschüttet.

Im Erste-Hilfe-Kurs lernen wir, wie man Menschen im Notfall wiederbeleben kann. Wahrscheinlich ist jeder froh, wenn er dieses Können nie nutzen muss. Ich möchte dennoch bei diesem Beispiel bleiben. Vielleicht haben Sie ja im Fernsehen mal zugesehen, wie so eine Wiederbelebung gemacht wird. Während der wiederbelebende Arzt kraftvoll die Rippen der Herzgegend rhythmisch eindrückt und so ums Überleben des Patienten kämpft, wird er kaum sagen: „Liebe Schwester Gerti, würden Sie mir freundlicherweise den Defibrillator bringen. Das ist aber lieb von Ihnen." Nein, er wird nur noch im Befehlston sprechen: „Defi!" Die Schwester weiß, was er meint. Jeder wird seinen Anweisungen folgen, denn es geht um Leben und Tod.

Tatsächlich verhalten sich viele im Arbeitsalltag so, als würde es um Wiederbelebung gehen. So mancher Chef spricht in einem Befehlston, der jenem bei einem Überlebenskampf gleicht. Wer sich dann diesen Ton auch noch mit nach Hause nimmt, führt das Notprogramm weiter: „Wo ist mein Essen?!", „Zeitung!", „Mein Sakko!" etc.

Hand aufs Herz, es geht doch nicht ums Überleben, weder im Beruf (außer Sie sind Notarzt) noch im Privaten. Sollten Sie also bemerken, dass Sie diesen Befehlston gerade drauf haben, dann nehmen Sie sich selbst bei der Nase. Denn das stresst nicht nur die anderen, es stresst einen selbst, wenn man immer im Überlebensmodus ist. Halten Sie einfach inne und dann sagen Sie einmal ganz herzlich zu der Person, die gerade in Ihrer Nähe ist: „Schön, dass du da bist." Das ist Herzenswärme, dabei wird uns warm ums Herz.

Diese Herzenswärme ist ein ganz einfacher Faktor, der den Umgang miteinander zum Kinderspiel macht. Mit einem warmen, offenen Herz fällt jeder Kontakt, jede Beziehung und jede Bindung leichter.

Die wichtigsten Beziehungen in unserem Leben

Wenn Sie jemanden im Wartezimmer beim Arzt kennenlernen und mit ihm, um sich die Zeit zu vertreiben, ein nettes Gespräch führen, ist das noch keine Beziehung, sondern ein Kontakt. Erst wenn sie die Person immer wieder treffen und wechselseitig davon profitieren, hat sich daraus eine Beziehung ergeben. Eine Beziehung beinhaltet also regelmäßige soziale Interaktionen mit einer bestimmten Person über eine gewisse Zeit hinweg.

Wenn Ihnen eine Person recht nahe steht, also Liebe im Spiel ist, kann aus eine Beziehung Bindung werden, aber auch gegenseitige Verpflichtungen können ein Beziehungsgrund sein. Denken Sie beispielsweise an Arbeits- oder Vereinskollegen, mit denen Sie sich engagieren, auch diese gehören zu Ihrem Beziehungsnetz.

Ein wesentlicher Aspekt von Beziehung ist, dass der andere vermisst werden kann, wenn er nicht mehr da ist. Selbst die freundliche Nachbarin, mit der Sie nur ein paar nette Worte wechseln, kann Ihnen abgehen, wenn sie wegzieht. Je enger eine Beziehung ist, desto schmerzlicher kann es sein, wenn sie endet. All das sind Gesichtspunkte, die eine Beziehung ausmachen.

Welche Ihrer Beziehungen sind Ihnen momentan am wichtigsten? Welche Menschen liegen Ihnen ganz besonders am Herzen? Haben Sie sich darüber schon einmal Gedanken gemacht?

Schauen Sie sich doch Ihr Beziehungsnetz einmal unter der Lupe an. Vielleicht gibt es etwas, das Sie gerne daran ändern, verbessern, erleichtern möchten. Dazu bedarf es eines Stoßes kleiner Zettel (Notizzettel) und einem Stift. Sind Sie bereit? Legen Sie los mit Ihrem Beziehungsbild!

„Was sind die wichtigsten Beziehungen in Ihrem Leben?"

Bitte schreiben Sie jede Person, die Ihnen dazu einfällt, einzeln auf einen Notizzettel. Entweder notieren Sie den Namen oder die Initialen, sodass Sie später auch noch wissen, wen Sie damit gemeint haben. Schauen Sie mal, wer Ihnen aller in den Sinn kommt. Wenn Sie das Gefühl haben, Sie sind fertig, beantworten Sie bitte die nächste Frage.

„Wer ist der wichtigste Mensch in Ihrem Leben?"

Oftmals antworten die Leute mit „mein Partner", „meine Kinder", „meine Tochter" ... ich möchte aber auf etwas ganz anderes hinaus: Der wichtigste Mensch in Ihrem Leben, das sind Sie!

Finden Sie das egoistisch? ... Gut so! Denn nur dann, wenn Sie auf Ihr Ich achten, können Sie auch für andere da sein! Wenn Sie sich wichtig genug nehmen, werden Sie auch von anderen wertgeschätzt. Das lateinische Ego, also Ich, beinhaltet die Selbstliebe. Schenken Sie sich selbst die Beachtung, die Sie verdienen!

Stellen Sie sich für einen Moment in den Mittelpunkt. Schreiben Sie groß „ICH" auf einen Zettel und legen Sie ihn mittig auf den Tisch (oder Boden). Ordnen Sie nun alle anderen Beziehungspersonen (Notizzettel) um sich herum und zwar nach ihrer gefühlsmäßigen Nähe. Je verbundener Sie sich fühlen, desto näher rücken Sie diesen Zettel an Ihren heran. Wenn Ihnen eine Person nicht sehr nahe steht, legen Sie diese etwas weiter weg. Machen Sie es so, wie Sie das im Moment empfinden und stellen Sie Ihr aktuelles Beziehungsbild dar.

Betrachten Sie nun Ihr Bild. Was fällt Ihnen auf? Sind Sie sicher, dass es vollständig ist? Vielleicht haben Sie irgendjemanden vergessen, den Sie noch hinzufügen möchten? Manchmal passiert es, dass Teilnehmer mich in der Seminarpause fragen, ob alles mit ihnen stimmt, weil ihr Netz so klein oder so groß ist oder es hauptsächlich Verwandte oder zu viele Freunde beinhaltet. Einmal fragte mich eine Dame: „Ist das normal, ich habe vergessen, meine Eltern aufzuschreiben?" Keine Sorge, es stimmt alles mit Ihnen, das ist alles ganz okay. Nicht immer ist jeder Mensch in unserem Inneren gerade präsent. Betrachten Sie das Bild völlig wertfrei. Sie können außerdem, wenn Ihnen auffällt, dass noch jemand nicht genannt ist, jederzeit einen Zettel dazugeben.

Ist Ihr Beziehungsbild genauso, wie Sie es sich wünschen? Oder würden Sie gerne etwas verändern? Wenn ja, dann gestalten Sie es jetzt um. Gibt es eine Person, die Ihnen ein wenig abhanden gekommen ist, mit der Sie lieber innigeren Kontakt hätten? Dann rücken Sie diesen Zettel näher, sodass es passt. Oder ist jemand dabei, zu dem Sie gerne mehr Abstand möchten? Schieben Sie ihn etwas weg! Sie sind der Gestalter dieses Bildes. Bauen Sie Ihr Beziehungswunschbild so, wie es Ihnen gefällt! Rücken Sie die Zettel so lange zurecht, bis es für Sie passt.

Nun gilt es, Ihre Wünsche zu verwirklichen! Wirken Sie auch in der Realität auf Ihr Beziehungsnetzwerk ein, bis es Ihrem Wunschbild gleicht. Vielleicht gibt es ja jemanden, den Sie gleich kontaktieren möchten? Greifen Sie zum Hörer und rufen Sie an. Gestalten Sie Ihr Beziehungsnetzwerk so, wie es Ihnen gut tut! Zuerst am Papier und dann verinnerlichen Sie dieses Bild, denn so lässt es sich leichter umsetzen.

Vom starken Ich zum starken Wir

Der wichtigste Mensch in Ihrem Leben sind Sie. Wie steht es denn um diese Beziehung? Wie ist das Verhältnis zu Ihnen selbst? Haben Sie es leicht mit sich? Mögen Sie sich überhaupt? Wie gehen Sie mit sich um? Freundlich, gütig, würdevoll? Oder sind Sie eher der gnadenlose Ausbeuter? Wie gut kennen Sie sich selbst? Die Beziehung zu sich selbst ist ein spannendes Abenteuer und zwar deshalb, weil man meist glaubt, man kennt sich, doch dann erlebt man sich plötzlich in einer Situation völlig anders. Man entdeckt eine neue Seite an sich.

Franz ist zu einem Unfall gekommen. Plötzlich beginnt sein Herz zu klopfen, er merkt, dass da etwas nicht stimmt. Ein Wagen liegt auf dem Dach im Graben, vorne raucht die Motorhaube und er hört ein Wimmern vom Fahrersitz. Ein Mann, der vor ihm dort war, versucht ihn aufzuhalten: „Halt, bleiben Sie stehen! Das Auto könnte explodieren. Vorne sieht man schon Flammen." Franz nimmt die Stimme war, als wäre sie weit weg. Er sieht nur das blutüberströmte Gesicht der Frau, die hilflos im Gurt klemmt. „Im Beifahrersitz ist ein Messer", stammelt sie. Er läuft ums Auto, schneidet mit dem Messer den Gurt durch, packt mit fester Hand den Oberkörper der Frau und zieht sie mit sicherem Griff aus dem Wagen. Er zerrt die hilflose Frau hoch, bis auf die andere Straßenseite. Als Rettung und Feuerwehr eintreffen steht der Wagen bereits in Flammen. Erst später wird Franz klar, dass er der Frau mutig das Leben gerettet hat. Er wusste gar nicht, dass er in Notsituationen so starke Nerven behält. Richtig stolz hat ihn das gemacht.

Man wird im Leben manchmal von sich selbst überrascht. Sie können sich daher immer wieder neu entdecken!

Ist es nicht spannend, wie wir uns ein ganzes Leben lang entwickeln? Das passiert vor allem durch den Kontakt mit anderen Menschen. Würden wir uns daheim zurückziehen und mit keiner Menschenseele reden, wäre das ziemlich eintönig. Durch die Beziehung mit anderen entwickeln wir uns, wir lernen dazu und wandeln uns. Spaß und Interesse an sich selbst machen diese spannende Reise, das Abenteuer mit seinem Ich, besonders leicht.

Sich selbst gut zu kennen und immer wieder neu zu erforschen, ist vorteilhaft, völlig gleich, ob Sie sich selbst viel abverlangen und recht diszipliniert leben oder ob Sie eher der gnädige Typ sind. Je mehr Selbstbewusstsein Sie entwickeln, desto mehr trauen Sie sich zu. Aus dem Wissen über sich selbst entwickeln sich Selbstvertrauen und Selbstwert – die Mutmacher für unser Leben.

Menschen mit starkem Selbstvertrauen setzen sich höhere Ziele, belegen Studien. Sie trauen sich etwas zu, doch den

Bezug zur Realität behalten sie dabei im Auge. So erreichen sie auch ihre Ziele, sie finden einen Weg und bleiben dran, bis sie es geschafft haben. Sie fordern sich auf eine positive Weise. Auch wenn sie sich dabei anstrengen, schenkt ihnen das ein angenehmes, leichtes Gefühl.

Das Selbstbewusstsein kann man steigern. Das geht am leichtesten, wenn man seine Schwächen kennenlernt und sich auf seine Stärken fokussiert.

Mein Tipp für Sie: Legen Sie sich eine Stärken-Schwächen-Liste an. Beginnen Sie bitte mit den Stärken! Erforschen Sie diese in den kommenden drei Tagen, indem Sie sich im Alltag beobachten. Notieren Sie jede, wirklich jede Stärke, die Ihnen bei sich auffällt auf der rechten Seite (die springt leichter ins Auge, wenn man auf einen Zettel schaut, deshalb stehen die Stärken auch besser rechts am Blatt!). Beobachten Sie gründlich Ihr Aussehen, Ihre Eigenschaften und Fähigkeiten. Zum Beispiel könnte dort stehen: „Ich bin … groß, muskulös, ehrlich, sinnlich, freundlich, besonnen, rücksichtsvoll, vertrauenswürdig, …" Sie merken schon, hier gibt es keine Abschwächungen, wie „ein wenig besonnen" oder „ein bisschen muskulös". Hier sind wir es jetzt einfach und Punkt. Sich die eigenen Stärken bewusst zu machen, baut uns auf. Das steigert das Selbstvertrauen!

So innerlich gestärkt nehmen Sie dann drei Tage lang Ihre Schwächen unter die Lupe. In der linken Spalte könnte beispielsweise stehen: „Ich bin … ungeduldig, fordernd, eine Naschkatze …" Die eigenen Schwächen gut zu kennen, trägt zu einem realistischen Selbstbild bei und diese Erkenntnis kann auch nützlich sein, wenn andere uns kritisieren.

Stellen Sie sich vor, jemand sagt vor anderen lautstark: „Du bist aber ungeduldig!" Mit geringem Selbstbewusstsein ist so etwas irritierend. Kennt man sich selbst recht gut und weiß über seine Schwachpunkte Bescheid, könnte man doch mit Gelassenheit antworten: „Ja, das weiß ich."

Ist das nicht klasse, wenn man sich behaupten kann? Kennt man die eigenen Stärken und Schwächen gut, so ist das ein Leichtes. Möchten Sie gleich über noch einen Trick lesen, wie Sie Ihr Selbstvertrauen aufbauen können?

Kennen Sie die Bettkantenregel? Nein, es handelt sich nicht um … was auch immer Sie jetzt vermutlich denken. Ganz im Gegenteil! Diese Regel geht so: Überschreiten Sie niemals die Bettkante ohne aufbauenden Gedanken! Damit ist gemeint, dass Sie ab sofort, wenn Sie zum Schlafen ins Bett steigen etwas Positives über sich selbst denken oder besser noch: laut sagen (oder ganz besonders wirksam: aufschreiben). Zum Beispiel könnten Sie gleich heute Abend zu sich sagen oder sich notieren: „Ich bin toll, weil …" oder „Ich bin stolz auf mich, weil mir das Kochen heute besonders gut gelungen ist und ich in der Arbeit so viel geschafft habe." Es gibt jeden Tag etwas, worauf Sie stolz sein können!

Beginnen Sie den Tag auch mit Leichtigkeit! Denken Sie an eine Ihrer positiven Eigenschaften und stellen Sie dann den Tag unter dieses Motto. Daraus könnten Sie ein nettes Spielchen machen: Bereiten Sie kleine Kärtchen mit einer Menge Ihrer Stärken vor. Notieren Sie jeweils eine pro Zettel. Vor dem Aufstehen ziehen Sie dann eine Stärke. Am Montagmorgen könnte das die „Geduld" sein. Versuchen Sie, diesen Tag geduldig zu begehen, seien Sie nachsichtig mit sich und mit anderen. Vielleicht ziehen Sie am Dienstag die „Fröhlichkeit", dann bringen Sie diese Stärke in alles, was Sie tun, und bei jeder Begegnung, die Sie erleben, ein. Das Bettkantenspiel macht Spaß und gute Laune, obendrein stärken Sie Ihr Selbstvertrauen. So selbstbewusst und lebensfroh fällt jede Beziehung leichter!

Mit sich selbst sind Sie in guter Gesellschaft, denn unser Ich ist nicht alleine. Wir haben unterschiedliche Teilidentitäten. Wie der Name schon sagt, teilen wir unsere Identität – oder Stücke davon – beispielsweise mit unserer Familie, mit engen Freunden und mit unserer Heimat. Vielleicht leihen Sie sogar Ihrem Hündchen einen Teil, wenn Sie über ihn identifiziert werden. Dann sagen die anderen, wenn Sie über Sie sprechen, „die mit dem Shelti" oder „der mit dem Boxer".

Wir bemerken diese Identitäten meist erst dann, wenn wir verletzt werden. Stellen Sie sich vor, Sie sind im Ausland und jemand macht eine Bewertung wie etwa: „Na das ist ja typisch Ösi" oder wenn Ihre Wurzeln in Deutschland liegen: „Typisch Piefke". Das fühlt sich ungut an. Das gilt ebenso für die Verbundenheit zum Heimatland und Heimatort, wenn über die Wiener oder die Preußen oder die „Fischköpfe" gelästert wird, trifft einen das auch. Ein anders Beispiel, wie Ihre Identität bezogen auf die Familienzugehörigkeit verletzt werden kann, ist es, wenn Leute abfällig über Ihre Herkunftsfamilie sprechen: „Die Müllers, das waren immer schon Gauner." Man ist davon auch persönlich betroffen. Worauf ich hinaus möchte: Alles, was Sie für Ihr eigenes Ich tun, färbt auch auf andere ab. Oder anders formuliert: Seien Sie nett zu sich, dann sind Sie es auch zu anderen und die anderen zu Ihnen!

Auch wenn wir keine Schauspieler sind, so haben wir doch eine ganze Reihe an Rollen, die wir in unserem Alltag spielen. Jedes „Ich bin ..." ist ein Stück Teilidentität. Zum Beispiel: „Ich bin Tochter, Mutter, Schwester, Chefin, Freundin usw." oder: „Ich bin Ehemann, Bruder, Kollege, Vorsitzender ...". Welche Ihrer Rollen fallen Ihnen spontan ein?

Normalerweise machen wir uns darüber kaum Gedanken. Fällt es uns jedoch schwer, die vielen unterschiedlichen Anforderungen zu erfüllen, hilft eine Übung zur Abgrenzung für ein unbeschwertes Miteinander: Machen Sie sich Ihre unterschiedlichen Rollen bewusst, denn wenn Sie sie bewusst leben, können Sie Ihre Grenzen viel besser wahren. Sammeln Sie Ihre Ideen dazu am besten schriftlich auf einem Papier. Dann kreisen Sie jene drei Rollen ein, die Ihnen am schwersten fallen.

Frau Rosa war bei mir im Coaching, weil sie mit den vielen Forderungen ihrer Familienmitglieder und ihrer Chefin nicht mehr klarkam. Es fiel ihr schwer, „Nein" zu sagen. Ihr Wunsch es allen anderen recht zu machen, war so dominant, dass sie ihre Grenzen überschritt. Sie fühlte sich überfordert und manchmal ausgenutzt. Ich gab Frau Rosa einen großen Zettel, auf dem stand: „Ich bin ..." Dann bat ich sie, diesen Satzanfang mit ihren unterschiedlichen Rollen zu ergänzen. Sie schrieb alle möglichen ihrer Funktionen auf und danach wählte sie drei aus, die sie momentan als schwierig empfand: Tochter, Angestellte und Ehefrau.

Auf einem großen Blatt Papier, das in drei Spalten geteilt war, notierte sie nun die drei ausgewählten Rollen als Überschrift. Ich fragte sie: „Wenn Sie die erste Rolle betrachten: Welche Aufgaben haben Sie in dieser Rolle?"

Frau Rosa notierte in Stichworten bei ihrer Rolle als Tochter: Für die Mutter zu sorgen, für sie immer da zu sein, sie zu unterstützen, mit ihr zu reden. Dagegen hatte ich etwas einzuwenden, denn die Mutter war eine 52-jährige gestandene Frau. Auch wenn sie vor zwei Jahren von ihrem Mann verlassen wurde, kann sie doch ihr Leben selbst meistern. Weshalb sollte sich also Frau Rosa so sehr um ihre Mutter sorgen und immer für sie da sein? Solange sich die Tochter so derart für die Mutter aufopferte, konnte weder die eine noch die andere ihr eigenes Leben führen.

Frau Rosa hatte ein Aha-Erlebnis! Sie meinte: „Vielleicht ist das ja der Grund, weshalb die Mama sich so gehen lässt. Vielleicht kann sie ja gar nicht ihr Leben selber leben, weil ich sie überbehüte und ihr alles abnehme." Sie strich den einen Teil ihrer Notizen wieder weg und was dann in der ersten Spalte stand war: „Für die Mama da sein, wenn sie mich braucht." Sofort konnte man in ihrem Gesicht sehen, wie erleichtert Rosa war.

Wir packten die nächste Frage an: „Welche Ziele und Wünsche habe ich in dieser Rolle?" Auch hierzu machte sie Notizen in der ersten Spalte: „Kontakt halten, eine gute Beziehung miteinander." Danach beantwortete sie noch die dritte Frage: „Wo sind meine Grenzen?" Dazu fiel ihr ein: „Wenn ich selbst keine Zeit oder keine Energie mehr habe." Das wandelten wir noch in eine positive Aussage um: „Ich achte auf meine Energie und mein Zeitbudget." So fiel es ihr leichter, ihre Grenzen zu wahren. Auch fragte ich sie noch, woran Sie erkennen würde, dass sie ihre Grenzen erreicht hat, damit sie diese nicht überschreitet. Die Antwort kam überraschend: „Ich höre auch wieder auf mein Bauchgefühl."

Nach der ersten Spalte beantwortete sie die drei Fragen auch in der zweiten und danach in der dritten Spalte. Ihre Ziele und Wünsche als Angestellte waren beispielsweise: „Die Arbeit in der Arbeitszeit zu erledigen und sich nichts mitzunehmen, auch nicht mental" und als Ehefrau: „Mehr Zeit miteinander verbringen, Zärtlichkeit austauschen, mehr miteinander unternehmen." Nun verglichen wir die Rollen, machten Unterschiede und Ähnlichkeiten bewusst. Die Grenzen waren übrigens überall gleich. Frau Rosa war es wichtig, in jeder Rolle auf ihre Energie zu achten.

Probieren Sie die Übung aus. Sobald Ihnen bewusst wird, welche Aufgaben, Ziele und Grenzen Ihre Rollen haben, fällt es Ihnen leichter, sich abzugrenzen, sie im Alltag zu erfüllen und Ihre Energie zu wahren.

Was Beziehungen erleichtert, ist ein intaktes Selbstwertgefühl. Dazu zählt es einerseits, innerlich gestärkt und stabil, andererseits auch offen und flexibel für Veränderung zu sein. Eingeengte Bilder von sich und der Welt können einem dabei ganz schön die Sicht versperren.

Manchmal haben Menschen starre Vorstellungen darüber, wie etwas sein muss. Darüber, wie beispielsweise eine Partnerschaft oder eine Freundschaft aussehen soll, existieren oft nur Mythen. Eine eingeengte Sicht kann Freundschaft auch verhindern. So verwehrt man sich die vielen kleinen Glücksdosen im Alltag, wenn man stets auf das große, perfekte Glück wartet.

So ähnlich erging es Brigitte. Sie wollte von mir wissen, ob mit ihr etwas nicht stimme, weil sie keine richtige Freundin hat. Ihre Auffassung von „Freundschaft" interessierte mich. „Was ist denn eine so genannte ‚richtige' Freundin?", fragte ich sie. Sie meinte: „Eine Person, mit der ich meine Interessen teile, mit der ich gut reden und gemeinsam etwas unternehmen kann." Das betrachteten wir etwas genauer. Wir veranschaulichten ihr Beziehungsnetz, indem sie sämtliche ihrer regelmäßigen Kontakte auf Kärtchen schrieb. Dann bat ich sie dazuzuschreiben, was sie mit den Leuten verband. Da kamen Aussagen wie: „Mit Anna mache ich Kultur, wir gehen gemeinsam ins Theater oder zu Ausstellungen. Das interessiert uns beide sehr. Mit Christine gehe ich am liebsten shoppen, sie hat denselben Geschmack wie ich. Mit Romana kann ich über alles reden, sie versteht mich und hört mir zu." Fällt Ihnen etwas auf?

Brigitte hat sehr wohl tolle Freundinnen, mit denen sie regelmäßig gemeinsame Interessen pflegt. Der Irrglaube, eine „richtige" Freundin müsse alle Bedürfnisse decken, hindert sie daran, ihre unterschiedlichen Freundschaften zu schätzen. Oftmals sind es nicht die Beziehungen, an denen es uns mangelt, sondern es ist unsere Sicht, die uns einengt.

Wenn Sie Ihre Sichtweise erweitern, lösen sich solche Hindernisse auf. Alle Wünsche und Bedürfnisse von einer Person erfüllt zu bekommen, ist ein hoher Anspruch, der unerfüllbar ist. Genießen Sie das viele kleine Glück, statt auf ein großes zu warten. Wie schön, einige Leute zu haben, mit denen man unterschiedliche Dinge unternehmen kann!

Können Sie sich noch daran erinnern, als Sie das erste Mal verliebt waren? Wie Ihr Herz gepocht hat, bei jedem Gedanken an Ihr Herzblatt? Diese rosa Brille tut uns in Beziehungen richtig gut. Richten wir doch lieber unser Augenmerk auf die guten Seiten unseres Herzblattes, statt darauf zu achten, was er nicht oder nicht gut macht. Stellen Sie sich vor, wie gut sich das anfühlt, wenn Ihr Partner von nun an überwiegend Ihre Vorzüge sieht.

Gehen Sie mal in Gedanken dorthin zurück, als Sie ganz am Beginn der Verliebtheit standen, als Sie sich bis über beide Ohren verknallt hatten, doch noch nicht ganz fix zusammen waren. Erinnern Sie sich an die Person Ihrer Begierde damals? Wie würden Sie den anderen beschreiben? Wenn Sie zu diesem Zeitpunkt jemand gefragt hätte, welche Schwächen der potenzielle Partner hat, was hätten Sie geantwortet?

Wahrscheinlich hätten Sie geantwortet: „Keine." Lassen Sie uns gar nicht darüber reden, was Ihnen heute alles einfallen würde. Wie schön verklärt so ein Bild doch sein kann, wenn man die rosa Brille aufhat! Doch vielleicht brauchen wir diese rosa Sicht, damit zwei Leute überhaupt zusammenfinden können. Selbst das Schnarchen in den ersten Nächten wird als zauberhaft gewertet – schöne verliebte Welt! Wie leicht sich doch alles in dieser Verfassung anfühlt …

Dieser Zustand kann – laut Untersuchungen – bis zu zwei Jahre lang andauern. Ein Genuss! Wer dann das Lächeln des Partners trotz Zahnlücke noch entzückend findet, der hat es geschafft. Die Verliebtheit ist in Liebe übergegangen, eines der tiefsten und innigsten Gefühle, die ein Mensch für einen anderen empfinden kann. Eine tiefe Bindung bildet sich, die von Vertrauen und Zusammenhalt geprägt ist. Untersuchungen haben gezeigt: Sich die rosa Brille in der Liebesbeziehung zu bewahren, tut der Verbindung unsagbar gut. Eine positive Sicht auf den Partner ist ein Erfolgsgeheimnis glücklicher, beständiger Partnerschaften.

Es ist ein schönes Gefühl, zu wissen, dass jede weitere Herausforderung gemeinsam getragen wird. Hoch- und Tiefpunkte werden in Zukunft geteilt – so wünscht man sich das zumindest. Nicht immer ist der Weg so leicht. Manchmal gelangt ein Partner auf Abwege oder verirrt sich in die Arme eines anderen. So schön die Liebe sein kann, so schmerzlich kann sie auch werden.

Wir sprechen nicht von normalen Alltagskleinigkeiten, die man satt hat, sondern von wirklich großen Verletzungen und schweren Fehltritten. Zwar sollte man Alltagsstreitigkeiten rasch aus dem Weg räumen und sich eine angenehme Streitkultur angewöhnen, bevor sich ein immer größer werdender Abstand einschleicht, doch selbst dann kann man mit viel gutem Willen und wirksamen Übungen wieder Schwung in die Liebe bringen. Dazu erzähle ich Ihnen später mehr.

Zu viele und tiefe Wunden stellen die Partnerschaft auf eine Probe und oftmals wird dann die Liebe in Frage gestellt. Manchmal geht man miteinander um, als wäre man spinnefeind und plötzlich sieht man nur noch das Negative. Die graue Brille verzerrt die Realität, so als hätte es nie etwas Nettes am Lebenspartner gegeben. Alles, was er sagt und tut, wird als schlecht abgetan. Genau jetzt, bevor der Rosenkrieg einsetzt, ist es an der Zeit, sich Hilfe zu holen. Eine Paartherapie kann retten, was zu retten ist. Selbst wenn sich nur einer der beiden für den Gang zur Psychologin entscheidet, kann ein Weg zueinander entdeckt werden. Die graue Brille hat nämlich eine unangenehme Angewohnheit: Sie sitzt so fest, dass es schwierig ist, sie alleine abzunehmen. Die objektive Sicht eines Experten kann einiges zurecht rücken. Immerhin hat man sich einmal in Liebe zusammengefunden und wenn auch nur ein Funke davon übrig ist, dann gibt es Hoffnung.

Selbst wenn die Liebe nicht gerettet werden kann, vielleicht kann es die Beziehung, damit man sich in Zukunft in die Augen schauen kann, statt einen ewig währenden Rosenkrieg zu entfachen. Auf alle Fälle, etwaiger Kinder zuliebe, ist ein normaler Umgang miteinander anzustreben.

In manchen Fällen hilft Abstand, um wieder deutlich zu spüren, wie wichtig der andere ist. Hin und wieder finden zwei Herzen auf Abwegen wieder zueinander.

Nach einer Trennung braucht man Zeit, um einen Neubeginn zu starten. Je größer die Wunden waren und je tiefer die Verletzungen sitzen, desto mehr Zeit sollte man sich geben. Nicht immer heilt die Zeit allein die Wunden, manchmal geht es mit Unterstützung leichter.

Andreas war bei mir in der Praxis, weil er das Alleinsein nicht mehr ertrug. Er war mit seinen 35 Jahren ein wirklich fescher Kerl: groß und mit einem muskulösen Körperbau, nur seine blauen Augen strahlten nicht mehr. Seit nunmehr zehn Jahren war er alleine. Man kann sich das gar nicht vorstellen, ein junger Mann, der ein richtig lieber Kerl ist und gut aussieht. Er erzählte mir, dass er sich vor zehn Jahren schweren Herzens von seiner Frau getrennt hatte. Sie war seine erste große Liebe. Zwar war sie am Ende hart, doch nach der Trennung kam die richtig schwere Zeit. Das gemeinsame Kind blieb bei ihm.

Zuerst hatte er ja keine Möglichkeit, eine andere Partnerin zu finden, weil er neben dem Geldverdienen für das Kind da sein wollte. Später wurde es immer schwieriger, weil er seinen Mut verloren hatte. Das Selbstvertrauen, das ihm die Partnerin damals durch gemeine Abwertungen gestohlen hatte, wuchs nicht, sondern schrumpfte immer mehr. Im Geiste hörte er immer noch die Stimme der Exfrau: „Du bist ein Trottel. Sei nicht so blöd. Stell dich nicht so dumm an. So etwas Ungebildetes. Du wirst mit jedem Tag hässlicher, ich kann dich gar nicht anschauen." So klang es in seinen Ohren immer noch. Immer wenn er eine Frau kennenlernte, dachte er, er wäre zu hässlich oder zu dumm für sie und zog sich zurück. Die Angst, wieder verletzt zu werden, war immens groß. Die Komplexe saßen tief.

Es hat eine ganz schön lange Weile gedauert, bis er seinen Selbstwert wieder aufgebaut hatte, und auch als er sich wieder verliebt hatte, war es eine Überwindung für ihn, sich auf mehr einzulassen. Aber es hat geklappt und inzwischen hat er eine liebe, hübsche Frau, die auch eine gute Freundin für seinen Sohn geworden ist.

Für jeden Topf gibt es den passenden Deckel – ein typischer Großmutterspruch. Doch es ist etwas Wahres dran, denn jeder Mensch hat einen liebevollen Partner verdient!

Sollten Sie also einen Neubeginn wagen wollen, rate ich Ihnen, zuerst die Altlasten abzubauen, Verletzungen loszulassen und den Selbstwert neu aufzubauen. Wenn Sie wieder ganz Sie selbst sind, dann finden Sie am ehesten den Partner, der zu Ihnen passt. Mit einem stabilen Ich schaffen Sie es auch, ehrlich zu sich und zu anderen zu sein sowie zu Ihren Stärken und Schwächen zu stehen. Genau das ist die Voraussetzung für eine ernst gemeinte Beziehung. Mit Ehrlichkeit zu sich und anderen ist jede Beziehung leichter!

Sie sollten zwar völlig ehrlich sein, aber nicht völlig offen! Heute werden viele Partnerschaften und auch Freundschaften über soziale Netzwerke gebahnt. Bitte verwechseln Sie dabei Ehrlichkeit nicht mit Offenheit. Legen Sie Ihr Profil mit einem aktuellen Foto an, auf dem Sie sich selbst mögen – auch das hat mit Ehrlichkeit zu tun. Wenn Sie ein Foto von vor zehn Jahren – also vor zehn Kilo und einigen Fältchen weniger – hineinstellen, verleugnen Sie sich selbst. Die Menschen sollen Sie mögen, wie Sie sind. Wenn Sie sich binden wollen, verliebt sich ein potenzieller Partner eher in Ihr strahlendes Lächeln als in Ihre schlanke Linie.

Bezüglich Offenheit gibt es eine einfache Regel: Stellen Sie nichts ins Netz, das Sie nicht auch auf einer öffentlichen Plakatwand platzieren würden. Alles, was einmal im Netz ist, bleibt dort hängen. Hunderttausende können Ihr Bild und Ihre Daten einsehen, kommentieren und weiter geben. Heutzutage schaut beinahe jeder Chef, bevor er einen neuen Mitarbeiter einstellt, was so im Internet über die Person zu finden ist. Also nicht nur bei der Partnerwerbung können unangemessene Einträge negative Konsequenzen haben. Das soziale Netzwerk soll uns das Kennenlernen erleichtern, aber keinesfalls das Leben erschweren. Denken Sie daran: „Alles, was gesagt wird, soll echt sein; nicht alles, was echt ist, soll gesagt werden."

Dieses schöne Zitat stammt von Ruth Cohn. Sie hat einen humanistischen Ansatz für den Umgang mit anderen begründet: die „Themenzentrierte Interaktion".

Seien Sie ehrlich, aber nicht völlig offen. Sagen und schreiben Sie nichts, was Sie später bereuen könnten. Überlegen Sie sich besonders, ob Sie Informationen zu Ihrer politischen oder religiösen Gesinnung, Ihrem aktuellen Gesundheitszustand und zur finanziellen Lage preisgeben. Diese Dinge gehören zur Privatsphäre und haben normalerweise nichts in der Öffentlichkeit verloren. Sie würden ja auch nicht, wenn Sie zum ersten Mal einer potenziellen Freundin begegnen, sagen: „Damit du es gleich weißt, ich gehöre einer Sekte an, habe seelische Wunden, die meine Gesundheit beeinträchtigen und auf der Bank habe ich 130.000 Euro Schulden."

Scherz beiseite, Sie werden sich beschnuppern und nach und nach mit Ihren guten und schlechten Seiten rausrücken.

Begeben Sie sich auf die gemeinsame Entdeckungsreise und genießen Sie dieses interessante und spannende Kennenlernen. Man ist neugierig, was dem anderen gefällt, wie er das eine oder andere anpackt, wie er auf dies und das reagiert usw. Wie langweilig wäre es, wenn man sofort alle Vorlieben und Eigenheiten eines Menschen wie in einem offenen Buch lesen könnte? Die gemeinsame Entdeckungstour ist bereits Teil des Bindungsprozesses, das schweißt zusammen. Man kann es nicht vorwegnehmen. „Du magst die Musik von David Bowie? Oh toll, endlich lerne ich jemanden kennen, der denselben Musikgeschmack hat." Oder: „Wie bist du denn auf die Idee gekommen, die T-Shirts so zusammenzulegen? Ich kenne sonst niemanden, der das auf diese Weise tut." Und schon hat man etwas gemeinsam und damit ist man auch schon zu zweit.

Völlig gleich, ob es sich um Liebe oder Freundschaft handelt, wenn eine enge Beziehung besteht, fühlt sich eine ungewollte Trennung schmerzlich an. Erst kürzlich erzählte mir eine völlig aufgelöste Dame, dass sie es einfach nicht glauben konnte, dass ihre beste Freundin nach Amerika auswandert. Ihre Vertraute geht weg. Was solle sie nur ohne sie tun? (Nein, es handelt sich nicht um die Sekretärin vom Beginn des Kapitels.) Ein völlig normaler Trauerprozess setzt ein, wenn man verlassen wird. Zuerst kann man es nicht fassen und dann fahren die Gefühle Achterbahn, bis man sich irgendwann damit abfindet und neu organisiert. Ein Stück der eigenen Identität verändert sich, Verletzungen werden abgebaut und ein Vertrauensvorschuss ermöglicht neue Freundschaften.

Genauso wie wir uns entwickeln und verändern, so wandeln sich auch unsere Beziehungen.

Verschiedene Wissenschaftler haben versucht, gesellschaftliche Beziehungen zu klassifizieren. Die Sozialforscher Argyle und Henderson haben dabei vier Dimensionen entdeckt, es sind Spielräume, welche die Qualität von Beziehungen beschreiben. Jede Beziehung kann innerhalb dieser Qualitäten verortet werden.

Die erste Dimension ist von „eng bis oberflächlich", die zweite von „freundschaftlich bis feindselig", die dritte von „egalitär (gleichwertig) bis hierarchisch", und die vierte von „aufgabenorientiert bis gesellig".

Auch das können Sie sich veranschaulichen, um Ihr Beziehungsnetz zu durchblicken. Ergänzen Sie Ihre vorhin geschriebenen Beziehungs-Post-its mit weiteren Beziehungen, indem Sie beispielsweise Notizzetteln für Arbeitskolleginnen, Vereinskollegen, Nachbarn etc. hinzufügen. Diese können Sie ebenso um Ihr Ich anordnen. Die Qualität der einzelnen Beziehung können Sie nun innerhalb der vier Dimensionen einschätzen. Zeichnen Sie dazu untereinander vier 20 Zentimeter lange, waagrechte Striche auf ein Blatt Papier und tragen Sie dann links und rechts jeweils die Dimensionsbegriffe ein:

1. Links neben dem ersten Strich schreiben Sie das Wort „eng", rechts neben dem Strich schreiben Sie „oberflächlich".

2. Links von der zweiten Linie kommt „freundschaftlich", rechts davon „feindselig".

3. Links vor der dritten Linie steht „gleichwertig" und rechts „hierarchisch".

4. Vor dem vierten Strich steht „aufgabenorientiert" und rechts danach „gesellig".

Betrachten Sie beispielsweise die Beziehung zu Ihrem Partner und probieren Sie einmal, sie auf den Strichen einzuordnen. Sie könnten dazu Spielfiguren von Brettspielen verwenden oder Sie nehmen kleine Klebepunkte oder zeichnen einen

Punkt hin. Setzen Sie die jeweiligen Figuren (Punkte) dorthin, wo es für Sie gefühlsmäßig passt. Bei der Partnerschaft, werden Ihre Figuren oder Ihre Punkte bei den ersten drei Linien wahrscheinlich weit links sein. Auf der vierten Linie ist es vielleicht mal gesellig, mal aufgabenorientiert, es ist nicht so leicht, sich da festzulegen. Stimmt das?

Ein anderes Beispiel, das Sie ausprobieren können, ist die Beziehung zu einem Arbeitskollegen, dieses Bild sieht wahrscheinlich ganz anders aus. Auf der ersten Linie wird der Punkt vielleicht weiter rechts sein als beim Partner. Ein Kollege steht einem nicht so nahe wie der Geliebte. Auf der zweiten Linie wünsche ich Ihnen, dass Ihr Punkt näher bei freundschaftlich als feindselig ist. Je nachdem, ob es Ihr Vorgesetzter ist oder nicht, werden Sie die dritte Linie weiter rechts oder links markieren. In der vierten Dimension wird die Beziehung zum Kollegen eher aufgabenorientiert, also links liegen. Bei einem guten Freund sieht das Bild wieder anders aus.

Übrigens könnten Sie noch eine fünfte Linie hinzufügen: den Spielraum von „leicht" bis „schwierig".

Finden Sie Ihre Beziehungsqualitäten im Moment okay? Oder würden Sie gerne etwas ändern? Vielleicht erkennen Sie, dass Ihre Partnerschaft nicht mehr ganz so eng ist, wie sie es mal war. Es ist gut, wenn Sie sich das auf diese Weise bewusst machen. Denn in dem Moment, in dem Ihnen das auffällt, können Sie es ändern. Packen Sie es an! Gestalten Sie Ihre Beziehungen so, dass diese für Sie angenehm beschaffen sind. Die Leichtigkeit darf überwiegen.

Jede Beziehung ist einzigartig und dennoch haben alle etwas gemeinsam: jene vier Dimensionen über die sie definiert werden können. Sollten Sie Ihr Beziehungsnetz in drei Monaten neu überprüfen, wird sich kein Punkt genau am selben Platz befinden. Beziehungen ändern sich, genauso wie auch Sie sich stets weiterentwickeln. Mit diesem Werkzeug können Sie sich vergewissern, dass Sie sich so entwickeln, wie Sie es möchten.

Sich seine Beziehungen und deren Qualitäten bewusst zu machen, ist immer gewinnbringend. Wir treffen viele unterschiedliche Menschen in unserem Leben, von denen wir profitieren können.

13. Beziehungsnetze leicht gestalten

Unsere Nachbarn, Arbeits- oder Vereinskollegen und Freunde – all diese Menschen beeinflussen unser Leben. Beziehungen können unsere Gesundheit fördern und sogar – laut Studien – das Leben verlängern, wenn die guten Gefühle überwiegen. Kommen Sie mit auf einen Streifzug durchs Beziehungsnetz. Profitieren Sie von der Gemeinschaft mit anderen Menschen, indem Sie das Zusammensein mit Leichtigkeit gestalten!

Nachbarschaft funktioniert ganz leicht …

Wozu sollten wir einen guten Kontakt zu den Nachbarn pflegen? Immerhin können wir uns die Leute nicht einmal aussuchen. Wenn man im Fernsehen sieht, wie sich manche Nachbarn das Leben schwer machen, schmunzelt man insgeheim, weil man froh darüber ist, dass einen das nicht betrifft. Ein Nachbarschaftsstreit kann die Lebensqualität ganz schön beeinträchtigen, dabei ist es so leicht, mit dem Nachbarn gut auszukommen. Die Nachbarschaftsbeziehung gilt als eine der pflegeleichtesten, weshalb sie auch als Schönwetterbeziehung bezeichnet wird. Ein freundlicher

Gruß, ein paar Worte übers Wetter und schon hat man investiert – in eine gute Nachbarschaft, die sich lohnt.

Nicht nur, dass Nachbarn kleine Hilfestellungen geben können, wenn die Eier mal ausgegangen sind oder die Blumen während des Urlaubs gegossen werden sollen, eine gute Nachbarschaft ist auch die beste Alarmanlage. Wenn sich die Menschen untereinander kennen und mögen, dann schauen sie automatisch aufeinander. Ist einmal ein fremdes Auto in der Gasse oder eine finstere Gestalt, die sich eigenartig verhält, dann wird schon mal genauer hingeschaut. Wer ist denn das? Was macht der da? Was ist da los?

Das fragte sich auch Frau Berta, als sie plötzlich Rauch gerochen hat und ihr das nicht geheuer vorkam. Der penetrante Geruch konnte nicht vom Einheizen sein. Sie ging der Sache nach und bemerkte, dass das Haus nebenan bereits in Flammen stand. Sofort alarmierte sie die Feuerwehr. Es war Samstagabend und zum Glück waren alle Bewohner bei einer Familiengeburtstagsfeier. Als die fünfköpfige Familie nach Hause kam, fanden sie ihr Haus nur noch in Schutt und Asche vor. Der Schock saß allen tief in den Knochen. Vorübergehend wohnten sie bei der Schwester der Frau. Am Sonntag spazierten sämtliche Dorfbewohner zum Haus, um sich das Unglück anzusehen. Was nicht vom Feuer verbrannt war, war vom Ruß zerstört. Nichts war mehr zu gebrauchen. Am Montag, als die zwei Töchter in den Kindergarten gebracht wurden, konnte die Familie ihren Augen nicht trauen: Alle anderen Eltern hatten etwas mitgebracht: Kleider, Spielsachen, Kinderbettchen, Bettwäsche. Zehn kleine Mädchen hätten damit ausgestattet werden können, aber das war noch nicht alles. Nachdem der erste Schock vorüber war, begann der Bürgermeister gemeinsam mit den Eltern eine Liste des Hausrats zu erstellen, die auf der Homepage der Gemeinde einzusehen war. Die Gemeinde eröffnete ein Spendenkonto und eine Woche später war die Liste erledigt.

Neben dem Herd, dem Kühlschrank und der Bettwäsche wurden zudem noch 6.000 Euro von den Nachbarn gespendet. Ein Auffangnetz in der Ortsgemeinschaft – so etwas kann durch eine gute Nachbarschaft bewirkt werden!

Nur weil man nicht am Land wohnt, heißt das aber nicht, dass man die Nachbarn nicht kennen muss. Immer öfter gibt es auch in Städten Grätzl-Bildung. Haus- oder Gassenfeste werden initiiert, bei denen man alle Leute der Umgebung einlädt, sich daran zu beteiligen. Warum soll man sich nicht anschließen und ein paar Nachbarschaftsbekanntschaften knüpfen? Warum nicht selbst so etwas anregen oder ausprobieren?

In Ihrer Gegend ist alles anonym? Keiner kennt den anderen? Das lässt sich ganz leicht ändern! Probieren Sie mal aus, die Nachbarn jedes Mal freundlich zu grüßen. Selbst wenn Sie das noch nie getan haben, jetzt kann das erste Mal sein. Sollte der Nachbar nicht gleich zurückgrüßen, lassen Sie sich nicht entmutigen, gewöhnen Sie ihn an Ihren herzlichen Gruß. Nach ein paar Tagen grüßt er bestimmt zurück. So leicht geht Nachbarschaftspflege.

Sympathie mit den Kollegen

Auch am Arbeitsplatz hat man es mit Menschen zu tun, die man sich nicht aussuchen kann (außer Sie sind der Personalchef). Doch was wir uns aussuchen können, ist, wie wir mit den Kollegen umgehen! Das macht vieles erheblich leichter.

In Hawthorne (Illinois, USA) wurden von 1927 bis 1932 in den Werken der Western Electric Company wissenschaftliche Untersuchungen durchgeführt, um herauszufinden, wie sich die Verbesserungen verschiedener Umweltbedingungen auf die Leistung, das Verhalten und die Gesundheit von

Arbeitenden auswirken. Dabei wurden 20.000 Mitarbeiter der Hawthorne-Werke befragt. Diese Untersuchungen sind bis heute von enormer Bedeutung für die Arbeitswelt, weil sich daraus viele Erleichterungen ergeben haben, von denen wir heute noch profitieren.

Man hat dabei entdeckt, dass vor allem eine gute Gemeinschaft am Arbeitsplatz zählt. Wenn Menschen sich zugehörig fühlen und angenehm miteinander kommunizieren können, führt dies zu mehr Produktivität, einer besseren Leistungsfähigkeit, geringerer Fluktuation und weniger Krankenständen. Daraus hat sich eine völlig neue Sichtweise ergeben, die Human-Relations-Bewegung. Ziel dieses Ansatzes ist es, eine bessere zwischenmenschliche Beziehung innerhalb von Arbeitsgruppen, Vorgesetzten und Mitarbeitern zu erreichen. Inzwischen ist man natürlich wiederum zu neuen Erkenntnissen gekommen, beispielsweise jener dass eine gute Arbeitsorganisation, geregelte Arbeitsabläufe und die Mitsprachemöglichkeit die Arbeitszufriedenheit steigern.

Es hat sich in den letzten hundert Jahren vieles in der Arbeitswelt verändert, doch die Ergebnisse dieser ersten großen Studie in Hawthorne haben heute noch ihre Gültigkeit. Gemeinschaft am Arbeitsplatz trägt immer noch erheblich zu unserer Gesundheit und Zufriedenheit bei.

Nicht jeder Kollege ist einem sympathisch. Das muss er auch nicht sein, denn man muss ja auch nicht mit jedem eine enge Freundschaft knüpfen. Es reicht, wenn man gut miteinander auskommt! Dazu möchte ich Ihnen ein paar Tipps geben.

Haben Sie jemanden in der Arbeit, der Ihnen nicht ganz so zu Gesicht steht? Es gibt einen banalen Trick, was Sie tun könnten, damit Ihnen die Person sympathischer wird. Psychologische Untersuchungen haben gezeigt, dass wir Menschen mögen, wenn sie uns ähnlich sind. Wie einfach wir manchmal ticken, gell? Der Trick ist also, auf Gemeinsamkeiten zu achten. Hat die Kollegin vielleicht einen ähnlichen Kleider- oder Musikgeschmack? Ach, sie trägt auch gerne schicke Schuhe? Hat Sie auch einen Hund oder ein Kätzchen? Na bitte, sie ist ebenfalls tierlieb. Wo ist der Kollege zur Schule gegangen, wo hat er seine Ausbildung gemacht? Vielleicht waren Sie ja auch dort?! Welche Vorlieben und Hobbys haben die Kolleginnen? Vielleicht gibt es hier Ähnlichkeiten? Jeder Mensch ist einzigartig, mancher sogar eigenartig, doch wir sind uns immer auch ähnlich.

Es gibt ein spaßiges Spielchen, das ich gerne zu Beginn eines Seminars einsetze, denn es eignet sich hervorragend zum gegenseitigen Kennenlernen. Warum probieren Sie es nicht auch mal in Ihrer Firma aus? Am besten dann, wenn ein paar neue Mitarbeiter hinzukommen.

Auf großen, vorbereiteten Kärtchen stehen Schlagworte wie zum Beispiel: Haus, Wohnung, Katze, Hund, Bruder, Schwester. Einer hält ein Kärtchen hoch und jene, die das, was da drauf steht, haben, begrüßen sich. Sie schütteln einander die Hände, stellen sich kurz vor und sagen etwas zum Thema. Zum Beispiel bei „Katze" wie sie heißt, wie alt sie ist und wie sie aussieht: „Grüß dich, ich bin die Manuela, meine Minka, eine rote Tigerkatze, ist fünf Jahre alt." Das funktioniert auch bei der Schwester: „Hallo, ich bin der Kurt, meine Schwester Sabine ist 23 Jahre alt, sie hat blonde lange Haare und ist ein wenig kleiner als ich." Bei Haus oder Wohnung sagen Sie den Ort, das Bau- oder Bezugsjahr und wie es aussieht. Nachdem alle Kärtchen an der Reihe waren, haben sicherlich alle einmal jemandem die Hände geschüttelt. Ein erster Schritt zur Gemeinschaft ist getan!

Es kann manchem die eine oder andere Kollegin auch sehr sympathisch sein. Manchmal findet man in der Arbeit richtig gute Freunde, das ist schön! Es kann jedoch auch schwierig sein, Freundschaft und Kollegschaft immer unter einen

Hut zu bringen. Sie können sich gut arrangieren, indem Sie Rücksicht auf andere nehmen.

Wer sich zu sehr zusammentut, könnte bewirken, dass sich andere ausgeschlossen fühlen. Das wollen Sie doch nicht, oder?

Eine weitere Grundregel lautet, dass manche Gespräche einfach nichts am Arbeitsplatz verloren haben. Wenn Sie Probleme haben, dann besprechen Sie das außerhalb.

Manche neigen im Freundeskreis dazu, über andere zu tratschen. Wissen Sie, wie die Verhaltensforscher das werten? Sie vergleichen es mit Affen, die sich gegenseitig lausen. Die tun das, um sich die Zugehörigkeit zu zeigen. Tratsch und Klatsch ist immer ein Versuch, sein Bedürfnis nach Zugehörigkeit zu befriedigen, so etwas kommt bei anderen oft gar nicht gut an.

Wenn Freunde zusammen arbeiten, ist das Konkurrenzdenken immer auch eine Herausforderung. Stellen Sie sich vor, einer von beiden steigt beruflich auf. Wenn diese Person dann Entscheidungen treffen muss, die eine Freundschaft anzweifeln lassen, ist das eine Probe. Hier hilft Rollenstärke. Unterscheiden Sie, in welcher Rolle Sie sich gerade befinden: Sind Sie Kollege oder sind Sie jetzt Freund? Wenn Sie merken, dass Sie in der falschen Position sind, treten Sie regelrecht aus Ihrem Standpunkt heraus und begeben Sie sich in die angebrachte Rolle. Im Job ist man Kollege, privat ist man Freund. Das ist nicht immer einfach, doch es macht es dennoch leichter!

Gute Freunde machen glücklich

Wozu haben wir Freunde? Was bringt es uns, Freundschaften mit anderen Menschen einzugehen? Die häufigsten Antworten sind: gemeinsam Spaß haben, etwas unternehmen, Unterhaltung, Aussprache und: „Was ist mehr entspannend, als nach der Arbeit mit ein paar Freunden noch etwas trinken zu gehen?" Da fallen Frust und Last sofort ab.

Die meisten Dinge wären nur halb so schön, wenn wir sie nicht mit einem guten Freund teilen könnten. Wie verstanden und unterstützt man sich doch fühlt, wenn man mit einer guten Freundin über seinen Kummer und seine Gefühle sprechen kann.

Freiherr von Knigge, von dem wir heute überwiegend die Benimmregeln kennen, war einer der ersten Sozialforscher, der sich dem Thema Freundschaft widmete. Dabei entdeckte er bestimmte Regelmäßigkeiten, die er im Jahr 1788 als „Freundschaftsregeln" postulierte. In der Gesellschaftswelt hat sich inzwischen zwar vieles verändert, doch im Umgang mit unseren Freunden bewähren sich diese Regeln immer noch. Die Sozialforscher Argyle und Henderson erforschten die Anatomie von Beziehungen und fanden Spielregeln in Freundschaften, die sich auch über 200 Jahre später noch mit Knigges Regeln decken. Was macht also eine Freundschaft aus?

Zur Freundschaft zählt, dass man freiwillig Hilfe anbietet, wenn sie benötigt wird; dass man die Privatsphäre respektiert; dass man Geheimnisse für sich behält und einander vertrauen und sich aufeinander verlassen kann; dass man sich für den anderen in dessen Abwesenheit einsetzt und ihn verteidigt sowie dass man einander nicht vor anderen kritisiert.

Man denkt vielleicht, dass es doch selbstverständlich ist, dass man den eigenen Freunden hilft, wenn sie einen brauchen. Selbstverständlich ist das aber dennoch nicht. Und beachten Sie bitte auch den zweiten Teil des Satzes: „wenn Hilfe benötigt wird". Oft helfen wir, wo keine Hilfe nötig ist, und überschreiten damit Grenzen.

Veronika wartet bereits vor der Haustür auf ihre

Freundin Martha. Die kommt voll beladen auf sie zu. Wie ein Packesel sieht sie mit den Einkäufen aus: eine Tasche links, eine Tüte rechts in der Hand, ein Paket unterm Arm geklemmt und die vom Postkasten geholten Briefe trägt sie im Mund. Die Freundin eilt ihr entgegen und murmelt sehr bestimmend: „Lass dir doch helfen!" Dabei reißt sie ihr die linke Einkaufstasche enthusiastisch aus der Hand. Plumps. Das Paket, das gerade noch gut unterm Arm fixiert war, und die Einkaufstüte liegen am Boden. Die Soße läuft aus und bildet eine glitschige, gelbe Lacke. Alle Eier sind zerbrochen. Martha spuckt die Post aus dem Mund und flucht.

Ist Ihnen so etwas auch schon passiert? Manch einer meint, helfen zu müssen, und vergisst dabei zu fragen, ob und wenn ja wie Hilfe gewünscht ist. Haben Sie sich dabei überrumpelt gefühlt? Könnte man das nicht leichter gestalten?

Veronika hätte auch fragen können: „Martha, wie kann ich dir helfen? Was kann ich dir abnehmen?" Sie war so gut ausbalanciert, vielleicht hätte Sie geantwortet: „Bitte nimm die Post und zieh mir die Eier unterm Arm heraus!" Oder Sie hätte sagen können: „Sperr mir die Tür auf." Jedenfalls hätte sie sich nicht ärgern müssen, weil sie bevormundet wurde.

Solche Überrumpelungen gibt es auch seelischer Natur: Die Frau kommt nach der Arbeit heim zum Freund. Sie hatte einen ganz miesen Tag und man sieht es ihr an. Sie sagt: „Heute ist mir in der Firma etwas Dummes passiert" und er fordert sie auf, ihm zu erzählen, was los war. Während sie das tut, fällt er ihr stets ins Wort, um Ratschläge zu geben: „Na das ist ja ganz einfach", „Mach das doch so oder so", „Das ist doch alles kein Problem". Die Frau will sich aussprechen. Der Mann will helfen.

Auch wenn die Absicht eine gute ist – man will ja helfen –, kann die selbst erdachte Unterstützung die falsche sein. Der andere kann sich dadurch überfahren und erniedrigt fühlen. Hilfe kann nämlich auch so aufgefasst werden: „Ich traue es dir nicht zu, dass du es alleine schaffst."

Das gilt auch in anderen Beziehungen: Weshalb sollte eine Mutter für ihren sechzehnjährigen Sohn, nur weil sie meint, er braucht warme Schuhe, einfach losgehen und Fellwinterstiefel für ihn kaufen? In dem Alter kann er schon selbst entscheiden, ob er überhaupt Fellstiefel braucht. Oder weshalb sollte man der siebzehnjährigen Tochter das Zimmer aufräumen, nur weil es unordentlich ist und man meint, es sollte doch sauber sein. Das hat nichts mit verwöhnen zu tun, mit so einem Verhalten hindert man andere daran, selbstständig zu werden oder zu sein. Am besten helfen Sie anderen so, wie diese es brauchen, nicht wie Sie glauben, dass diese es brauchen. Fragen Sie nach!

Es gibt auch richtig gute Gewohnheiten. Wenn wir etwas öfter tun, denken oder sagen, gewöhnen wir es uns an. Gewöhnen Sie sich doch einfach an, zu fragen: „Wie kann ich dir helfen? Was kann ich für dich tun?" Das ist in jeder Beziehung eine gute Gewohnheit!

Noch eine gute Gewohnheit wäre es, von vornherein zu sagen, welche Hilfe Sie brauchen. Zum Beispiel: „Bitte hör mir einfach nur zu, ich möchte mich aussprechen." Oder: „Bitte geh mit mir eine Runde walken, damit ich meinen Ärger abreagieren kann." Helfen ist nicht selbstverständlich. So zu helfen, wie der andere es braucht, sollte jedoch in einer Freundschaft selbstverständlich werden!

In Beziehungen geht es immer auch darum, die Grenzen zu wahren. Die Grenzen des einen enden dort, wo die Grenzen des anderen beginnen. Das ist eine ganz einfache Regel, die das Respektieren der Privatsphäre einschließt.

Einfühlungsvermögen ist in einer Freundschaft immer wieder mal gefordert, um zu spüren, wie weit man nachfragen kann, ohne in die Privatsphäre einzudringen. Aus heiterem Himmel zu fragen, welchen BH die Freundin trägt oder wie oft sie mit dem Partner intim ist, wäre eine Grenzüberschreitung. Das gilt auch für finanzielle Belange: Die Frage danach, wie hoch das Einkommen ist, gilt in unserer Kultur als sehr privat. Spricht man doch einmal darüber, dann gibt man eher das monatliche Nettoeinkommen an. In Amerika macht man keinen Hehl daraus, da spricht man über das Bruttojahreseinkommen, als würde man übers Wetter reden.

Mit der Zeit bekommt man meist ein recht gutes Gespür dafür, was man fragen und sagen kann, was dem Freund angenehm ist und was nicht.

Oftmals machen es einem die Leute gar nicht leicht, deren Privatsphäre zu wahren, weil manche beim Telefonieren in der Öffentlichkeit völlig darauf zu vergessen scheinen, dass andere zuhören. Ehrlich gesagt will man oft gar nicht wissen, was einem da zu Ohren kommt. Also machen Sie es sich leichter und hören Sie weg.

Freundschaft wächst und manchmal ist es üblich, dass eine enge Freundin auch im Haus ein- und ausgehen kann. Vielleicht sagt man dann auch mal: „Geh du bitte für mich ans Telefon." Doch von sich aus oder in einem frühen Freundschaftsstadium ist das nicht angebracht und könnte als Grenzüberschreitung betrachtet werden. Bitte wahren Sie die Privatsphäre Ihrer Freunde!

Neben der Wahrung der Privatsphäre sollten Sie auch die Geheimnisse bewahren. Geht's Ihnen auch so? Kaum sagt uns wer: „Ich weiß ein Geheimnis", wird uns ganz kribbelig zumute. „Ach das möchte ich auch wissen!" Ein Geheimnis ist etwas Besonderes. Etwas, das nur Auserwählte kennen. Genau das ist der Effekt von Geheimnistuerei in Freundschaften. Es schweißt zusammen, denn es gibt etwas, das nur wir wissen. Aber es ist schwierig, Geheimes zu bewahren. Geheimes ist mächtig. Etwas zu wissen, das andere nicht wissen, gibt uns Macht. Doch wie soll man diese

Macht demonstrieren, wenn man das Geheime nicht weitersagen darf? Ein Dilemma.

Nach einem Vortrag hat mir einmal ein älterer Herr dazu erzählt: „Wenn mir jemand sagt, er weiß etwas, das man nicht weitererzählen darf, dann sag ich ihm, behalt es dir. Ich will es gar nicht wissen!" Das ist auch eine Möglichkeit, dem Dilemma auszuweichen.

Geheimnisse zu wahren gelingt besser, wenn man es so formuliert: „Bitte behalte es für dich!", statt zu sagen, dass der andere es nicht weitersagen soll. Erkennen Sie den Unterschied?

Irgendwann beginnt man in einer Freundschaft damit, dem anderen zu vertrauen. Man vertraut und es ist ein Risiko. Vertrauen kann jedoch nur entstehen, wenn man es zulässt indem man einen Vertrauensvorschuss gibt. Macht man dann nach und nach die Erfahrung, dass man dem Freund vertrauen kann, wächst die Sicherheit: „Ich kann mich auf dich verlassen."

Die folgende Geschichte soll zeigen, warum es so wichtig ist, sich für andere in deren Abwesenheit einzusetzen: Ein kleines Frauenkränzchen sitzt in einer gemütlichen Kaffeerunde zusammen. Plötzlich platzt eine mit dem Gerücht heraus, Babsi hätte mit dem Chef des Fitness-Centers ein Verhältnis. Mona kennt ihre Freundin Babsi gut genug, um zu wissen, dass sie sich niemals auf ihn einlassen würde. Das gilt auch umgekehrt, der Kerl ist verheiratet und hat zwei Kinder. Doch sie schweigt. Später plagen sie die Gewissensbisse und sie fühlt sich hundeelend. Sie ärgert sich über sich selbst, dass sie nichts gesagt hat.

Weshalb ist es so wichtig, andere zu verteidigen? Wer seine Freundin verteidigt, verteidigt die Freundschaft und damit einen Teil von sich selbst. Denn die Freundin von Babsi zu sein, das ist ein Stück eigene Identität. Sie hätte ein reines Gewissen, wenn sie gesagt hätte: „Auch wenn die beiden in euren Köpfen ein schickes Paar abgeben würden, muss ich euch enttäuschen. Babsi ist frisch geschieden und will ihre Ruhe. Sie ist froh, dass sie einen Job gefunden hat, bei dem sie mit allen gut auskommt. Es ist nur ein Gerücht. Bitte bleibt bei der Wahrheit!"

Roman darf als Beispiel für unangebrachte Kritik herhalten, denn als er frisch vom Friseur kommt, trifft er seine Freunde. Als er sich zur Runde gesellt, sagt Norman: „Wie schaust du denn aus? Hat man dir einen Kochtopf aufgesetzt?" Alle schweigen … Kritisiert zu werden ist besonders verletzend, wenn es öffentlich getan wird. Doch Roman ist nicht auf den Mund gefallen und antwortet: „Nein, ein Ufo hat mich gestreift." Alle lachen. Humor entschärft und löst die Situation auf.

Etwas einfühlsamer wäre es gewesen, wenn sein Freund ihm später, unter vier Augen, gesagt hätte: „Deine vorherige Frisur hat mir besser gefallen. Ich finde, man hätte hinten die Haare etwas länger lassen können. Doch der Vorteil ist, dass du erst wieder in sechs Wochen nachschneiden gehen musst." Unter vier Augen, als Ich-Botschaft formuliert und am besten auch in Kombination mit etwas Angenehmen – so lässt sich Kritik ertragen. Kritisieren Sie bitte nur unter vier Augen oder besser gesagt unter vier Ohren. Überprüfen Sie vorher, ob der andere überhaupt für konstruktive Kritik offen ist, sonst ist es verlorene Liebesmüh. Kritik ist immer unangenehm, sie hilft uns in der Regel aber dabei, uns weiter zu entwickeln, wenn sie ehrlich gemeint ist. Manche nörgeln nur, weil ihnen gerade danach ist und werten andere ab. Das kann ein Zeichen der eigenen Unzufriedenheit und des geringen Selbstwerts sein. Jeder hat das Recht, seine Meinung kundzutun, doch bitte in einer einfühlenden, respektvollen Form. Ein bisschen Empathie ist da gefordert.

Bei Lob verhält es sich umgekehrt: Wenn Ihnen etwas Positives an anderen auffällt, dann sprechen Sie es ruhig auch vor anderen Leuten aus. Positives Feedback öffentlich zu sagen, verstärkt die Aussage. Anerkennung tut dem Selbstwert gut, also geizen Sie nicht damit!

Doch Vorsicht, manchmal tun sich Schüchterne gar nicht so leicht damit, wenn vor anderen etwas Gutes über sie gesagt wird. In der passenden Form geht es leichter. Kennen Sie den Unterschied zwischen Lob und Anerkennung? Lob wie zum Beispiel: „Das hast du aber gut gemacht" oder „Du bist ein hübsches Mädchen" ist eher für Kinder geeignet. Für Erwachsene ist es zu vage. Anerkennung kann leichter angenommen werden, wenn sie konkret und selbstwirksam artikuliert wird: „Dein neues Kleid steht dir gut. Du hast einen guten Geschmack!" Oder: „Die Art, wie du Probleme löst, finde ich beeindruckend. Du packst die Dinge direkt an und schiebst sie nicht endlos vor dir her." Das ist glaubwürdig und geht runter wie Honig.

Freundschaften aufzubauen ist enorm wichtig für die eigene persönliche Entwicklung. Schon in der Kindheit bereiten uns diese Erfahrungen auf spätere Beziehungen und Partnerschaften vor. Doch wie viele Freunde soll man haben?

Als ich mal bei einem Vortrag gefragt habe: „Wie viele Freunde haben Sie?", erhielt ich als Antwort: „315". In Zeiten von Facebook und Co ist das schon möglich, aber wenn Sie die Internetfreunde weglassen, wie viele bleiben Ihnen dann?

Bei einer Umfrage von Michael Argyle und Monika Henderson wurde ganz allgemein gefragt: „Wie viele Freunde haben Sie?" Da wurde im Durchschnitt „15" geantwortet. Bei der Frage: „Wie viele enge Freunde haben Sie?" wurde überwiegend mit „5" geantwortet. Bei der Fragestellung: „Wie viele beste Freunde haben Sie?" lag der Schnitt bei 1–2, aber viele antworteten auch mit „keinen einzigen". Antworten sind in der Regel von der Fragestellung abhängig. Manche Leute differenzieren nicht nur enge oder weite

Freundschaften, sie unterscheiden auch zwischen Freunden und Bekannten. Als Psychologin werde ich oftmals gefragt, ob es normal ist, nur zwei oder drei Freunde zu haben. Ja, alles ist okay, wenn es so ist, wie Sie es möchten und es Ihnen gut tut.

Untersuchungen zu sozialen Netzwerken haben übrigens gezeigt, dass jene, die viele Freunde bei Facebook und Co haben, auch in der Realität kontaktfreudig sind. Die schüchternen tun sich also da wie dort nicht so leicht. Doch oft bahnen sich durch Internetkontakte auch reale Freundschaften an. Wenn man sich dann ganz unverbindlich, beispielsweise bei einer Veranstaltung, trifft und merkt, dass die Chemie stimmt, kann man solche Treffen ja öfter wiederholen.

Ich möchte mit Ihnen nun durch unser Beziehungsnetz weiterwandern und mich der Familie zuwenden. Drei Beziehungsbereiche möchte ich mit Ihnen betrachten: die Herkunftsfamilie, also unsere Eltern, dann unsere aktuelle Familie, die eigene Elternschaft und die Beziehung zu Geschwistern.

Eltern-Kind-Beziehung – ein Band für die Ewigkeit

Es gibt Menschen, die brechen den Kontakt zu ihren Eltern völlig ab. Dieser Bruch kann als Schutz dienen und manchmal hilft auch eine Distanz, um die eigene Perspektive zu ändern.

Tief in unseren Herzen ist der Wunsch nach der Verbindung zu den Eltern verwurzelt. Es ist wie ein Band, das ewig verbindet. Die Beziehung zu den leiblichen Eltern, zu Mutter und Vater, das sind unsere Wurzeln, da kommen wir her. Diese tiefe Bindung geht sogar über den Tod hinaus.

Hans ist 67 Jahre alt. Als seine Mutter stirbt, umgibt ihn eine tiefe Trauer, die lange wehrt. Schon der Tod seines Vater, vier Jahre zuvor, hat ihn sehr getroffen. Gerade deshalb hat er sich in den letzten Jahren umso mehr um die Mutter gekümmert. Sie ist über den Verlust des Ehemanns nicht hinweggekommen. Als sie herzkrank stationär aufgenommen wurde, schwand Woche für Woche ihr Lebenswille.

Wenn ein Mensch nach langer Krankheit stirbt, kann man sich zwar seelisch auf den Abschied vorbereiten, aber wirklich gefasst ist man kaum.

Heute, einhalb Jahre nach dem Tod der Mutter, denkt Hans immer noch jeden Tag an sie. Wenn seine Tochter zu Besuch kommt, spricht er darüber, wie traurig er ist, wie sehr sie ihm fehlt und dann erzählt er meist schöne Erinnerungen aus seiner Kindheit. Das tröstet. Für ihn ist seine Mutter also immer noch präsent.

Oftmals höre ich von Eltern: „Ach, hätte ich es nur besser gemacht." Das ist leicht im Nachhinein gesagt, weil Sie inzwischen eine Menge an Erfahrung gesammelt haben. Sie sind bestimmt mental gefestigter als damals und stehen finanziell besser da. Heute würden Sie es vielleicht auch besser machen können. Die Wahrheit ist, dass Sie damals mit den Mitteln (Zeit, Geld, Energie etc.), die Ihnen zur Verfügung standen, Ihr bestes gegeben haben. Eltern sind nicht perfekt, doch Eltern geben ihr bestes!

Das gilt natürlich auch für Ihre Eltern. Auch sie haben damals, als Sie ein Kind waren, ihr möglichstes getan. Es tut uns gut, wenn wir uns nicht als Opfer mieser Umstände sehen, sondern uns bewusst machen, dass wir gerade wegen dieser Umstände das geworden sind, was wir heute sind. Nämlich: großartig, einzigartig und liebenswert – mit all unseren Schwachpunkten und Vorzügen!

Pater Anselm Grün, der über 300 wohltuende und anregende Bücher zum Menschsein veröffentlicht hat, meint dazu: „Seine Eltern zu ehren, heißt nicht, dass man alles gut heißen muss, doch wenn ich meine Eltern verachte, verachte ich auch meine Herkunft." Die Eltern-Kind-Beziehungen sollen nicht durch Belehrungen und Vorwürfe geprägt, sondern mit Gelassenheit und Vertrauen erfüllt sein.

Wenn Ihnen die Eltern damals nicht genug Liebe zeigen konnten, dann schenken Sie sich diese Liebe heute selbst. Sie sind heute unabhängig. Sie sind frei, das zu tun, was für Sie gut ist. Geben Sie Ihr Bestes – auch sich selbst!

Fabian erzählte mir in einer Coaching-Sitzung, er habe Probleme mit dem Thema Tod. Da er aber beruflich öfter damit konfrontiert wurde, wollte er gerne etwas daran ändern. Fabian war Krankenpfleger, der kürzlich auf eine neurologische Station gewechselt war. Dort passiert es wesentlich öfter, dass ein Patient stirbt. Ich fragte ihn, wie sich das Probleme äußert. „Wenn ein Patient stirbt, geht mir das sehr nahe. Ich bin dann aufgewühlt und fühle mich alleine und hilflos", erklärte er. Ich erkundigte mich, ob er eine Idee habe, woher das kommen könnte. Er überlegte nicht lange: „Ja, ich hab, als ich fünf Jahre alt war, den Tod meines Opas erlebt und das war furchtbar! Meine Eltern haben mich völlig alleine gelassen – in jeder Beziehung. Mama weinte schrecklich und Papa hat mich dann weggeschickt. Er hat gesagt: ‚Der Opa ist tot, geh in dein Zimmer.' Und beim Begräbnis bin ich auch alleine gewesen. Alle haben den Eltern Beileid gewünscht und ich stand in einer Ecke, ganz alleine am Friedhof. Ich weinte, war tief traurig und fühlte mich so verlassen. Ich hatte als Kind gedacht, die lieben mich nicht." Seine Worte klangen nicht hart, sondern traurig, voller Sehnsucht nach Geborgenheit.

Was passiert war, konnten wir nicht ungeschehen machen, doch die Art, wie er die Geschichte heute erlebte, konnten wir ändern.

Wir versuchten Folgendes: Ich fragte ihn, was er nun, mit seinen 35 Jahren und seiner Erfahrung von heute tun würde, wenn er dem fünfjährigen, weinenden Fabian von damals begegnen würde. „Ich würde ihn umarmen und trösten", meinte er. Ich bat ihn in Gedanken, noch einmal in die Geschichte zu gehen und in den kleinen Fabian von damals hineinzuschlüpfen. Als ihm das gelungen war, bat ich ihn, sich vorzustellen, wie der heutige Fabian, der 35-Jährige, ihn liebevoll in den Arm nimmt und ihm tröstende Worte zuflüstert. Plötzlich sah ich eine Träne aus Fabians Augenwinkel kullern. „Das fühlt sich gut an", sagte er mit leiser Stimme. Diese Vorstellung übte er auch zu Hause noch ein paarmal. Ich bat ihn, diese Vorstellung, den kleinen Fabian innerlich zu umarmen, erneut auszuprobieren, wenn er wieder einmal einen sterbenden Patienten begleitet. Er berichtete mir nach ein paar Wochen, dass es gar nicht mehr nötig war. Das Bild von Liebe, Trost und Geborgenheit hatte sich bereits verinnerlicht.

Es gibt auch für Sie Möglichkeiten, schwerwiegende Erinnerungen aus der Vergangenheit leichter zu gestalten. Aus heutiger Sicht, mit Ihrer Lebenserfahrung, können Sie sich selbst helfen! Lassen Sie sich dabei von einer erfahrenen Psychologin unterstützen.

Geschwisterliebe – die längste Beziehung

Haben Sie Geschwister? Wie nahe stehen Sie sich? Ist Ihnen bewusst, dass diese Beziehung die längste Ihres Lebens ist? Alleine schon deshalb lohnt es sich, wenn man sich gut mit den Geschwistern versteht.

Die Beziehung zu Bruder oder Schwester ist eine der ersten und bereitet uns auf spätere Beziehungen und Partnerschaften vor. Wenn Geschwister spielend ihre Zeit miteinander verbringen, dann tauschen sie sich aus und entwickeln dadurch ihre Persönlichkeit. Sie geben einander auch

Dinge preis, die andere niemals erfahren werden. Deshalb zählt die frühe Geschwisterbeziehung auch zu den intimsten.

Bis heute gibt es keine eindeutigen kulturellen Regeln für Geschwisterbeziehungen. Diese können ganz unterschiedlich verlaufen. Manche Geschwister sind unzertrennlich, andere sehen sich kaum. Auch hier gilt, dass alles in Ordnung ist, wenn alle Beteiligten damit einverstanden sind.

Und noch etwas: Wenn man manchmal das Schwesterherz in höchsten Tönen lobt und sie ein anderes Mal am liebsten auf den Mond schießen würde – kann ich Sie beruhigen, auch das ist normal. Dieser emotionale Zwiespalt von Liebe bis Ablehnung kommt in Geschwisterbeziehungen immer wieder vor.

Gestalten Sie Ihre Geschwisterbeziehungen am besten so, dass die guten Gefühle überwiegen, egal wie eng der Kontakt ist. Dazu zählt, dass man über manches hinweg sieht, ein wenig tolerant ist und akzeptiert, dass Geschwister ihren eigenen Kopf haben. Das bringt Ihnen Leichtigkeit.

Was uns noch dabei helfen kann, ein leichtes Leben zu haben, ist eine gelungene Partnerschaft.

Leichtigkeit in der Partnerschaft

Wie sollte Ihrer Ansicht nach eine leichte Partnerschaft aussehen? Was tun Sie miteinander und was tun Sie für sich? Wie sprechen Sie miteinander, wenn die Leichtigkeit mitschwingt und wie oft? Wie zeigen Sie dem anderen Ihre Liebe? Wie tauschen Sie Zärtlichkeit aus? Wie oft nehmen Sie sich Zeit dafür?

Es macht mehr Sinn darüber nachzudenken, wie eine Liebesbeziehung aussehen soll, als darüber, wie der Partner aussehen soll. Selbst wenn man prinzipiell sagt, mein Typ ist schlank und hat lange, blonde Haare, dann ist es doch so, dass man sich, wenn die oder der Richtige kommt, auch in brünette kurze Haare und die süßen, kleinen Speckpölsterchen verliebt.

Liebe macht bekanntlich blind, schuld daran sind die Hormone. Egal wie viele Gedanken man sich darüber macht, wie der Wunschpartner aussehen oder welche Charakterzüge er haben soll, wen Amors Liebespfeil trifft, der sieht über vieles hinweg. Dennoch machen wir uns natürlich Gedanken über den potenziellen Partner ...

Wie soll er denn sein, der Traumpartner? Worauf würden Sie am ehesten achten, wenn Sie den Partner fürs Leben suchen? Darauf, wie er aussieht? Ob er klug ist? Ob die Beziehung freundschaftlich ist? Oder ob der potenzielle Partner humorvoll ist? Welcher dieser Punkte wäre am Wichtigsten: Schönheit, Klugheit, Freundschaft oder Humor? Entscheiden Sie sich bitte für einen.

Die deutsche Gesellschaft für Sozialforschung hat bei einer Umfrage mit über 1.000 Personen im Alter zwischen 20 und 40 Jahren herausgefunden, dass bei der Partnersuche der Humor an oberster Stelle steht. Das merkt man, wenn man einen Blick in die Partnerannoncen der Tageszeitung wirft, beinahe jeder möchte einen humorvollen Partner. An zweiter Stelle steht das Aussehen, dazu gehört auch die Frage, ob jemand gepflegt ist und wie er riecht, denn der Geruch spielt eine große Rolle beim Verliebtsein. Duftet der Mann nach Testosteron, werden sofort Liebeshormone ausgeschüttet. Umgekehrt, wenn man jemanden nicht ausstehen kann, sagt man auch: „Den kann ich nicht riechen." An dritter Stelle steht der freundschaftliche Aspekt und genau dieser Faktor macht langfristige, glückliche Partnerschaften aus. Das Erfolgsgeheimnis für Beständigkeit in der Liebe ist die Freundschaft, das belegen zahlreiche Untersuchungen. An vierter Stelle steht die Klugheit. Man erwartet, dass der

Partner in etwa gleich intelligent ist, schließlich möchte man sich ja auch gut unterhalten können.

Sind wir verliebt, denken wir Tag und Nacht an den anderen, solche Bilder sind im Kopf ziemlich rosig gestaltet. Diese heftige Gefühlsregung beginnt mit einer chemischen Substanz namens Phenylethylamin (PEA). Der australische Chemiker Peter Godfrey von der Universität in Melbourne untersuchte das Blut seiner Studenten. Bei jenen, die frisch verliebt waren, stellte er verräterisch erhöhte PEA-Werte fest. Offenbar ist dieses kleine Molekül unter anderem für feuchte Hände, weiche Knie und Schmetterlinge im Bauch zuständig. Manche Forscher gehen sogar weiter und meinen, das Vorhandensein von PEA führe zu Verliebtheit. Was war also zuerst da, die Henne oder das Ei – die Verliebtheit oder das PEA? An der Beantwortung dieser Frage arbeiten die Forscher noch. Doch was kümmert es uns? Viel wichtiger ist es, das Gefühl der Verliebtheit mit Leichtigkeit genießen zu können.

Ein ganzer Chemiecocktail bringt unsere Glücksgefühle auf Hochtouren. Die Neurotransmitter Dopamin, Serotonin, Noradrenalin, Endorphine und Oxytocin lassen uns auf Wolken schweben. Gleichzeitig aktivieren und entspannen sie uns. Sie erzeugen die magische Anziehungskraft und machen uns regelrecht süchtig nach der Nähe zum Opfer unserer Begierde. Es ist ein Cocktail, der uns im siebenten Himmel schweben lässt. Doch das hält laut Studien maximal zwei, in Ausnahmefällen bis zu vier Jahre lang an, dann hat sich unser Körper daran gewöhnt. Nach und nach lichtet sich die rosa Brille und der Alltag kehrt ein. Wer es über die Phase der Verliebtheit hinweg schafft, ein gefestigtes Fundament für Bindung zu bilden, der hat gute Chancen auf eine stabile Liebesbeziehung.

Eine ausgewogene Partnerschaft wird durch drei Säulen getragen: die emotionale Nähe, eine gute Kommunikation und körperliche Intimität. Wie viel und in welcher Weise das unserer Liebe guttut, ist individuell vom Pärchen abhängig, wichtig ist die Ausgewogenheit. Die Bedürfnisse beider Partner sollten erfüllt sein. Wollen beide wenig Sex, ist das okay, doch ganz und gar sollte man Zärtlichkeit nicht abschaffen. Streicheln, Kuscheln und Küssen tut unglaublich gut und Berührungen sind obendrein gesundheitsfördernd.

Streicheln entspannt – und zwar beide. Wer streichelt, tut dies in einem ganz bestimmten Rhythmus. Probieren Sie es mal aus! Sollten Sie gerade alleine sein, kann auch die Katze (oder Ihr eigener Unterarm) herhalten, los geht's! Streicheln, streicheln, streicheln, … Beobachten Sie, während Sie eine Minute lang streicheln, Ihren Rhythmus. In der Regel wird er nach und nach gleichmäßiger und hat dann einen Takt von weniger als 60 Mal pro Minute. Das gleicht unserem Ruhepuls und so sinken beim Streicheln Herzschlag, Blutdruck und Atmung.

Manchmal passiert es, dass man sich statt der schlechten, die guten Dinge abgewöhnt – natürlich ohne es zu merken. In Liebesbeziehungen kommt durch Zeitnot oft die Zärtlichkeit zu kurz. Die Partnerschaft bleibt nach Kindern und Beruf auf der Strecke. Dumm gelaufen, weil gerade das unseren Stresspegel senken würde. Doch wer hat schon Zeit für Zweisamkeit, wenn das Baby erst mal auf der Welt ist? Plötzlich konzentriert sich alles auf das Kind. Manchmal solange, bis es die Koffer packt und auszieht. Den Sex hat man sich inzwischen abgewöhnt. Und was macht man dann, wenn die Kinder weg sind? Man hätte ja wieder Zeit für solche Sachen?! Doch es fühlt sich seltsam an – denn so lange nicht gehabt, sind sie einem fremd geworden, die körperliche Nähe ebenso wie die zärtlichen Worte. Doch die Liebe kann wiederbelebt werden!

Probieren Sie mal folgendes: Setzen Sie sich in ungestörter Zweisamkeit gegenüber und zwar so nahe, dass Sie sich küssen könnten, aber bitte küssen Sie einander nicht! Sehen Sie einander nur tief in die Augen, ganz tief. Diesen Blick halten Sie, während Sie folgendes tun: Sie sagen Ihrem Schatz drei Dinge, die Sie ganz besonders an ihm schätzen.

Zum Beispiel: „Ich liebe deine wunderschönen, tiefblauen Augen, du hast die schönsten Füße auf Erden und ich liebe deine innere Ruhe, die du ausstrahlst." Probieren Sie es aus! Gleich heute! Selbst wenn der Partner nicht eingeweiht ist, wirkt es – und wie!

Miteinander zu reden – auch das ist nicht immer leicht. Wann bleibt schon Zeit für ein ausführliches Gespräch? Warten Sie nicht darauf, dass Sie einmal Zeit zum Reden finden, reden Sie einfach.

Manchmal helfen Rituale dabei, wie zum Beispiel regelmäßig miteinander einen kleinen Spaziergang am Abend zu machen und mal raus aus den vier Wänden an die frische Luft zu kommen. Halten Sie dabei Händchen, so wie damals, als man sich kennengelernt hat. Bei so einer Gelegenheit kann man auch gerne in guten, alten Erinnerungen schwelgen. Sprechen Sie über Ihre schönsten gemeinsamen Erlebnisse, frischen Sie die Gedanken gemeinsam auf. Diese Erlebnisse teilen nur Sie, darüber gemeinsam zu reden, verbindet immer wieder aufs Neue.

Gibt es ernste Dinge zu besprechen? Auch dazu eignet sich ein Spaziergang, es ist vorteilhaft, wenn man nebeneinander marschiert und ein freies Blickfeld hat, statt sich zu konfrontieren. Bitte beenden Sie Ihr Gespräch immer mit etwas Positivem, so kommen beide mit einem guten Gefühl nach Hause. Wäre es nicht ein wohltuender Brauch, ein ernstes Gespräch mit einer Umarmung und einem Küsschen abzuschließen?

Oft werde ich gefragt, was die Geheimnisse von glücklichen, stabilen Partnerschaften sind. Viele Leute glauben, es liegt an den Gemeinsamkeiten. Nein, auch Gegensätze ziehen sich an, Sie müssen nicht lauter gleiche Interessen haben und alle Hobbys teilen. Viel wichtiger ist das gemeinsame Interesse aneinander, dass man sich gegenseitig zuhört, den anderen aussprechen lässt und gerne für ihn da ist! Oft sind es Kleinigkeiten, die zusammen schweißen, wie zum Beispiel einfache Rituale.

Bettina und Eric haben sich ein Ritual angewöhnt, das sie täglich, wenn sie von der Arbeit heimkommen, starten. Machen Sie doch einfach mit, es geht so: Umarmen Sie sich liebevoll 10 Sekunden lang. (Eine flüchtige Umarmung dauert 2–3 Sekunden.) Schauen Sie sich tief in die Augen, um zu sehen, wie es dem anderen geht. Küssen Sie sich zärtlich und setzen Sie sich, wenden Sie sich einander zu und fragen Sie: „Wie war dein Tag?"

Eric beginnt meist und hört interessiert zu, was seine Frau sagt. Bettina schließt Ihren Kurzbericht mit: „Und wie war dein Tag?" Interessiert lauscht sie seiner Ausführung. Dieses Ritual dauert nicht länger als 10 Minuten, aber es schweißt täglich aufs Neue zusammen, Vertrautheit und innige Liebe sind das Ergebnis.

Richard David Precht schreibt in seinem Buch „Liebe – ein unordentliches Gefühl", dass Pärchen eine gemeinsame Landkarte vom Leben brauchen. In grundlegenden Dingen, zum Beispiel wie man wohnen möchte oder ob man Kinder haben will, ist Einigkeit vorteilhaft. Wenn beispielsweise die Frau ein Stadtmensch ist und der Mann unbedingt aufs Land ziehen will oder einer der beiden keine Kinder möchte und beim anderen der Kinderwunsch sehr groß ist, kann das Spannungen erzeugen, die dem gemeinsamen Glück im Weg stehen. Wer grundlegende Werte teilt, der hat es leichter.

Holen Sie sich die Leichtigkeit in die Liebe! Woran würden Sie merken, dass in Ihre Beziehung die Leichtigkeit eingezogen ist? Und woran würde es Ihr Partner erkennen?

Bitte beantworten Sie diese Fragen, bevor Sie weiterlesen.

Oft erhalte ich ganz spontan diese Antwort: „Wir hätten wieder mehr Sex und würden weniger streiten."

An der Uni Göttingen wurde im Jahr 2005 eine umfassende Statistik über die häufigsten Schwierigkeiten in Partnerschaften publiziert. Dabei wurden 51.350 Männer und Frauen im Alter von 20 bis 69 Jahren anonym befragt. Was denken Sie, was da an der Spitze der Partnerschaftsprobleme stand? Nein, es war nicht die Kommunikation, die stand an zweiter Stelle. Ganz oben war die Sexualität und mangelnde Erotik. Wer hätte das gedacht?

Im Fernsehen gibt es eine Doku-Soap mit dem Namen „Sexperiment". Dabei wird einem Pärchen, bei dem die Luft raus ist, sieben Tage Sex verordnet. Das klappt erstaunlich gut. Anfangs sträubt sich der eine oder die andere, weil sie sich den Austausch von Zärtlichkeit längst abgewöhnt haben. Schaffen sie es jedoch, ihre anfängliche Scheu zu überwinden und lassen sich auf täglichen Geschlechtsverkehr ein, finden die beiden wieder zueinander. Für alle, die diese Sendung noch nicht geschaut haben: Es werden keine Sexszenen gezeigt, die beiden haken lediglich auf einer Liste ab, ob es dazu gekommen ist. Man merkt sofort, dass sie die Wahrheit sagen. Warum wohl?!

Plötzlich sind beide so fröhlich und suchen die Nähe zueinander, plötzlich liebkosen sie sich auch im Alltag und können die Hände kaum voneinander lassen. So, als wären sie frisch verliebt!

So wie man sich Zärtlichkeit abgewöhnen kann, so kann man sich auch ganz schnell wieder daran gewöhnen, an diese guten Gefühle. Das ist eine gute Gewohnheit, wenn sich beide darauf einlassen.

Weshalb kehrt die Verliebtheit zurück? Wie kommt es, dass durch Sexualität in der Partnerschaft die Lust an- und aufeinander wieder steigt? Das lässt sich ganz einfach erklären: Beim Geschlechtsverkehr wird das Bindungshormon

Oxytocin gebildet. Das führt dazu, dass wir einander begehren. Wir können gar nicht genug voneinander bekommen. Auch die Glückshormone Serotonin und Dopamin werden ausgeschüttet. Das beginnt bereits bei der Vorfreude, denn wenn man bloß an einen romantischen Abend denkt, erzeugt die Aussicht darauf bereits Serotonin. Der Liebesakt ist auch jene Tätigkeit, bei der die meisten Endorphine ausgeschüttet werden. Plötzlich stimmt die Chemie zwischen beiden wieder.

Sind Sie gerade in einer Liebesbeziehung? Weshalb anderen per Fernsehen dabei zuschauen, wie sie die Liebe neu beleben? Probieren Sie selbst aus, ob es wirkt!

Der US-amerikanische Psychologie-Professor John Mordecai Gottman wurde vor allem durch seine Forschung über Ehestabilität bekannt. Sein Buch „Die 7 Geheimnisse einer glücklichen Ehe" wurde weltweit zum Bestseller.

Nach 20 Jahren intensiver Forschung mit unzähligen Videoanalysen von Pärchen entdeckte Gottman die Liebesformel. Mit 90-prozentiger Wahrscheinlichkeit kann er vorhersagen, ob frisch verheiratete Paare zusammenbleiben oder nach ein paar Jahren auseinandergehen werden. Gottman stellte fest, es zählt viel mehr wie Paare etwas zueinander sagen, als was sie sagen. Ganz kleine flüchtige Gesichtsausdrücke, Mikroexpressionen verraten die wahren Gefühle. Oft sind sie dem Gestikulierer selbst gar nicht bewusst, aber abwertende Gesten wie das Augenverdrehen sind Gift für die Liebe.

Diese Mikroexpressionen werden meist unbewusst wahrgenommen, weil sie eben Minigesten sind. Der Partner spürt jedoch die Abwertung, er spürt sie intuitiv.

Sie können die Mikroexpressionen nicht steuern. Doch was Sie beeinflussen können, ist Ihre innere Einstellung zum Gegenüber. Seien Sie bezüglich Ihrer Gefühle ehrlich zu sich selbst und zum Partner.

14. Tipps und Tricks für ein leichtes Miteinander

Mit Leichtigkeit Beziehungen zu meistern funktioniert, wenn wir uns hin und wieder bewusst machen, wie wir miteinander umgehen. Manches von dem, was wir tun, sollten wir dabei besser lassen und einiges von dem, was uns gut tut, sollten wir unbedingt verstärken.

Die Geheimnisse einer glücklichen Beziehung

John M. Gottman postuliert sieben Prinzipien gelingender Ehen und ich kenne Paare, die nach dem Beherzigen der Tipps tatsächlich ihre Beziehungsfähigkeit um hundert Prozent verbessert haben. Selbst wenn sich Freundschaft und Partnerschaft zuvor als schwierig erwiesen haben, nach dem Umsetzen der sieben Prinzipien kehrte sich das um. Ein wenig abgewandelt sind sie auch hervorragende Beziehungstipps für Freundschaft, Partnerschaft und Familie. Sie eigenen sich für das Zusammensein mit jedem Menschen, den man liebt.

Stellen Sie sich jetzt konkret eine Ihrer wichtigsten Beziehungen vor und, wenn Sie möchten, setzen Sie beim Lesen den Namen Ihres Partners, Ihrer Tochter oder Ihrer Freundin ein. Hier sind sie, die sieben Geheimnisse für ein gelingendes Miteinander:

1. Lernen Sie einander richtig gut kennen!

Je vertrauter Ihnen die Landkarte des anderen ist, desto besser ist das für Ihre Beziehung. Kennen Sie die wichtigsten Freunde des anderen? Welche seiner Verwandten mag er am meisten, welche am wenigsten? Welche politischen und religiösen Ansichten hat er? Kennen Sie seine Lebensträume und seine Lebensphilosophie? Können beide diese Fragen beantworten?

2. Lassen Sie sich von der Meinung des anderen anstecken!

Wer sich gegenseitig mit seinen Ansichten beeinflusst, ist wesentlich widerstandsfähiger gegenüber Streitigkeiten. Je öfter Sie sich denken: „Ja, eigentlich hat er recht" und der andere sich denkt: „Ja genau, das stimmt", desto besser ist das für die Gemeinschaft.

3. Wenden Sie sich immer wieder einander zu!

Eine gute Beziehung kann Wutausbrüche, Klagen und Kritik verkraften. Selbst ein Unwetter kann einer Beziehung nichts anhaben, wenn viele Kleinigkeiten stimmen. Zum Beispiel kann man gerne miteinander diskutieren, einander viel erzählen, Spaß miteinander haben, manche Interessen teilen, gemeinsame Unternehmungen genießen und sich dem anderen vertrauensvoll öffnen. Wer diese kleinen Dinge teilt, übersteht auch raue Zeiten.

4. Lassen Sie die Liebe unaufhörlich mitschwingen!

Vergessen Sie die Liebe nicht, auch nicht, wenn Sie streiten! Wenn Sie sich gegenseitig respektieren und dem anderen gegenüber offen eingestellt sind, gibt das eine gute Grundlage, um alle Schwierigkeiten zu bewältigen. Packen Sie Probleme gleich an! Sie sollten nicht ewig währen und auch nicht unterschwellig weiterlodern. Dabei hilft es, den Konflikt zu akzeptieren und zu versuchen, ihn zu verstehen. Möchten Sie noch einen Tipp fürs Streiten? Immer wenn Sie bemerken, dass Ihr Puls mit über 100 Schlägen pro Minute rast, machen Sie eine Pause. Denn ganz gleich wie sehr Sie sich bemühen, mit diesem Puls sind Sie einfach nicht dazu in der Lage, dem anderen zuzuhören. Gehen Sie spazieren, bis Sie sich wieder beruhigt haben, und auch wenn Sie nicht in Frieden gehen, gehen Sie immer in Liebe (nicht im Streit) auseinander!

5. Akzeptieren Sie es, einmal nicht einer Meinung zu sein!

Liebe kann sogar Wertekonflikte ertragen. Schließlich kann man sich nicht aussuchen, wen man liebt. Ist er Stubenhocker, sie jedoch eine Partyfee, oder sie religiös und er Atheist, hilft es, damit umzugehen, als wäre es psychologisches Rheuma. Anstatt ein unüberwindbares Problem lösen zu wollen (zwei Werte unter einen Hut zu bringen) oder dagegen anzukämpfen, akzeptieren Sie es. Kommen Sie ins Gespräch und versuchen Sie die Sicht des anderen nachzuvollziehen. Sie müssen nicht alles verstehen und gut heißen, was dem anderen gefällt, doch akzeptieren sollten Sie es.

6. Bewirken Sie Verbundenheit!

Um das Gefühl der Verbundenheit zu erreichen, helfen gemeinsame Ziele und Rituale, wie zum Beispiel einmal am Tag gemeinsam bei Tisch zu essen, zusammen aufregende, neue und lustige Unternehmungen zu machen, Kurzurlaubstrips die beide genießen, Spaß beim gemeinsamen Einkauf, die Schlafenszeit zu nutzen, um einander nah zu sein, den anderen, wenn er krank ist, liebevoll zu umsorgen und vieles mehr.

7. Pflegen Sie gegenseitige Bewunderung!

Richtig gut funktioniert eine Beziehung, wenn Sie einander Bewunderung schenken. Sagen Sie dem anderen, was Sie an ihm mögen und schauen Sie positiv auf die gemeinsame Vergangenheit und in die gemeinschaftliche Zukunft.

Das waren sieben Dinge, die Sie kultivieren dürfen, und nun folgen Dinge, die jede Beziehung erleichtern, wenn sie denn unterlassen werden.

Wie man Giftspritzen vermeidet

Wenn man einmal das Verkehrte gesagt oder getan hat, muss das noch keine Beziehung zerstören. Doch die Dinge schaukeln sich hoch, wenn man sie gewähren lässt, und setzt man erst einmal die graue Brille auf, wird die Sicht ganz düster. Man wartet förmlich auf den nächsten Fehltritt, den man dann als Vorwurf in den Raum schleudert. Manchmal ist es wie die Büchse der Pandora, einmal geöffnet, ist der Fluch der grauen Brille kaum mehr aufzuhalten.

Doch wenn Sie lernen, die typischen Giftspritzen zu erkennen, können Sie diese auch leichter vermeiden.

Lassen Sie abwertende Kritik, denn sie verletzt! Ständig kritisiert zu werden, tut keiner Beziehung gut. Noch schlimmer ist es, wenn man den anderen persönlich angreift, indem man intime Dinge in einen Streit einbringt, die einem der Partner einmal im Vertrauen gesagt hat. Das ist sehr verletzend, der andere ist enttäuscht. Was Kritik auch so schwerwiegend macht sind Verallgemeinerungen. Zum Beispiel: „Du machst immer ..." oder „Ständig tust du ...". Die graue Brille verzerrt die Wirklichkeit, denn kein Mensch tut etwas immer oder ständig. Ist der andere seelisch verletzt, wächst das Schlechte potenziell, dazu braucht man dann nicht mehr viel zu tun.

Kritisieren Sie andere möglichst nicht! Wenn Ihnen etwas nicht passt, dann sagen Sie es in einem wertschätzenden

Gespräch und im passenden Moment. Sagen Sie bitte immer auch etwas, das Ihnen am anderen gefällt!

Verachten Sie den anderen nicht! Wer mag schon gerne verspottet werden? Das ist demütigend! Besonders schmerzlich ist es, wenn man absichtlich erniedrigt wird, das hinterlässt tiefe Wunden.

Verzeihen Sie anderen, denn verzeihen heißt Loslassen. Gehen Sie mit anderen stets so um, wie Sie es selbst gerne hätten, dass man mit Ihnen umgeht!

Starten Sie bei Vorwürfen keine Gegenangriffe! Wie aus einem kleinen Feuer ein großer Brand wird? Am besten, wenn man einem Vorwurf eines draufsetzt und mit einem heftigen Gegenvorwurf kontert. Sollte Ihnen so etwas bewusst werden, dann entschuldigen Sie sich sofort dafür!

Denken Sie an Ihre inneren Starkmacher (siehe voriges Kapitel) und holen Sie schnell Ihren Steuermann hervor, der dabei hilft, Ihre brodelnden Gefühle einzudämmen. Holen Sie sich auch den Verbindungsmann dazu, er hilft Ihnen dabei, die richtigen Worte für eine ernstgemeinte Entschuldigung zu finden. So können Sie das Feuer eindämmen, bevor ein Streit eskaliert. Springen Sie über Ihren Schatten und entschuldigen Sie sich! Ohne wenn und aber. Ein schlichtes „Es tut mir leid, bitte entschuldige" und Punkt. Dann halten Sie am besten den Mund, damit Ruhe einkehren kann und der Konter nicht erneut aufflackert. Nun ist Schweigen Gold wert.

Verschließen Sie sich nicht vor dem anderen! Während Frauen eher dazu neigen, zu kritisieren, sind Männer Weltmeister im Mauern, zeigen Untersuchungen. Wer sich verschließt, sagt damit: „Ich ignoriere dich." Doch missachtet zu werden, dem anderen plötzlich egal zu sein, das ist die schlimmste Abwertung. Manchmal tun Männer das, um sich zu schützen oder weil sie keinen anderen Ausweg wissen. Frauen können über ihre Gefühle leichter reden als

Männer. Doch liebe Leute, springt über euren Schatten, denn über seine Gefühle zu sprechen, ist für alle Beteiligten eine gute Strategie. Deshalb ist man noch lange kein Weichei. Im Gegenteil, es ist mutig sich seinen Gefühlen zu stellen. Eine konkrete Aussage über das werte Befinden wie „Das hat mich jetzt sehr verletzt" klärt auf und macht es leichter. Glauben Sie mir!

Machtdemonstrationen sind rücksichtslos, Vielen ist aber gar nicht bewusst, wie sie dem anderen ihre Macht aufzwingen. Der Ehemann, der das Taschengeld der Hausfrau kürzt; die Frau, die ihrem Geliebten den Sex verwehrt; die Freundin, die bewusst ihren Willen bei der Auswahl des Films durchsetzt – sie alle sind rücksichtslos. Doch mit jeder Machtdemonstration spritzt man Gift in die Beziehung. Gelungene Beziehungen zeichnen sich durch Gleichwertigkeit aus. Beide Partner begegnen sich auf einer Ebene. Wie wäre zum Beispiel der folgende Vorschlag: Einmal bekommt er die Fernbedienung und wählt den Kanal, den sie sehen will, ein andermal drückt sie für ihn!

Wie mächtig so eine Giftspritze wirken kann, zeigt diese Geschichte: Ina ist alleinerziehende Mutter. Seit ihr Ex-Mann ihr seine Affäre gestanden hat, lebt sie mit ihrem fünfjährigen Sohn in einer kleinen Wohnung. Nach neun Monaten des Alleinseins lässt sie sich auf einen neuen Mann ein. Sie möchte es aber behutsam angehen. Nach dem dritten Date kommt Franz mit zu ihr, zu romantischer Musik und Kerzenlicht. Dann fragt er entsetzt: „Wo ist dein Fernseher?!" Die Hoffnung, den Spielstand vom Match erfahren zu können, schwindet. „Ich habe keinen Fernseher", antwortet Ina selbstsicher. Dennoch wird es ein schöner Abend, den Ina wirklich genießt. Doch richtig sicher, ob daraus eine Beziehung werden kann, ist sie noch nicht. Zwei Wochen später kommt Franz mit einem riesengroßen Paket. Als sie ihm die Tür öffnet staunt sie nicht schlecht. Mitten im Wohnzimmer stellt er es ab und läuft zurück ins Auto, um seine Werkzeugkiste zu holen. Als sie ihn fragen will, was er vorhat, hat er ihn auch schon ausgepackt, den riesengroßen Flachbildfernseher mit Full-HD.

„Ich will keinen Fernseher!", ruft sie erschrocken. Doch er tut einfach weiter, als wäre sie nicht da. Sie wird wütend und schnauft. Dann bittet sie ihn aufzuhören, denn sie will keine Löcher in der Wand und schon gar keinen Fernseher. Doch da hat er schon die Haltevorrichtung montiert. Wütend läuft Ina aus der Wohnung. Vier Wochen später habe ich die junge Frau wieder getroffen. Was denken Sie, wie die Geschichte ausgegangen ist? Der Franz ist weg. Der Full-HD hängt immer noch und hin und wieder schaut Ina am Montagabend eine Frauenserie.

In der Medizin wird ein Mittel, das giftige Substanzen ausgleicht, als Gegengift bezeichnet, es hebt die giftige Wirkung auf. Ein solches Gegengift ist in jeder Beziehung Humor. Humor macht das Leben und die Liebe leichter, wenn er liebevoll und wertschätzend eingebracht wird (und nicht sarkastisch oder demütigend). Humor fördert ein Klima der Offenheit und Gleichwertigkeit. Er trägt zu einer freundlich konstruktiven Beziehung bei, weil gemeinsames Lachen Ängste, Machtansprüche und Konflikte reduziert. Humor kann Streit abwenden, er wirkt wie ein Puffer.

Petra macht sich gerade ausgehfertig. Sie freut sich schon seit Tagen auf den gemeinsamen Abend mit Freunden, zuerst gehen sie ins Theater und dann fein essen. Als sie auf die Uhr schaut, erschrickt sie. Ihr Mann Nick ist immer noch nicht zu Hause. Sie versucht, ihn am Handy zu erreichen, doch er geht nicht ran. Als sie fertig ist, setzt sie sich ganz behutsam mit dem schönen Abendkleid und dem kleinen Handtäschchen unterm Arm in den Wohnzimmersessel. Mit ihrem finsteren Blick hypnotisiert sie die Eingangstüre. Als Nick die Tür aufsperrt, holt sie auch schon tief Luft. Er kommt nicht einmal dazu, ein paar freundliche Worte zur Begrüßung loszuwerden, da brüllt sie schnaubend los: „Wo bleibst du nur?! An unserem einzigen Abend mit unseren Freunden kommst du erst jetzt von der Arbeit?! Wie komme ich dazu, wegen dir zu spät zu kommen?!" Ihr Ehemann blickt sie liebevoll an und schweigt zwei Sekunden, dann sagt er mit seiner lieblichsten Stimme: „Unglaublich wie hübsch du in deinem Abendkleid bist. Ja, ich liebe dich auch mein Goldschatz!"

Das sagt Nick immer, wenn seine Frau laut wird und er schaut dabei wie ein herziger Lausbub drein. Da kann sie ihm gar nicht mehr böse sein. Es ist inzwischen wie ein Ritual, ein Code, der Streit verhindert. Untersuchungen zeigen, dass solche Codes in gelingenden Beziehungen üblich sind. Ganz spezielle Worte, von denen nur die beiden ihre unausgesprochene Bedeutung kennen. Es sind Codes, die die Liebe bestärken und Streit abwenden und beiden ein Lächeln oder Lachen ins Gesicht zaubern.

Vielleicht gefällt Ihnen dieser Code und Sie wollen es auch probieren. Statt auf den Ärger einzusteigen, wenn der Partner erbost ist, reagieren Sie lieber mit Humor. So ein Satz lässt sich leicht einüben. Jedes Mal, wenn Ihr Schatz sich aufregt, sagen Sie automatisch mit lieblicher Stimme, wie hübsch er ist und: „Ja, ich liebe dich auch mein Goldschatz!"

Humor wirkt gleichzeitig entspannend und anregend. Beinahe jeder wünscht sich einen Partner mit Humor! Zwar gibt es gar nicht so viele humorvolle Menschen, doch Humor kann man lernen. Wie Sie sich konkret mehr Humor aneignen können, lesen Sie im nächsten Kapitel. Doch so viel sei vorweg gesagt: Es lohnt sich!

Ob eine Beziehung noch ganz frisch ist oder schon länger währt, ist vollkommen gleichgültig, Sie können immer mehr Leichtigkeit einbringen, indem Sie einfach ein paar unnötige Dinge lassen und gemeinsam mehr lachen – das ist der Schlüssel zu einer gelingenden, lange währenden Gemeinschaft.

Wir müssen nicht alles richtig machen!

Erlauben Sie sich bitte auch hin und wieder einen Fehler. Man kann in Beziehungen nicht alles richtig machen. Selbst wenn wir versuchen, uns stets zu kontrollieren, und uns jedes Wort genau überlegen, gibt es immer noch einen unkontrollierbaren Faktor: das Gegenüber. Wo Menschen sind, menschelt es. Wir treten mal ins Fettnäpfchen oder verletzen andere ohne es zu wollen. Gestehen Sie sich das einfach zu!

Selbst wenn wir uns noch so bemühen, alles bewusst zu überlegen, es wird nicht gelingen. Das hat auch mit Leichtigkeit nichts zu tun. Lassen Sie los und lassen Sie Fehler zu.

Dass uns mal etwas herausrutscht, das wir besser für uns behalten hätten oder die Gefühle mit einem durchgehen, das passiert schon mal. Die Leichtigkeit kehrt auch wieder zurück, wenn man sie lässt.

Sollte ein Fehltritt passieren, können wir uns entschuldigen. Sich zu entschuldigen heißt, stark sein zu können. Sie beweisen Stärke, indem Sie für Ihre Fehler eintreten.

Wenn man sich für seine Fehltritte nicht entschuldigt, ist das falscher Stolz. Ein einfaches „Es tut mir wirklich leid, bitte sei mir nicht böse" erleichtert es allen Beteiligten.

Gehen Sie offen und fröhlich auf andere zu. Haben Sie Freude am Kontakt mit anderen und genießen Sie es, viele unterschiedliche Menschen zu kennen. Dann kommt die Leichtigkeit in Beziehungen ganz von selbst.

Mit dem Leichtfaden leisten

Was sind Ihre ersten Gedanken, wenn Sie morgens aufwachen? Es gibt Menschen, die denken das: „..." – also einfach gar nichts. Diese Gelassenheit ist bewundernswert, denn ich kenne auch sagenhaft viele, die munter werden und deren Gehirn sofort zu rattern beginnt: „Oh weh, heute um neun ist gleich eine Besprechung und ich habe noch nichts vorbereitet. Zu Mittag muss ich zum Kunden X fahren, hoffentlich vergesse ich beim Heimfahren nicht, den Anzug aus der Putzerei zu holen ..." Zu welcher Gattung gehören Sie? Sind Sie der gelassene Typ? Dann gratuliere ich Ihnen. Wenn Ihr Hirn aber schon im Arbeitsmodus ist, obwohl Sie gerade erst die Augen geöffnet haben, dann ist es an der Zeit, Ihre Gedanken positiv zu stimmen.

Im Durchschnitt arbeiten wir mehr als 2.000 Stunden pro Jahr. Wer von seinem 20. bis zum 60. Lebensjahr durchgängig vollzeitbeschäftigt ist, verbringt somit knapp 85.000 Stunden des Lebens am Arbeitsplatz. 85.000 Stunden Arbeitszeit, in der Sie darauf warten, dass sie endlich vorbei ist, um zu leben? Das kann es doch wohl nicht sein! Auch Arbeitszeit ist Lebenszeit, daran sollten wir immer denken und dafür sorgen, dass sie Freude macht, dass wir Erfüllung und Sinn in ihr finden. Zudem sollten wir auch darauf schauen, dass wir eine gute Lebensbalance finden zwischen Leisten und Entspannen, zwischen Beruf und Privatzeit.

Fangen Sie damit am besten gleich am Morgen an. Wenn Ihr Hirn beim Aufwachen schon rattert und sich nicht abstellen lässt, dann lenken Sie Ihre Gedanken gleich in Richtung Leichtigkeit: Wie kann ich heute alles, was ich tue, unter den Hut der Leichtigkeit bringen? Fühlt sich das, was heute auf mich zukommt, leicht an? Und wenn nicht: Was bräuchte ich, um es leichter zu machen?

Sollte Ihnen spontan keine Idee einfallen, wie Sie mehr Leichtigkeit erreichen, haben Sie ein wenig Geduld, denn dieses Kapitel hält einige Anregungen für Sie parat.

15. Wertschätzung – der Hochleistungsmotivator

Mein Symbol für Leichtigkeit ist ein blauer Hut, er ist aus Bast geflochten und hat ein blau-weißes Band. Immer wenn ich meine, ich könnte eine stressige Zeit vor mir haben, hänge ich mir vorsorglich diesen Leichtigkeits-Hut ins Badezimmer neben den Spiegel. So erinnert er mich gleich am Morgen daran, mir Mut zuzusprechen und mich an das zu erinnern, was ich gut kann und womit ich mir die anstrengende Zeit leichter machen könnte. Ich sage mir zum Beispiel: „Das schaffst du locker!", „Du kannst dich für deine Arbeit begeistern, daher wird es dir schon glücken!"

Kaum ein Mensch ist sich dessen bewusst, was er den ganzen Tag über so leistet. Ob im Beruf oder zu Hause, wir führen so viele Handgriffe durch, leisten so viel Denkarbeit und am Abend setzen wir uns erschöpft vor den Fernseher und haben das Gefühl, dass es immer noch nicht genug und vermutlich auch nicht gut genug war.

Der beste Weg, um mit sich zufrieden zu sein und sich über die eigene Leistung freuen zu können ist es daher, sich bewusst zu machen, was wir tagtäglich alles tun. Freuen wir uns ab sofort über all das, was wir schaffen!

„Hurra! Heute habe ich es geschafft, einen ganzen Waschgang auf die Leine zu hängen!" Fast euphorisch sagte Jutta das. Jutta ist eine junge, hübsche Frau, die ganz plötzlich aus ihrem Leistungsalltag gerissen wurde. Ihr Leben hatte sich mit einem Schlag völlig verändert. Als ich sie das erste Mal traf, hatte sie tiefe, dunkle Ringe unter den Augen, ihre Gesichtsfarbe war fahl, die Haut seltsam faltig und ihr Blick unendlich traurig. Sie wirkte fast gebrochen. Sie war sehr schwer krank, hatte Lähmungserscheinungen in den Armen und Beinen, Muskelschwäche, Schwellungen an den Gelenken und furchtbare Schmerzen. Deshalb besuchte ich sie anfangs zu Hause. Sie war medizinisch gut versorgt, doch brauchte sie dringend seelische Unterstützung. Zuerst bat ich sie, ein Schmerztagebuch zu führen, um herauszufinden, wie sie positiv auf ihre Schmerzen einwirken könnte. Ich zeigte ihr die Progressive Muskelentspannung sowie Atemtechniken zur Schmerzbewältigung und Jutta tat dann alles dazu, um Erleichterung und ein wenig Wohlgefühl zu spüren.

Anfangs war es für Jutta eine Hochleistung, sich selbstständig zu waschen, anzukleiden und sich tagsüber mit einfachem Essen zu versorgen. Sie, die immer so sportlich und aktiv war, die so gerne arbeitete, mit ihren Händen etwas tat, sie war nun kaum dazu fähig, sich selbst zu versorgen. Es war ein harter Schlag, doch es ging bergauf. Nach vier Wochen gaben wir das Schmerztagebuch weg und ersetzten es durch ein Erfolgstagebuch. Von nun an sollte der Fokus auf dem Positiven liegen, also schrieb sie, was ihr alles an jedem Tag gelungen war. Es war ein echtes Erfolgserlebnis, als sie eintragen konnte: Ich habe einen ganzen Wäschekorb mit T-Shirts, Handtüchern und Unterwäsche auf die Leine gehängt. Danach war sie müde und erschöpft, doch es war ein Erfolgserlebnis, das sie stolz machte. Mit jedem Tag kam wieder etwas dazu. Es gab gute Tage und es gab auch schlechte Tage, doch die guten überwogen immer mehr. Die gesamte Behandlung, Medizin, Physiotherapie und Psychologie schlug gut an. Obwohl Jutta und ihre Familie es sich damals nicht vorstellen konnten, hat sie es inzwischen geschafft, wieder arbeiten zu gehen. Mit viel Selbstfürsorge – die wir alle gut gebrauchen könnten – kann sie heute ein nahezu normales Leben führen.

In solchen Situationen wird einem erst bewusst, was man an einem Tag alles leistet. Wir kochen, putzen, waschen, auch uns selbst, versorgen die Kinder, machen Einkäufe, erledigen Projekte für Kunden, bereiten Informationen für unsere Chefin vor, beantworten E-Mails und vieles mehr. Wir reden, arbeiten und denken von früh bis spät und wenn der Körper einmal nicht kann, sind wir entsetzt. Zuerst wollen wir es gar nicht glauben – denn es ist doch so selbstverständlich, dass unser Körper funktioniert! Wir fühlen uns hilflos, dann werden wir wütend. Erst wenn wir die Tatsache akzeptieren, dann wird uns bewusst, wie fantastisch die tägliche Leistung ist.

Doch ganz ehrlich: Es wäre doch gut, wenn wir das erkennen würden, ohne krank werden zu müssen, nicht wahr? Um uns bewusst zu machen, wie tadellos wir funktionieren, gibt es leichtere Methoden. Bleiben wir gesund und machen wir uns bewusst, wie toll unser Körper, unsere Seele und der Geist arbeiten. Würdigen und wertschätzen wir diese Leistung: Danke toller Körper. Danke liebe Seele. Danke kluger Geist. Auch so kann man das sehen.

Nicht nur unsere Leistung sollten wir wertschätzen. Leicht wird der Arbeitstag auch dann, wenn wir unsere Arbeit wertschätzen, wenn wir froh sind, dass wir sie haben – denn auch das vergessen wir gerne. Wir zählen die Stunden bis zum Feierabend, die Tage bis zum Wochenende, die Jahre bis zur Pension und erst wenn wir unseren Job verlieren und nicht so leicht wieder eine Anstellung finden, lernen wir zu schätzen, was Arbeit bedeutet.

Bernhard ist happy. Gut gelaunt erhebt er sich aus dem Bett und macht seinem Schatz ein genüssliches Frühstück. Der Kaffee duftet, die frischen Brötchen krachen beim Aufschneiden. Miriam genießt es, vom Mann verwöhnt zu werden, doch wundert sie sich auch: „Womit hab' ich das verdient?" „Weißt, du", sagt Bernhard, „heute ist ein ganz besonderer Tag. Heute gibt es etwas zu feiern." Doch was, verrät er nicht. Fröhlich fährt er zur Arbeit, dort begrüßt er die Kolleginnen mit seinem spitzbübischen Lächeln. Der Tag geht ihm ganz leicht von der Hand und bevor er heimfährt, macht er ein dickes Kreuz auf seinen Kalender. „Nur noch 5.000", murmelt er. Am Heimweg kauft er ein Fläschchen Sekt, den trockenen mag sie am liebsten. Zu Hause angekommen, gibt er ihr ein dickes Busserl und eine innige Umarmung. Er holt die Sektgläser und er lässt den Korken ganz laut aus der Flasche ploppen. „Jetzt kann ich es dir verraten, was wir heute feiern", sagt Bernhard mit einem vergnügten Lächeln. „Heute ist ein ganz besonderer Tag, ein Jubiläumstag sozusagen. Stell dir vor, ab heute hab' ich nur noch 5.000 Tage ... bis zur Pension!"

Ach, wenn das so etwas Besonderes ist, dann könnten wir doch jede Woche feiern. Wenn uns das die Arbeit erleichtert, dann soll es so sein. Doch ist das wirklich zielführend, nur auf einen fernen Tag in der Zukunft hinzuarbeiten, anstatt jeden Tag im Hier und Jetzt zu genießen? Sie können sich nicht vorstellen, wie oft ich an Leute gerate, die tatsächlich jeden Tag zählen. Sie haken jeden Tag oder jede Woche am Kalender ab. Nicht, weil sie unmittelbar vor ihrer Pensionierung sind, nein, sie stehen mitten im Arbeitsleben, aber mit der Einstellung: „Was, so lange hab' ich noch?!" Schrecklich schade finde ich das.

Man könnte es doch auch so sehen: „Hurra, ich darf noch 5.000 Tage arbeiten, herrlich!" Huldigen wir unsere Arbeit, ganz gleich, ob Sie gerade erst ins Berufsleben eingetreten, mitten drin oder bereits in Pension sind. Wir leisten tagtäglich Unglaubliches, auch zu Hause leisten wir. Freuen wir uns doch einfach darüber, dass wir so vieles leisten können und dürfen.

Der Flow-Effekt

Was unterscheidet erfolgreiche Menschen von jenen, die es nicht schaffen? Nehmen wir als Beispiel George Clooney, er ist einer der erfolgreichsten Schauspieler der Welt und zudem auch noch Drehbuchautor, Filmproduzent und Regisseur. Viele eifern ihm nach, doch kaum einer schafft es, als Schauspieler Fuß zu fassen. Was macht George Clooney anders? Was unterscheidet solch erfolgreiche Menschen vom Ottonormalo?

Haben Sie George Clooney schon einmal völlig fertig und überfordert gesehen? Nein, im Gegenteil, man hat den Eindruck, bei ihm geht alles mit Leichtigkeit. So als würden ihm die Dinge einfach in den Schoß fallen. Doch auch erfolgreiche Leute bekommen nichts geschenkt, ohne Anstrengung stellt sich kein Erfolg ein. Der große Unterschied ist, dass erfolgreiche Leute das tun, worin ihre Stärken liegen. Sie tun, was sie besonders gut können und gerne machen. Dadurch lassen sich die Erfolgreichen auch nicht von der Mühe beherrschen. Sie lassen in allem was sie tun, die Leichtigkeit mit einfließen, deshalb nimmt das Schwere nicht überhand.

Der Psychologe Mihaly Csikszentmihalyi wurde durch seine Erforschung des Flow-Erlebens bekannt. Flow ist ein ganz besonderes Glücksgefühl, das wir bekommen können, wenn wir bei einer Aktivität ganz gegenwärtig sind. Dabei zeigte er, dass solche speziellen Flow-Gefühle nicht nur Hochleistungssportler haben, sondern dass jeder Mensch das auch in ganz alltäglichen Situationen erleben kann. Er versuchte dann herauszufinden, in welchen Momenten man am häufigsten Flow empfindet.

Besonders oft, so stellte er fest, tritt das Flow-Phänomen während der Arbeit auf. Wer hätte das gedacht? Dabei ist es völlig egal, ob ein Kapellmeister gerade vor seinem Orchester dirigiert oder der Handwerker an seinem Gerät herumschraubt. Vielmehr kommt es auf den passenden Schwierigkeitsgrad an. Ist eine Tätigkeit zu leicht, zu wenig herausfordernd, dann schweift man eher ab. Man denkt sich: „Ach, ist das langweilig" und sucht sich im Geiste eine andere Beschäftigung. Sich gar nicht anzustrengen und die Dinge einfach nur laufen zu lassen, das macht uns auf lange Sicht weder glücklich noch gesund, sondern depressiv. Genauso ist es auch, wenn einen die Aufgabe überfordert. Wenn etwas zu schwer ist, meint man: „Das kann ich sowieso nicht, ich möchte lieber etwas anderes machen." Wer sich stets überanstrengt, ist noch lange nicht erfolgreich!

In beiden Fällen sind wir in Gedanken nicht bei der Sache, wir empfinden keinen „Flow". Nur wenn wir einer Tätigkeit nachgehen, die uns weder über- noch unterfordert, die uns aber doch fordert, dann erleben wir „Flow" und damit auch viel Freude und Erfüllung. So bekommen wir Glücksgefühle beim Arbeiten.

Machen Sie vor allem das, was Sie gut können und gerne mögen!

Wenn Menschen, die sich selbstständig machen wollen, ins Selbst-Marketing-Coaching kommen, empfehle ich es, zuerst schriftlich festzuhalten, was man alles kann. So wie bei einem Vorstellungsgespräch, wenn einen der Personalchef fragt: „Und was können Sie noch? Könnten Sie das und das auch?" Genau das haben wir gemacht, damit Sascha herausfinden konnte, was er in Zukunft als selbstständiger Psychologe künftigen Patienten und Klientinnen anbieten könnte.

Bei den meisten Berufssparten ist es so, dass es unendlich viele Konkurrenten auf dem Markt gibt, die sich in derselben Branche selbstständig machen, so ist es auch bei den Psychologen. In unserem Land gibt es unzählige, sehr gut ausgebildete Psychologen. Viele beginnen bereits während des Studiums mit einer zusätzlichen Psychotherapieausbildung und absolvieren nach dem fünfjährigen Studium den ca. dreijährigen Bildungsgang zum Klinischen und Gesundheitspsychologen. Alleine im Jahr 2010 schienen im Verzeichnis des Berufsverbands 3.000 psychologische Kliniker auf. Sich da auf dem Markt behaupten zu können, funktioniert nur dann, wenn man sich klar von anderen abgrenzen kann.

Gleichzeitig ist es auch nicht immer leicht in helfenden Berufen. Wer also lange als Psychologe tätig sein möchte, für den ist besonders wichtig, auf seine eigenen Ressourcen zu achten, und mehr von dem zu tun, was man gut kann und gerne macht. Es lohnt sich also von Beginn an, an seiner Positionierung zu arbeiten, sich seine Zielgruppe, Methoden und Themen herauszufiltern. Alles für alle anzubieten, klappt nicht!

Ein Beispiel dazu: Mit Sascha arbeitete ich am Positionierungsprozess und ich fragte ihn eingangs, wer seine Zielgruppe sei. Er dachte lange und angestrengt nach und meinte dann: „Alle." Also nahm ich einen Zettel und notierte das in dicken, großen Buchstaben und dann bat ich ihn, selbst auf einzelne Zettel zu schreiben, was er den Leuten am liebsten anbieten möchte. Er schrieb dann: „Wohlbefinden", „Entspannung", „Ausgleich". Dann erzählte er mir, dass es nicht leicht wäre, das zu beschreiben. Obwohl er schon ein paar Jahre in einem Krankenhaus als angestellter Psychologe arbeitete, hat sein Onkel, der kürzlich auf Besuch war, immer noch nicht verstanden, welchen Beruf er ausübt. Es gibt ja so viele verwandte Bezeichnungen wie zum Beispiel Psychiater oder Psychotherapeut. Im Scherz meinte Sascha: „Mein Onkel glaubt vielleicht, ich sei Physiotherapeut." Das fand ich spitze und ich beschrieb einen Zettel mit „Physiotherapeut" und einen anderen mit „Psychologe". Beide legte ich über die zuvor geschriebenen Kärtchen: „Alle", „Wohlbefinden", „Entspannung" und „Ausgleich". Jetzt wurde Sascha klar, dass er sein Profil schärfen musste. Mit diesen allgemeinen Aussagen könnte er genauso gut für einen Physiotherapeuten gehalten werden. In kurzer Zeit hatten wir dann seinen wahren Methodenschwerpunkt, nämlich „Psychosomatik" herausgearbeitet. Alle seine Stärken, Begabungen und Spezialausbildungen passten dazu, zudem gab es in seiner Umgebung weit und breit keine Konkurrenz. Inzwischen hat sich Sascha auf seinem Gebiet einen Namen gemacht. Er führt eine erfolgreiche psychologische Praxis mit dem Schwerpunkt der Psychosomatik und arbeitet mit vielen Ärzten seiner Umgebung zusammen.

Schärfen auch Sie Ihr Profil! Völlig gleich, ob Sie selbstständig arbeiten oder angestellt sind, im Beruf spielt es immer eine Rolle, ob man sich gut vermarkten kann, damit man bei der nächsten Gehaltserhöhung oder bei einem gewünschten Karrieresprung nicht übersehen wird. Wir sollten uns selbst gut vermarkten und von anderen abheben können. Dabei geht es nicht um Leistungsdruck, es geht darum, sich selbst, seine Fähigkeiten, Stärken und Begabungen herauszustellen. Dann kann man auch viel leichter sein Bestes geben und muss sich nicht so anstrengen. Wer stets tut, was ihm nicht liegt, tut sich nicht nur schwer, er braucht auch wesentlich länger dafür und das ist kontraproduktiv.

Wenn in großen Unternehmen neue Positionen besetzt werden, wird zuvor ein Profil angelegt, in das der neue Mitarbeiter passen soll. Dazu zählt nicht nur Fachkompetenz, sondern auch viele sogenannte Soft-Skills. Sind zum Beispiel soziale Kompetenz und Kommunikationsfähigkeit gefordert, dann wird man kaum jemanden einstellen, der sehr schüchtern und introvertiert ist. Weshalb soll man es also den großen Unternehmen nicht gleich machen und sich ein Profil anlegen – ein Profil von sich selbst? Dann sieht man auf den ersten Blick, welcher Job und welche Firma zu einem selbst gut passt.

Holen Sie sich einen Stoß kleiner Notizzettel und einen Stift. Notieren Sie bitte sämtliche Tätigkeiten, die Sie machen bzw. machen können. Sascha machte diese Übung auch, er schrieb alles auf, was er in seiner langen, intensiven Ausbildung und Praxis gelernt hatte. Sämtliche Zusatzausbildungen, Fortbildungen und praktische Erfahrungen bezog er mit ein. Vom Autogenen Training bis zum Biofeedback, vom Einzelgespräch bis zum Vortrag usw.

Schreiben Sie Ihre Kompetenzen auf, zum Beispiel Computerfähigkeiten, Fremdsprachen, berücksichtigen Sie Kurse und Seminare, die Sie irgendwann besucht haben. Dazu kommen dann noch Ihre persönlichen Stärken, wie beispielsweise Organisationstalent, Führungskompetenz, Konfliktfähigkeit, Stressresistenz usw.

Wenn Sie damit fertig sind, kommt der nächste Schritt: Entweder Sie legen sich mit einer Schnur ein großes Viereck auf dem Tisch oder auf dem Boden auf und unterteilen es noch zwei Mal, sodass Sie vier gleich große Vierecke erhalten. Sie können auch vier Quadrate auf einen Bogen Packpapier zeichnen oder Sie nehmen ein normales Blatt

Papier, falten es einmal längs und einmal quer, sodass Sie vier gleich große Felder haben. Nun übertiteln Sie die vier Felder folgendermaßen:

1. Kann ich gut + mache ich gerne
2. Kann ich nicht gut + mache ich gerne
3. Kann ich gut + mache ich nicht gerne
4. Kann ich nicht gut + mache ich nicht gerne

Nun sortieren Sie Ihre Zettel nach diesem Vier-Felder-Schema oder übertragen Sie die Wörter auf das Blatt Papier, sodass jede Ihrer Kompetenzen richtig zugeordnet ist.

In das erste Feld (oben links) geben Sie alle Zettel, auf denen Dinge stehen, die Sie gut können und auch gerne tun. Beispielsweise legte Sascha die Zettel „Biofeedback, Autogenes Training, Einzelgespräche, Kurse" in dieses Viereck.

In das zweite Feld (oben rechts) geben Sie alle Dinge, die Sie nicht gut können, aber gerne machen. „Neurofeedback und Führungskräftetraining würde ich gerne anbieten, kann ich aber noch nicht so gut", viel Sascha dazu ein.

In das dritte Feld (unten links) kommen alle Zettel, die Dinge benennen, die Sie nicht gerne tun, aber gut können. „Ich hab' ein paar Mal einen Vortrag gehalten, doch ich hasse es", meinte Sascha.

Und in das vierte Feld (unten rechts) legen Sie alles, was Sie nicht gerne machen und nicht gut können. „Ich bin kein Organisationstalent und Buchhaltung kann ich nicht leiden, vielleicht kann ich es deshalb nicht gut." Später beschloss Sascha, die Buchhaltung lieber einem Steuerberater zu übergeben. Er fügte hinzu: „Und wenn die Praxis gut läuft, nehme ich mir auch jemanden für die Büroorganisation, vielleicht kann mir anfangs meine Schwester behilflich sein."

Was können Sie nun mit Ihrem Ergebnis anfangen? Hier ist die Auswertung:

Alles, was in dem ersten Feld steht, sollten Sie in Zukunft möglichst oft tun! Darin liegen Ihre Stärken, das können Sie gut, das machen Sie gerne. Das sind jene Dinge, die Sie mit Leichtigkeit machen.

Zum zweiten Feld überlegen Sie bitte Folgendes: Was würde Ihnen dabei helfen, damit Sie das, was Sie gerne tun, aber nicht so gut können, besser beherrschen? Nützt eine Fortbildung? Wäre Training oder Übung hilfreich? Fehlt Ihnen lediglich Erfahrung? Vielleicht können Sie diese Fähigkeiten mit einfachen Mitteln verbessern. Denn wenn Sie es gerne machen, dann fällt es Ihnen letztlich auch leichter.

Zum dritten Viereck fragen Sie sich, was Sie tun könnten, damit Ihnen diese Fähigkeiten mehr Spaß machen. Es wäre schade, wenn Sie Ihre Kompetenzen nicht wirklich nutzen, weil Sie manches nicht gerne ausführen. Falls Ihnen dazu nichts einfällt, haben Sie einen Moment Geduld, vielleicht kommt Ihnen noch eine Idee. Oder Sie probieren jene Übung aus, die ich nachfolgend beschreibe.

Zum vierten Feld: Wenn möglich, reduzieren Sie diese Tätigkeiten. Es gibt andere Leute, die das besser können und lieber machen als Sie. Könnten Sie das nicht abgeben?

Jeder kann sich seinen Nutzen aus dieser Übung ziehen! Als Hausfrau oder Hausmann erfahren Sie Erleichterung, weil Sie erkennen, welche Tätigkeiten Ihnen besonders liegen, was Ihnen mit Leichtigkeit von der Hand geht und welche Dinge Sie lieber an andere Familienmitglieder abgeben könnten. Als Jobsuchender werden Sie sich nun besser vermarkten können. Sie wissen, wo Ihre Stärken und Schwächen liegen und welche Aufgaben Sie mit Leichtigkeit erledigen können. Das ist erfolgversprechend! Als potenzielle Selbstständige können Sie Ihr Profil herausarbeiten, damit Sie sich besser von der Konkurrenz unterscheiden. So tun Sie sich in Zukunft leichter.

Falls Sie etwas tun müssen, das Sie vielleicht gut können, das Sie aber gar nicht gerne machen, dann probieren Sie folgende Übung. Nehmen Sie wieder ein Blatt Papier, einen Stift und gönnen Sie sich ein bisschen Zeit – mehr wird für diese Reflexions-Aufgabe nicht benötigt. Überlegen Sie bitte, was Sie auf die folgende Frage antworten möchten: Wo in Ihrem Leistungsalltag gab es eine Situation, in der Sie besonders viel Leichtigkeit empfunden haben?

Diese Übung habe ich einmal firmenintern mit Technikern gemacht. Karl hat mir beispielsweise von dieser Situation erzählt: Sein Team und er haben ca. ein halbes Jahr davor vom Chef einen Auftrag bekommen, der kaum zu erfüllen war. Innerhalb von fünf Tagen, sollten sie ein schwieriges Projekt fertigstellen. Für ein Projekt dieser Größenordnung brauchten sie bisher mindestens drei Wochen. Es handelte sich um die Verbesserung eines Handy-Funk-Computerprogramms. Die Mannschaft hat die Sache sehr ernst genommen und wurde für diesen Auftrag auch von allen anderen Aufgaben freigestellt. Alle fünf Teammitglieder sahen es als Herausforderung. Karl konnte nicht erklären, wie sie das geschafft hatten, doch sie waren nach viereinhalb Tagen fertig. Das war mit so viel geballter Energie geschehen, alle steckten sich gegenseitig mit Ehrgeiz an, irgendwie geschah alles mit Leichtigkeit.

Ich bin mir sicher, dass auch Ihnen eine Geschichte einfällt, eine Situation in der Sie besonders viel Leichtigkeit beim Leisten empfunden haben. Schreiben Sie bitte Ihr Leicht-Erlebnis auf, ein paar Stichworte reichen aus (so dass Sie, wenn Sie den Zettel in drei Monaten wieder anschauen, noch wissen, was Sie gemeint haben). Nun kommt noch eine kleine Nachdenkaufgabe: Was meinen Sie, welche Ihrer Stärken, Begabungen und Talente waren es, die in dieser Situation (die Sie gerade notiert haben), zu solch einer außergewöhnlichen Leichtigkeit geführt haben? Bitte notieren Sie drei bis fünf Stärken.

Karl verriet mir seine: „Die Fähigkeit, die Dinge als Herausforderung zu sehen, Begeisterung am Beruf, Freude im Team zu arbeiten, die Fähigkeit, gut Anweisungen umsetzen zu können, Fachkompetenz und Erfahrung." Bei einem öffentlichen Workshop kamen andere Beispiele, wie Kommunikationsfähigkeit, Freude an der Arbeit, Spaß an der Sache, Beharrlichkeit, die Fähigkeit mit anderen gut zusammenzuarbeiten, mit anderen gut umgehen zu können und noch viele mehr. Sobald Sie selbst ein paar Beispiele für Ihre Situation gefunden haben, fahren wir fort. Bitte beantworten Sie nun die folgende Frage: Welche dieser Stärken ist die wichtigste, um möglichst viel Leichtigkeit zu erleben?

Kreisen Sie die wichtigste Ihrer Stärken bitte ein. Möchten Sie die Übung vertiefen, dann finden Sie nun bitte ein Symbol für Ihre Stärke. Ein Symbol ist immer etwas ganz einfaches. Sie könnten zum Beispiel auf einen Zettel ein Smiley zeichnen, wenn Ihre wichtigste Stärke Begeisterung, Spaß oder Freude ist. Oder Sie suchen sich einen Stein, der für innere Stärke, Beharrlichkeit und Beständigkeit steht. Auch ein Blatt von einem Laubbaum eignet sich gut, es kann für Veränderungsfähigkeit oder ein Grashalm für Flexibilität stehen. Ich bin mir sicher, dass Ihnen das passende Symbol einfallen wird.

Dieses Symbol geben Sie nun bitte dorthin, wo Sie es beim Leisten möglichst oft sehen können. So werden Sie stets an Ihre Leichtigkeit-bringende Stärke erinnert und die Leichtigkeit kann sich auch auf sämtliche andere Tätigkeiten ausweiten. Selbst Dinge, die man sonst nicht so gerne tut, werden mit Ihrer Begeisterung, Flexibilität oder Freude (oder welche Stärke auch immer Ihnen in den Sinn kam) leichter! Setzen Sie Ihre Leichtigkeit-bringende Stärke bewusst immer dann ein, wenn Ihnen das Arbeiten nicht so leicht fällt.

Arbeit macht das Leben süß

Meine Großmutter hat immer wieder gesagt: „Arbeit macht das Leben süß." Sie war ein wahres Arbeitstier, sie hat es geliebt arbeiten zu können – völlig gleich was sie tat, sie tat es mit Vergnügen. Über Generationen hinweg gab es in unserer Familie eine Konditorei mit Backstube. Oma hat noch lange nach ihrer Pensionierung mitgeholfen. Damit aber nicht genug, sie hat auch für alle gekocht, ihre kleine Wohnung im Untergeschoß des Hauses geputzt, die Diele, die Küche, das Bad und das WC sauber gehalten sowie den Garten gepflegt. Ich erinnere mich noch gut daran, als Omi mit 80 Jahren die Wiese im Garten umgegraben hat, von Hand, nur mit einem Spaten und ihrer Muskelkraft. Sie war ein echtes Arbeitstier.

Damals hab' ich das nicht verstanden. Als ich in die Pubertät kam, dachte ich: „Was buddelt die Oma so viel? In ihrem Alter könnte sie doch wirklich faulenzen, das ist doch viel schöner." Und gleichzeitig wunderte ich mich: „Wie macht sie das nur, dass sie beim Arbeiten so viel Spaß hat?"

In meiner Jugendzeit war mir nicht bewusst, wie gerne auch ich aktiv bin. Damals war ich eher ein Muffel, ich tat, was ich musste und am liebsten, was Jugendliche so tun: ich traf mich mit Freunden, faulenzte und versank stundenlang in unglaublich wichtigen Gedanken – was man sich so zusammenspinnt im jugendlichen Leichtsinn. Nach der Schule arbeitete ich im elterlichen Betrieb, als Krankenschwester auf der Neurologie und in der Altenpflege. Als ich mit 25 Jahren zu studieren begann, brauchte ich Nachhilfe in Statistik – und so lernte ich meinen Mann kennen. So ein Glück, dass ich diese Schwäche hatte, denn es war Liebe auf den ersten Blick – die bis heute anhält.

Mein Mann weckte in mir die Begeisterung zum Sport. Ich joggte, machte Fitnesstraining und begann zu Rollerbladen. Wir gingen wandern, ich lernte klettern und liebte es, in der Natur aktiv zu sein. Manchmal, wenn ich nach dem Studieren oder nach der Arbeit Kopfweh hatte, ging ich einfach laufen und schon war es weg. Wenn mein Rücken verspannt war, machte ich Fitnesstraining oder ging mit meinen Hunden in der Natur walken.

Neben dem Studium arbeitete ich auch, nicht nur, weil ich Geld verdienen wollte, ich hatte einfach Lust etwas Sinnvolles zu tun, das mich auch körperlich forderte. Ich half im Betrieb daheim und war in der Hauskrankenpflege tätig. Als wir in unser Haus einzogen, entdeckte auch ich die Liebe zum Gärtnern. Statt Fitnesstraining rolle ich nun im Sommer den Rasen am Hang, per Hand, so wie meine Großmutter es gemacht hat, nur mit Werkzeug und Muskelkraft. Ja, ich arbeite viel und auch körperlich schwer, doch ich liebe es. Was gibt es schöneres, als sich neben geistiger Tätigkeit auch noch körperlich auslasten zu können?! Auch das ist Leichtigkeit! Aktiv zu sein, weil es einfach Spaß macht, Ausgewogenheit für Körper, Seele und Geist zu haben – das ist mir wichtig. Wenn ich größere Probleme habe – ja, auch ich habe manchmal ein Tief – dann lenke ich mich erst einmal mit Arbeit oder einer Aktivität ab, bis ich wieder klarer im Kopf bin. Dann kommt die Lösung fast von selbst und inzwischen kann ich verstehen, was meine Großmutter damals gemeint hat, als sie sagte: „Arbeit macht das Leben süß.“

Im Waldviertel, einer wunderschönen Gegend in Niederösterreich, halte ich oft öffentliche Vorträge für „Gesunde Gemeinden“ zur Förderung der mentalen Gesundheit der Bevölkerung. Da kommen nicht nur erwerbstätige Erwachsene, sondern manchmal auch ganz junge Leute und viele alte Menschen. Oftmals treffe ich über 80-Jährige, die unglaublich fit sind. Ein Erlebnis hat mich ganz besonders beeindruckt: Eine ausgesprochen fesche ältere Dame ist mir aufgefallen, weil sie so engagiert beim Thema Glücklichsein mitdiskutiert hat. Nach dem Vortrag kam sie zu mir, um mir geheimnisvoll ein Foto zu überreichen: Darauf war sie zu sehen, beim Fallschirmspringen an ihrem 80. Geburtstag.

Ich finde das fantastisch, wenn man es schafft, bis ins hohe Alter aktiv zu bleiben. Inzwischen belegen viele Studien, dass die körperliche Aktivität auch den Geist fit hält. Immer wieder lerne ich ältere Leute kennen, die fleißig daheim am Hof mitarbeiten. Diese Leute sind alle gut gelaunt. Wissen Sie, was sie mir auf die Frage danach antworten, wie sie es schaffen, so fit und gut drauf zu sein? Sie sagen: „Arbeit macht das Leben süß."

Über 40.000 Japaner sind über 100 Jahre alt – da fragt man sich doch, was das Geheimnis von so vielen Alten sein kann. Ein Arzt machte sich deshalb bei der Suche nach Antworten auf den Weg nach Japan. Sein Ziel war es, das Geheimnis der glücklichen Alten aufzudecken. Als er dort durch die Straßen spazierte, fiel ihm ein ganz besonders alter Mann auf. Der Greis saß auf einer Bank und lächelte zufrieden. Der Arzt setzte sich neben ihn und blickte in dessen von Falten übersätes Gesicht. Seine Brille war so dick, dass man die Augen kaum erkennen konnte und der Hörapparat in seinem Ohr schien nicht richtig zu sitzen. Mit lauter, freundlicher Stimme fragte er den Greis: „Sie scheinen recht glücklich zu sein, was ist Ihr Geheimnis?" Mit zittriger Stimme antwortete der: „Ich rauche vierzig Zigaretten jeden Tag. Nach dem Mittagessen rauche ich außerdem eine Zigarre. Und abends gönne ich mir ab und zu einen Joint zur Entspannung. Ich esse nur, was mir schmeckt, am liebsten Würstchen mit Pommes und ich trinke täglich zwei Flaschen Gin. Am Wochenende nehme ich ein paar Pillen, mit deren Hilfe mache ich dann Sex." Der Arzt staunte nicht schlecht: „Das ist unfassbar! Wie alt bist du denn?" Der Alte keuchte: „Fünfzig, wieso?"

Scherz beiseite. Seit Jahren wird geforscht, was die Bevölkerung immer älter werden lässt, überall auf der Welt steigt die Lebenserwartung. Was hält uns also wirklich fit und gesund? Auf der japanischen Insel Okinawa, wo auffällig viele alte Menschen leben, hat man herausgefunden, dass die Leute recht schlank sind, sich primär von Fisch und Gemüse ernähren und stets aktiv sind. Selbst hochbetagte Greise bewegen sich täglich. Negativer Stress beschleunigt die Zellalterung, doch die alten Japaner haben kaum Stress, sie sind gelassen. Sie führen ein beschauliches Leben, sind in die Gemeinschaft eingebunden, fernab der Hektik der Großstädte und sie sind in Vereinen, wie beispielsweise in der Fischerei, tätig. Diese Tätigkeit schenkt ihnen Sinn.

Wir können unangenehmen Stress nicht immer vermeiden, doch können wir ihn durch Sport und Aktivität abbauen, das steigert sogar die Reparaturfähigkeit unserer Zellen. Aktiv zu bleiben hält uns jung!

Aktiv zu sein und zu arbeiten – das macht das Leben süß. Es scheint doch etwas dran zu sein, an dieser Weisheit. Wenn das so ein Potenzial hat, könnten wir es doch beherzigen und uns an unseren Aufgaben erfreuen. Was meinen Sie?

Arbeit erfüllt unsere Bedürfnisse und schenkt Sinn!

Die meisten Menschen arbeiten nicht nur, weil sie Geld verdienen müssen, sondern weil es ihnen viel mehr bringt: Arbeit schenkt ihnen Sinn und erfüllt ganz unterschiedliche Bedürfnisse. Diese Aussage wird durch eine Reihe von Untersuchungen belegt. Interessant sind dabei auch die aktuellen Studienergebnisse zur Mitarbeiterbindung, ein Thema, das immer aktueller wird, weil es für Unternehmen wichtig ist, ihre guten Leute nicht an andere Firmen zu verlieren. Fragt man heute beispielsweise einen gut ausgebildeten Mitarbeiter, weshalb er sich gerade für die eine Firma entschieden hat, und nicht für eine andere arbeitet, so lauten die Motive überwiegend: „eine gute Firmenkultur; eine angenehme, wertschätzende Atmosphäre; flexible Arbeitszeiten; die Möglichkeit sich persönlich weiterentwickeln zu können". Diese Aspekte zählen viel mehr, als ein paar Euro mehr am Konto. Es geht um die Zufriedenheit, um Lebensqualität und die kann nicht durch Geld aufgewogen werden. Wozu mehr Kohle, wenn man keine Zeit und Energie für anderes hat? Unsere Seele wird von ganz anderen Motiven angetrieben, materielle Anreize können den inneren Energiespeicher gar nicht speisen. Anerkennung, Wertschätzung und Selbstverwirklichung können das schon, es sind wahre Energielieferanten.

Der US-amerikanische Psychologe Abraham Maslow hat unsere menschlichen Bedürfnisse hierarchisch angeordnet und als Pyramide anschaulich dargestellt. Seine fünf Stufen der Pyramide erklären auf einfache Weise, was uns tatsächlich motiviert. Ist die unterste, die körperliche Stufe befriedigt, also das Überleben gesichert, geht es an die höheren Bedürfnisse. Sie werden sich kaum um ein Lob scheren, wenn Sie drei Tage lang nichts im Bauch hatten. Erst, wenn wir satt und ausgeruht sind, spielen andere Sachen eine Rolle.

Auf der untersten Stufe finden wir die körperlichen Bedürfnisse, das was wir zum Überleben brauchen: Hunger, Durst und das Bedürfnis nach Erholung. Wer einen Job hat, verdient sich seine Brötchen und schafft sich ein Dach über dem Kopf. Worauf wir heute allerdings zu wenig Rücksicht nehmen, sind Erholung und Schlaf. Das sollte, neben der Leistung, nicht zu kurz kommen.

Hand aufs Herz, wann ist es Ihnen zuletzt passiert, dass Sie über mehrere Stunden hinweg darauf vergessen haben, etwas zu trinken? Das kommt wirklich oft vor! Manchmal nimmt man sich nicht einmal die Zeit zum Essen, erst am Abend, wenn man heimkommt, haut man richtig rein. Es gibt sogar Leute, die sich das Bedürfnis zum Toilettengang wegtrainiert haben. Wenn man tagsüber nichts trinkt und ein wenig übt, dann geht das schon, denn dazu hat man ja wirklich keine Zeit. Solche Bedürfnisse sollten wir allerdings erfüllen, um gesund zu bleiben. Je mehr wir tagsüber trinken, desto besser schwemmen wir Schadstoffe und Stresshormone aus. Stellen Sie sich doch eine Flasche Wasser samt Glas auf Ihren Schreibtisch, damit Sie daran denken!

Zu den wichtigsten menschlichen Bedürfnissen zählen Sicherheit und Orientierung, auch diese können durch eine fixe Anstellung erfüllt sein. Soziale Beziehungen und Kommunikation mit anderen Menschen, die dritte Stufe der Bedürfnishierarchie, wird durch den Kontakt mit Arbeitskolleginnen, Kunden und Vorgesetzten erfüllt. Wie sehr uns die anderen abgehen, merken wir meist dann, wenn wir plötzlich den Job verlieren oder in die Pension eintreten. Die vierte Stufe unserer Bedürfnispyramide bezieht sich auf die Leistungsfreude. Es ist also auch ein menschliches Bedürfnis, sinnvolle Leistung zu erbringen und damit Respekt und Wertschätzung zu erhalten. Anerkennung ist der Motor unseres Leistungswillens. Ganz oben, an der Spitze der Pyramide, steht die Selbstverwirklichung. Sollte sie in der Arbeitsroutine nicht möglich sein, empfehle ich Ihnen, sich außerhalb, in der Freizeit Dinge zu suchen, die Sie erfüllen. Wer es allerdings schafft, sich in seinem Job zu verwirklichen, hat allen Grund zu behaupten: Arbeit macht das Leben süß.

16. Die Lebensbalance

Es gibt Menschen, die ihre Arbeit über alles lieben. Über manche erfährt man dann eines Tages: „Der Müller ist im Krankenstand, er hatte ein Burnout." Man muss sich schon fragen: Was legt den Schalter um? Zuerst arbeitet man voll Leistungsfreude und plötzlich geht nichts mehr? Laut der Ärztekammer leiden in Österreich 500.000 Menschen unter Burnout-Symptomen, 1,1 Millionen sollen gefährdet sein und immer mehr Menschen „erwischt" es. Was ist dran an diesem Phänomen? Und vor allem: Wie können wir uns vor Burnout schützen?

Burnout erwischt Menschen, die es lieben, sich in ihrer Arbeit auszupowern. Nur wer für etwas brennt, kann auch ausbrennen.

Umgekehrt kann auch chronische Unterforderung seelisch krank machen, man spricht dann von Boreout. Den Wunsch, im Beruf weniger arbeiten zu müssen, haben einige, doch ist dieser nicht mit einem Boreout gleichzusetzen. Denn eine dauerhafte Unterforderung führt nicht zu weniger, sondern zu mehr Stress. Der Arbeitsplatz wird so zu einem unangenehmen Wartezimmer, in dem man ständig auf die Uhr schaut, in der Hoffnung, dass wieder eine weitere Minute verstrichen ist. Die Zeit kommt einem dabei endlos und vor allem sinnlos vor.

Burnout-Betroffene gehen immer wieder über ihre Grenzen hinaus und vernachlässigen ihre eigenen Bedürfnisse. Während der gesunde Menschenverstand sagt: „Ich bin unglaublich müde, das mache ich morgen", neigen Burnout-Kandidaten dazu zu sagen: „Ich bin heute schon sehr erschöpft, aber das mache ich noch fertig."

Natürlich gibt es auch Menschen, die es schick finden zu behaupten: „Ich glaub', ich bekomme ein Burnout." Vielleicht möchten sie damit ausdrücken, wie fleißig und engagiert sie sind. Doch Erfahrungswerte zeigen, wer das so sagt, ist eher nicht betroffen. Denn ein echtes Burnout kann nicht so leicht identifiziert werden, es verläuft in Phasen und kann dabei stetig voranschreiten, weil die Betroffenen Meister im Vertuschen und Verbergen sind. Betroffene verleugnen lange

Zeit die Symptome vor sich selbst und dann versuchen sie, diese vor anderen zu verheimlichen. Meist passiert das so lange, bis sie in einem fortgeschrittenen Stadium sind und zusammenbrechen. Das erschwert die Therapie und verlängert den Krankenstand, weil die Ärzte erst dann eingreifen können, wenn es schon fast zu spät ist.

Die Symptome sind vielfältig: Die Erholungsfähigkeit schwindet, Schlaf- und Konzentrationsstörungen belasten den Organismus, körperliche Symptome wie Kopf-, Magen-, Rückenschmerzen, Immunschwäche und andere Beschwerden machen das Arbeiten immer schwieriger. Obwohl sich die Betroffenen immer mehr anstrengen, sinkt ihre Leistung und die Fehlerrate steigt stetig an.

Es ist fatal, sich nicht eingestehen zu können, dass es einem nicht gut geht. Statt rechtzeitig gegenzusteuern und sich zu erholen, strengen sich Betroffene noch mehr an. Sie glauben, sie müssen stark sein. Sie glauben, sie müssen sich anstrengen. Deshalb ist es so wichtig, in Unternehmen über das Phänomen Burnout aufzuklären und aufzuzeigen, dass es ganz normal ist, dass Körper, Geist und Seele einmal ein Tief haben. Es darf einem auch einmal nicht so gut gehen!

Wenn Sie bemerken sollten, dass Ihre Leistung trotz Anstrengung nachlässt, so heißt das: Sie brauchen Erholung. Nehmen Sie diese Signale ernst und erholen Sie sich! Wenn Sie bemerken, dass eine fleißige Kollegin plötzlich krankheitsanfällig ist, viel zu oft erkältet ist und dennoch arbeitet, als gäbe es kein Morgen, dann sprechen Sie das an. Machen Sie es zum Thema, dass es einem auch einmal nicht so gut gehen darf! Für alle, die es schwarz auf weiß brauchen: Es gibt psychologische und medizinische Messverfahren, mit denen eine Gefährdung nachgewiesen werden kann. Testen Sie Ihr Burnout-Risiko. Suchen Sie einen Arzt, den Arbeitsmediziner oder eine Psychologin auf, die diesen Test mit Ihnen durchführt!

Die gesunde Unternehmenskultur: anerkennen statt ausbrennen

Ausbrennen steht meist in engem Zusammenhang mit einem Mangel an Anerkennung. Oft werden gerade jene Leute, die großes Engagement in einem Unternehmen zeigen, vernachlässigt – und das sind gleichzeitig jene, die am ehesten gefährdet sind. Ihr Tun wird für selbstverständlich gehalten. Das ist ein Fehler, der sich nicht nur im Gemüt des Fleißigen niederschlägt, sondern dem Unternehmen und der gesamten Gesellschaft ungeheure Kosten verursacht. Ein ausgebrannter Mitarbeiter steckt andere an, da in den mittleren und späten Phasen eines Burnouts die Leistung trotz Anstrengung immer weiter abnimmt und die anderen dafür aufkommen müssen, unter anderem auch, weil der betroffene Mitarbeiter früher oder später ganz ausfällt, manche für lange Zeit, manche für immer – das kann man nicht wissen. Die Therapie bei Erschöpfungssyndromen und arbeitsbedingten Stresserkrankungen ist umfassend und langwierig und viele werden wieder rückfällig. Dem Unternehmen kostet das eine Menge und die Kollegen überlastet es. Das ist ein sinnloser Kreislauf mit unnötigen Folgen, denn es geht auch anders, und das noch dazu kostengünstig und ganz leicht: Wie wäre es, die Fleißigen und Engagierten zu würdigen, sie mit Worten und Taten wertzuschätzen?

So entwickeln Menschen Begeisterung für die Firma, in der sie arbeiten: Eine Unternehmenskultur zu entwickeln, die ein gesundes Arbeitsklima ermöglicht, kostet keinen Cent, sondern nur ein wenig mehr Kommunikation. An vorderster Stelle steht dabei das Ziel, die Fleißigen und Engagierten mit Worten und Taten zu würdigen, sie wertzuschätzen, und zwar nicht nur ein Mal im Jahr. Ich erlebe es manchmal, dass Manager sagen: „Bei uns geht das nicht." Doch anstatt immer wieder festzuhalten, dass es die herrschende Firmenkultur nicht zulässt, leben Sie es doch einfach vor!

Stolz sein zu dürfen, auf das, was man schafft, ist erstrebenswert – für jeden Arbeitenden und für jedes Unternehmen. Keine zehn auf Papier geschriebene Firmenleitbilder können ein fleißiges Vorbild aus Fleisch und Blut ersetzen!

Anerkennen Sie die Leistung der Menschen in Ihrem Betrieb! „Frau Huber, das war klasse, wie Sie den Auftrag erledigt haben. Sie haben sich heute selbst übertroffen!" Herzhaft und ehrlich ausgesprochen, was denken Sie was das für ein Energieschub ist! Frau Hubers Herz lacht.

Lassen Sie Fehler zu, denn aus Fehlern können Sie unglaublich viel lernen! Kennen Sie das Sprichwort: „Der Weise lernt aus den Fehlern der anderen, der Kluge lernt aus seinen eigenen Fehlern, nur der Dumme lernt aus gar keinen Fehlern"? Ein Unternehmen, in dem Fehler aus Angst vertuscht werden, verschwendet großes Potenzial. Druck und Angst erzeugen automatisch eine höhere Fehlerquote. Kostbare Energie wird aufgewandt, um Pannen zu verbergen, statt andere daran teilhaben zu lassen, um daraus zu lernen. Inzwischen gibt es in Kliniken Programme, in denen Fehler gesammelt werden (das kann auch anonym geschehen), damit andere Ärzte davon lernen können. Die Methode hat man sich von Piloten abgeschaut, so kann jeder von allen lernen. Kein Mensch macht gerne Fehler, aber alle lernen gerne daraus. Das macht es nämlich leichter, als im stillen Kämmerlein nur aus den eigenen Fehlern lernen zu müssen.

Ermöglichen Sie einen wertschätzenden, freundlichen Umgang miteinander! Einander willkommen begrüßen, sich ein liebenswürdiges Lächeln schenken, schauen wie es den anderen geht, miteinander lachen und Spaß haben, Humor und Scherze sind erwünscht – das ist ein gedeihliches Klima, das die mentalen Energiespeicher füllt. Da geht man gerne in die Firma und hat nicht am Montag bereits Sehnsucht nach dem Wochenende.

Eine französische Filmdokumentation im Februar 2013,

gezeigt auf Arte, ist ein wunderbares Beispiel dafür, wie eine gesunde Unternehmenskultur vorgelebt werden kann. Karl Lagerfeld und sein Team wurden gefilmt, als sie eine neue Kollektion angefertigt haben. Die Mitarbeiterinnen haben großen Respekt vor ihrem Chef und er auch vor ihnen. Auch wenn er streng ist, auch wenn genau gearbeitet werden muss und die Leute ein paar Nächte vor der großen Show kaum zu Schlaf kommen, so tun sie das alle gerne. Es sind treue Menschen, die lange mit dabei sind. Wenn sie fertig gearbeitet haben, wird gefeiert. Sie haben Spaß, verkleiden sich und albern herum wie Kinder. Der ernste Herr Lagerfeld sitzt lächelnd inmitten seines Teams und das auch um zwei Uhr morgens. Er genießt die Freude seiner Mannschaft. Dann ist die große Modenschau und danach sind alle glücklich und stolz darauf, Teil dieses so erfolgreichen Teams zu sein.

Lebensfroh und leistungsstark

Doch nicht nur die äußeren Bedingungen beeinflussen unseren Erfolg und unsere Leistungsfreude. Wir können auch selbst einiges zu unserem Wohlbefinden und zu unserer Anerkennung beitragen. Manchmal ist das auch die einzige Möglichkeit dazu zu kommen, denn Ihr Unternehmen, Ihre Vorgesetzten, Ihre Kollegen können Sie nicht verändern. An sich selbst und Ihren eigenen Einstellungen können Sie aber arbeiten.

Zeichnen Sie auf einen Zettel einen großen Kreis, so wie eine große Torte. Die ganze Torte repräsentiert die Zeit, in der Sie täglich wach sind. Wie groß wäre das Tortenstück, das Sie der Arbeitszeit zuordnen würden? Sie müssen nun nicht viel herumrechnen – entscheiden Sie nach Gefühl. Wie viel Ihrer Wachzeit verbringen Sie mit Arbeit? Schraffieren

Sie bitte die Fläche. Ist es ein Viertel, die Hälfte oder ist es bei Ihnen gar schon fünf vor zwölf?

Im Schnitt schläft und arbeitet der Mensch acht Stunden, es bleiben also sechzehn Stunden übrig. Von dieser Zeit sollte die Arbeit nicht mehr als die Hälfte einnehmen, Hausarbeit inkludiert. Bei Vortragsbesuchern zum Thema Stress- und Burnout-Prävention ist das Ergebnis dieses Experiments meist, dass die Arbeit weit mehr als die Hälfte des Kreises füllt. Gefühlt beansprucht die Arbeit bei dieser Zielgruppe außerordentlich viel Lebensraum, es ist daher kein Wunder, wenn man sich davon vereinnahmt fühlt.

Eine bekannte Politikerin unseres Landes hat dabei einmal mitgemacht. Ihr Kreis sah aus, wie fünf vor zwölf. Am Gesicht der Politikerin konnte man erkennen, dass sie darüber erschrocken war. Vielleicht war es gut, dass sie sich zu diesem Thema bei meinem Vortrag informiert hat. Denn heute geht es ihr blendend, sie ist regelmäßig im Fernsehen zu sehen, leistet viel – und sie ist lebensfroh.

Legen Sie sich ein Erfolgstagebuch zu, so wie es Jutta im Beispiel zu Beginn dieses Kapitels getan hat. Ein Erfolgstagebuch tut uns allen richtig gut! Erfolg wird heute als das Erreichen selbst gesetzter Ziele definiert. Es ist völlig gleich, ob sie im Beruf oder zu Hause tüchtig sind, machen Sie sich Ihre Leistung bewusst!

Das geht so: Jeden Tag, bevor Sie Ihre Arbeit beenden, schreiben Sie in Ihr Tagebuch, was Sie alles geschafft haben. Ein paar Stichworte sind ausreichend. Sie werden sehen: Es wirkt! Erstens bewirkt es, dass Sie selbst stolz auf Ihr Tun sind. Zweitens strahlen Sie das dann auch aus und damit steigt die Aussicht auf das Lob anderer! Was noch wichtiger ist, drittens: Sie schenken sich selbst Anerkennung, das speist Ihre Seele!

Noch einen weiteren Nutzen hat das Erfolgstagebuch: Wenn Sie Ihr nächstes Mitarbeitergespräch mit Ihrem

Vorgesetzten haben oder eine Gehaltserhöhung einfordern möchten, haben Sie mit dem Erfolgstagebuch eine wunderbare Dokumentation Ihrer Leistungen. So können Sie mit Leichtigkeit etwas vorweisen!

Genauso hat es Mechthild gemacht. „Heuer bin ich dran mit dem Bonus und einer Gehaltserhöhung. Heuer redet mich mein Chef beim Mitarbeitergespräch nicht in Grund und Boden. Ich dreh' den Spieß einfach um!", war ihre Devise. Im Coaching sammelten wir Argumente, was ihre Leistung von jener der anderen abhob. Es gibt immer Dinge, die wir ein wenig optimaler hinbekommen als andere. Jeder hat seine Stärken und Begabungen.

Mechthild entdeckte rasch vier Highlights: Sie war es, die den Jüngeren unter die Arme griff, wenn diese unsicher waren. Sie war es, die den einen wirklich großen Kunden und sieben mittlere brachte und sich nicht auf ihren Lorbeeren ausruhte. Sie war es, die inzwischen 13 Jahre Erfahrung hatte, auch wenn sie kein Zweitstudium vorweisen konnte. Und sie war es auch, die besonders gut mit „schwierigen" Kunden umgehen konnte. Mit dem Erfolgstagebuch war der Nachweis dieser Erkenntnisse sehr leicht. Dann haben wir noch ein wenig auf die selbstsichere Stimme und Körperhaltung geachtet, ein paarmal die Argumente zuvor vor dem Spiegel geübt, und schon hatte sie ihr Ziel erreicht. (Eintrag in Mechthilds privates Erfolgstagebuch: „Heute hab' ich es geschafft, den Chef mit meinen Argumenten zu überzeugen!")

17. Was die Arbeit erleichtert

Mechthild hatte es geschafft, ihren Chef zu überzeugen, weil sie ihre Einstellung gegenüber der Situation geändert hat. Sie hat sich auf Erfolg eingestellt. Mit einem Erfolgstagebuch gelingt es uns, die erreichten Erfolge zu verinnerlichen und somit zu festigen. Jedes Erfolgserlebnis speist unseren Selbstwert, unser Selbstbild wird dadurch positiver und mit der Zeit trauen wir uns immer mehr zu. Die Arbeit wird dadurch immer leichter.

Es gibt Leute, die wirklich erfolgreich sind, sich aber kaum darüber freuen. Das kann zweierlei Ursachen haben: Entweder, weil man extrem hohe Anforderungen an sich stellt und statt seinen Erfolg (zumindest innerlich) zu feiern, sofort an das nächste Vorhaben denkt. Oder es liegt daran, dass die erreichten Ziele von außen auferlegt wurden, also keine selbstbestimmten Ziele sind. In der modernen Neurowissenschaft wurde herausgefunden, dass wir das wohlige Gefühl im Bauch bei Erfolg nur dann bekommen, wenn wir uns unsere Ziele zuvor selbst gesteckt haben. Wenn uns also der Chef oder der Gruppendruck auferlegt, bis Monatsende so und so viele Verträge abzuschließen, bleibt das gute Gefühl aus. Setzen wir uns jedoch selbst die Latte (die darf auch einmal hoch gesteckt sein, aber bitte immer realistisch bleiben), dann tut es auch körperlich gut, sie zu erreichen. Erfolgreich zu sein macht uns happy und gesund.

Stellen Sie sich positiv ein!

Wenn Sie im Hintergrund Ihr Radio laufen haben, nehmen Sie die Musik nicht immer wahr. Nur manchmal hören Sie bewusst hin und stellen fest: „Diese Musik ist ja zum Einschlafen!" – und wechseln auf einen anderen Sender. So ähnlich ist es auch mit der Einstellung, mit der wir durch unser Leben gehen. Wir nehmen sie nicht immer wahr – doch es ist sehr hilfreich, sie sich von Zeit zu Zeit bewusst zu machen. Dann könnten Sie zum Beispiel feststellen: „Oje, heute bin ich aber negativ" – und können die Stimmung in Richtung Leichtigkeit drehen.

„Das geht nicht, ich weiß, das ist ein hoffnungsloser Fall." Solche Sätze sind destruktiv, alleine schon wenn man sie zulässt, blockieren sie einen. Noch schlimmer ist es, wenn man so etwas ausspricht, denn dann steckt man die Zuhörer vielleicht auch noch mit dieser Einstellung an.

Wenn man zum Beispiel Autoverkäufer ist und sich diesen Satz denkt oder sogar laut sagt, überzeugt man sich möglicherweise davon. Man graviert es ins Gehirn. Die Voraussage wird sich erfüllen, selbst dann, wenn Leute an einem Wagen interessiert sind, werden sie zu anderen Autos geführt, weil man ja davon überzeugt ist, dass sich dieser Wagen nicht verkaufen lässt. Es handelt sich um eine klassische selbsterfüllende Prophezeiung.

Stellen Sie sich vor, Sie brauchen ein neues Auto, denn Ihr zehn Jahre alter Wagen hat plötzlich den Geist aufgegeben. Doch wie sollen Sie ohne Auto in die Arbeit kommen? Ein Neuwagen ist nicht drinnen, denn selbst wenn Sie Ihr Konto überziehen, kommen Sie nicht auf mehr als 3.500 Euro. Sie gehen zum Autohändler und sehen sich dort bei den Gebrauchten um, als Sie der Händler anspricht: „Kann ich Ihnen helfen?" Sie bejahen und sagen, dass Sie dringend ein Auto brauchen. Der Händler führt Sie sofort zu den neueren Modellen.

Die Geschichte könnte auch so laufen: Als Sie sich dort umsehen, kommt der Verkäufer und fragt Sie: „Kann ich Ihnen behilflich sein? Für welchen Zweck brauchen Sie den Wagen und in welcher Preisklasse, soll er sein?" Sie sagen wie viel Sie maximal ausgeben können und der Verkäufer führt Sie zu einem älteren Modell mit den Worten: „Dieses Auto ist preisgünstig, weil es nicht ganz neu ist. Wie Sie sehen, ist es in einem einwandfreien Zustand, es hatte nur einen Vorbesitzer, der es sehr gut gepflegt hat."

Man kann sich wohl gut ausmalen, in welcher der beiden Geschichten es zum Abschluss kam und in welcher nicht.

Eine pessimistische Einstellung kann sich selbst bei einem Optimisten einschleichen. Meine Kollegin Martha fragte mich beim Seminar zur Positiven Psychologie: „Wie bitte soll ich einem Menschen helfen, der so ein furchtbares Schicksal erlitten hat? Ich habe eine Patientin, die plötzlich durch einen schweren Unfall entstellt war, der jedoch ihr Aussehen ungemein wichtig war. Wie soll sie je wieder eine Arbeit finden, wenn sie bereits 17 Absagen erhalten hat, weil sie so scheußlich aussieht."

„Wenn Sie davon überzeugt sind, dass man der Dame nicht helfen kann, weil sie so entstellt ist, was bewirkt das bei der Dame?" Mir ist schon klar, dass die Kollegin professionell arbeitet und diesen Satz sicher nie zur Patientin sagen würde, doch das muss sie auch nicht. Unsere innere Haltung spiegelt sich immer in der Körpersprache, Mimik und Gestik. Selbst, wenn wir uns bemühen es zu verbergen, gibt es immer noch Spuren in der Mimik, die uns verraten. Gerade Menschen in schwierigen Lebensphasen sind besonders sensibel für solche Signale. Nachdem meine Kollegin reflektiert hatte, was eine solche Einstellung bei der Patientin auslösen kann, schien sie noch verzweifelter: „Was soll ich denn nun tun?"

Ich riet Martha dazu, den Fall abzugeben, wenn sie selbst wirklich zutiefst davon überzeugt ist, dass man der Dame nicht helfen kann. Mit dieser Hoffnungslosigkeit würde sie die Patientin und sich selbst quälen. Es gibt bestimmt Kollegen, die Lösungsmöglichkeiten sehen und die tun sich dann auch leichter bei diesem Fall. Wenn jedoch noch ein Funke Hoffnung besteht, dann könne sie diese in sich vertiefen. Sie kann diese Hoffnung so schüren, dass Zuversicht entsteht. Denn, wenn sie zuversichtlich ist, kann es auch ihre Patientin sein.

Martha entschied sich für die zweite Variante und langsam sah sie in dieser Aufgabe eine Herausforderung. Wir erarbeiteten Behandlungsmöglichkeiten, so haben wir zum Beispiel die Werte und Ressourcen der Patientin, mit Hilfe von psychologischen Fragebögen, sichtbar gemacht. Denn wenn es der Frau gelingt, ihr Aussehen ein wenig in den Hintergrund zu rücken und stattdessen andere Stärken zu fokussieren, wäre es leichter einen Job zu finden. Der erste Schritt sollte es allerdings sein, die Frau dabei zu unterstützen, das Geschehene zu akzeptieren und ihre neue Identität nach diesem Unfall anzunehmen. Nach dieser Strategiebesprechung strotzte Martha vor Zuversicht der Frau helfen zu können.

Im Fall des Autoverkäufers, würde es vielleicht helfen, die eigene Meinung zu ändern, indem er sich beispielsweise fragt, ob er früher schon einmal ein älteres Auto verkauft hat und welche Stärken ihm bei anderen Verkaufsgesprächen geholfen haben.

Um sich selbst und andere zu überzeugen ist es besonders wirksam, Sachargumente vorzubringen. Der Verkäufer könnte sich also hinsetzen und eine Liste mit Argumenten für den Gebrauchtwagen sammeln. Besonders Leute, die sich gut auskennen, sind mit Sachargumenten am ehesten zu überzeugen. Da man selbst Experte ist, kann man also auch sich selbst am besten mit Sachargumenten überzeugen. Übrigens: Wenig involvierte Kunden achten mehr auf die Ausstrahlung des Verkäufers und gerade deshalb ist es so wichtig, dass er eine überzeugende Ausstrahlung hat.

Genauso ist es auch bei Mathias, der seit zwanzig Jahren in seiner Praxis als Allgemeinmediziner tätig ist. Seine Patienten haben großes Vertrauen zu ihm. Umso schlimmer ist es, wenn er den Satz: „Da kann man nichts machen, das ist chronisch" zu einem Patienten sagen würde. Die Meinung des Arztes ist für Patienten, die auf seine Hilfe angewiesen sind, besonders gewichtig. Man kann sich gut hineinverset-zen, wie deprimierend und resignierend diese Aussage auf einen leidenden Patienten wirken würde.

Mathias macht sich Gedanken, als die Patientin die Praxis verlässt, beinahe hätte er diesen Satz zu ihr gesagt, er konnte sich gerade noch im letzten Moment auf die Lippen beißen. Doch sie hat ihm bestimmt seine Verzweiflung angemerkt. Er kennt die Frau von Kind auf und ist mit ihren Eltern befreundet. Vielleicht nimmt ihn der hoffnungslose Zustand der Frau deshalb so mit. Seit einem halben Jahr leidet sie an unerträglichen Schmerzen in den Beinen. Die schmerzsenkenden Medikamente scheinen entweder nicht anzuschlagen oder sie verträgt sie nicht. Was soll er bloß tun?

Gleich nach der Praxis ruft er eine Kollegin in der Schweiz an, die sich auf chronischen Schmerz spezialisiert hat. Er hat sie mal bei einem Kongress kennengelernt. Sie mailt ihm aktuelle Studienergebnisse und ein paar nützliche Links zum neuropathischen Schmerz sowie über Therapiemöglichkeiten von chronischen Schmerzen. In seiner Recherche stößt er auf eine Schmerzambulanz ganz in der Nähe und nimmt gleich mit der hiesigen Kollegschaft Kontakt auf. Seine Haltung hat sich inzwischen vollkommen verändert. Er weiß jetzt genau, was er der Patientin raten kann und wie er sie ein wenig mit seiner Zuversicht anstecken kann. Auch wenn er der Frau empfiehlt, sich zur Behandlung in die naheliegende Schmerzambulanz zu begeben, so wird er sie als Patientin bestimmt nicht verlieren.

Hoffnungslosigkeit ist eine einengende Sichtweise.

Der Autoverkäufer dachte sich zuerst: „Den XY-Wagen verkaufe ich nie, weil der neben den vielen neueren Modellen verschwindet", Martha blockierte sich mit der Ansicht: „Dem kann man nicht helfen, bei dem tragischen Schicksal", und der Arzt erschrak selbst über seine Einstellung: „Das ist chronisch, da kann man nichts machen."

Manchmal erweitern sich unsere Möglichkeiten, wenn wir neue Informationen sammeln. Zuversichtlich statt hoffnungslos werden wir in drei Schritten: Zuerst machen wir uns die eigene Einstellung bewusst, dann prüfen wir, ob es nicht doch noch Hoffnungsfunken gibt – auch wenn sie noch so klein sind. Und schließlich bauen wir diese Hoffnung aus, bis wir einen Lichtblick sehen.

Hoffnung ist etwas, das wir ausstrahlen, wenn wir es in uns tragen. Unser Gegenüber fühlt sich dann von Beginn an wohl, vertraut uns und findet uns sympathisch – und das sind die besten Voraussetzungen, um sich die Arbeit zu erleichtern. Wenn allerdings gar keine Spur von Hoffnung aufkommt, dann darf man sich auch einmal eingestehen, dass diese Aufgabe besser von jemand anderem gemacht wird. Auch das ist erleichternd für den Kunden, für Patienten, Klienten und für einen selbst.

Gelassenheit bringt uns weit

Als ich noch jung war, ca. 19 Jahre alt, hatte ich einen Aushilfsjob als Telefonistin angenommen. Damals gab es noch keine Handys. Ich wurde in die Telefonanlage eingewiesen, das war ein riesengroßer Kasten mit gefühlten 1.000 Knöpfen. Nach einmaliger Erklärung sollte ich loslegen. Es war mein erster Arbeitstag und ich war mit meinen 19 Jahren noch ziemlich unsicher und unerfahren, daher war ich wirklich aufgeregt. Im Geiste übte ich immer wieder, wie ich die Anlage bediente. Dann klingelte das Telefon und mein Herz klopfte bis zum Hals. Doch mein Enthusiasmus siegte: Ich hob ab und sagte eifrig mein Sprücherl auf: „Firma so und so, mein Name ist Natalia Ölsböck, was kann ich für Sie tun?!" Noch bevor ich richtig ausgesprochen hatte, brüllte mich die Stimme am anderen Ende der Leitung lautstark an: „Na wartet! Ihr Versager! Wenn ich wieder in die Firma komme, könnt ihr was erleben!!! Richten Sie den Damen im Büro einen schönen Gruß von mir aus, die haben mir die falschen Unterlagen mitgegeben. Wie soll ich da je einen Auftrag bekommen?!!!" So lernte ich den ersten meiner drei Chefs kennen.

Stellen Sie sich doch bitte einmal eine solche Situation vor: Sie sind ganz jung und verunsichert, haben Ihren ersten Arbeitstag und hören, wie einer ihrer drei Chefs ins Telefon hineinbrüllt. Was wäre da Ihr erster Gedanke? Wahrscheinlich wäre das auch für Sie stressig oder wären Sie völlig cool geblieben? Erfreut hätten Sie sich an dem Gebrüll bestimmt nicht. So etwas ist belastend und typische Gedanken wären: „Oh je, was hab ich nur falsch gemacht" oder: „Ist der verrückt, was schreit der so, das regt mich auf!" Im ersten Fall wären Sie eingeschüchtert, verängstigt und im zweiten Fall verärgert, stinksauer. In beiden Fällen wäre Ihre Stimmung im Eimer.

Vielleicht erinnert Sie diese Geschichte an eine andere, die Sie weiter vorne in diesem Buch gelesen haben, an mein Erlebnis beim Gemüseregal. Dann wissen Sie ja, was man in einer solchen Situation am besten macht: Sie versuchen, die Situation möglichst neutral zu bewerten. Vielleicht haben Sie es sich in der Zwischenzeit sogar schon angewöhnt, sich innerlich „Aha" oder „das macht ja nichts" zu sagen. Dann würden Sie jedenfalls gelassen bleiben.

Ich habe damals, mit 19, jedenfalls noch nichts davon gewusst. Dennoch probierte ich ein paar Taktiken aus, zunächst versuchte ich es mit Humor. Als der Chef das nächste Mal anrief, stellte ich mir vor, wie er wie Rumpelstielzchen schreiend auf und ab hüpfte. Das fand ich wirklich lustig – nur er nicht. Als ich ins Telefon lachte, regte er sich noch mehr auf. Dann versuchte ich, ihn mir in gewisser Weise vom Leib zu halten, indem ich den Telefonhörer weiter weg hielt. Manchmal legte ich ihn sogar ganz zur Seite oder legte auf. Das war natürlich auch nicht zielführend, denn er rief gleich noch einmal an und zwar schnaubend vor Wut. Die dritte Taktik, die ich versuchte, war eine Art Angriff nach dem Motto: „Angriff ist die beste Verteidigung." Ich schrie ganz laut zurück: „Sie schreien mich an!" Leider half das auch nicht. Die Sache war ziemlich aufreibend und stressig. Was sollte ich also in so einer aussichtslosen Lage tun? Den Job wechseln ging nicht, denn ich brauchte das Geld und außerdem machte mir die Arbeit ja grundsätzlich Spaß. Nur wegen dieses Schreihalses wollte ich nicht aufgeben.

Ich stellte mich der Situation, indem ich lernte, sie zu akzeptieren. Ich dachte mir immer wieder: Gelassenheit bringt dich weit! Ein wenig Spaß packte ich dann auch noch dazu, indem ich insgeheim wettete, wie lange es wohl wieder dauern würde, bis er das nächste Mal anrief. Mal kürzer, mal länger. Doch mit diesem Spielchen erwartete ich die Situation bereits und beim ersten gebrüllten Ton sagte ich zu mir selbst: „Ja, so ist er eben." Dieser Akzeptanzsatz und mein Spielchen verhalfen mir, die Sache, die ich nicht ändern konnte, gelassen anzunehmen. Ich habe ihn seither öfter angewandt und weitergegeben.

Stecken Sie andere mit Ihrem Lachen an!

Renate war an der Grenze aufgehalten worden. Der Grenzbeamte forderte sie auf, mit hinein zu kommen. Drinnen fragte er: „Können Sie sich identifizieren?" Obwohl Renate keinen Grund dazu hatte, wurde sie nervös. Sie antwortete mit zittriger, leiser Stimme: „Ja, einen Moment bitte", und begann in ihrer überdimensional großen Handtasche zu suchen. Sie kramte und suchte und wurde dabei immer nervöser. Die Tasche war bis oben hin prall gefüllt, man kann sich denken, dass es schwer ist, darin etwas wiederzufinden. Also kramte sie weiter und weiter und wurde dabei immer hektischer. In ihrer Verzweiflung begann sie, die Tasche auszupacken. Ein belangloser Gegenstand nach dem anderen türmte sich auf dem Pult des geduldigen Beamten: drei kleine Pakete Taschentücher, eine Küchenrolle, Feuchttücher, ein Schminktäschchen, eine Banane, ein Apfel (dieser schien bereits angebissen zu sein), eine Füllfeder, vier verschiedene Kugelschreiber, eine Wimperntusche, Lippenstift, Lippenbalsam, ein BH, ein Taschenbuch mit Gebrauchsspuren – der Beamte räusperte sich – ein Notizbuch, ein Kalender, eine Glückwunschkarte, ein Päckchen Aspirin – wieder ein Räuspern, diesmal etwas lauter – ein Nasenspray, zwei kleine, runde Steine, ein Päckchen Damenartikel, und … Renates Freudenschrei: „Juhu, da ist er ja." Sie zog ihn selbstbewusst aus ihrer Tasche, hielt den Handspiegel vor ihr hübsches Gesicht und meinte überzeugend: „Ja, ich bin es."

Nicht immer ist man in der Stimmung zu lachen, doch wie Sie sehen, kann ein Spiegel Wunder wirken. Deshalb mein Tipp für Sie: Stellen Sie sich doch einen Spiegel auf Ihren Arbeitsplatz!

Vielleicht kennen Sie das: Man arbeitet wirklich konzentriert vor sich hin, nach einer Weile blickt man hoch, in die Gesichter von Kolleginnen und denkt sich: „Was schauen die alle so verzwickt?" Tatsache ist, man blickt selbst verkniffen, wenn man sich konzentriert, schaut man dann in das Gesicht anderer, ist es kein Wunder, wenn sie unsere ernste Miene widerspiegeln. Daher mein Tipp: Schauen Sie zuerst einmal in den Spiegel und überprüfen Sie Ihren Gesichtsausdruck. Verwandeln Sie Ihre Mimik in ein freundliches Lächeln, bevor Sie andere anblicken, damit steigt die Wahrscheinlichkeit des Zurücklächelns. Nachgewiesenerweise ist Lachen nämlich ansteckend.

Sie können auch umgekehrt den Kollegen mit konzentriertem Blick den Spiegel vors Gesicht halten. In neun von zehn Fällen wandelt sich die Miene blitzschnell in ein lustiges Lächeln. Wer möchte schon gerne in ein ernstes Gesicht schauen?!

Ist Ihnen schon aufgefallen, dass wir sogar beim Telefonieren merken, in welcher Stimmung der andere ist? Sie hören ganz deutlich, ob der Gesprächspartner fröhlich oder genervt ist. Also machen Sie es vor: Bevor Sie abheben, werfen Sie einen Blick in den Spiegel, lächeln Sie – und dann erst heben Sie ab und sprechen.

Es gibt viele Beweise dafür, dass sich Lachen lohnt. Roman Szeliga, einer der Begründer der Klinikclowns, überzeugt zum Beispiel seit Jahren Unternehmer davon, Humor im Business zuzulassen. In seinem Buch „Erst der Spaß und dann das Vergnügen" beschreibt er Untersuchungsergebnisse, die bestätigen: Wer die Lachmuskeln verzieht, zielt ins Herz.

Humorvolle Unternehmer erzielen bessere Preise und bekommen bessere Zahlungskonditionen. Wer freundlich lächelt, wird als sympathisch eingestuft und es kommt eher zu einem Geschäftsabschluss. Sind zwei Konzepte qualitativ gleichwertig, wird eher jenes gewählt, das unterhaltsamer ist.

Humor ist ein soziales Bindemittel, es schafft Wohlwollen und entspannt peinliche sowie kritische Situationen. Fröhliche Menschen wirken sympathischer, souveräner und attraktiver. Wer viel lacht, steigert dadurch sein Selbstwertgefühl und seine Selbstsicherheit. Ein Späßchen zwischendurch oder ein lustiger Witz der die ganze Kollegenrunde unterhält, verschafft trotz des hohen Leistungstempos eine inspirierende und kraftspendende Pause. Spielerischer Humor hilft, wenn eine Projektgruppe das Gefühl hat, anzustehen, um wieder Kreativität und Klarheit ins Denken zu bringen. Somit verhindert Lachen, dass negative Energie durch aggressive oder verärgerte Stimmung die Leistung senkt. Wenn Komik wahrgenommen wird, löst sie Lachen oder lustvolles Wohlbehagen aus, deshalb wirkt Humor entspannend und gleichzeitig aktivierend.

In einer lockeren, humorvollen Umgebung, in der Spaß und Fröhlichkeit gelebt wird, sind Mitarbeiter wesentlich produktiver, leistungsfähiger und kreativer. Es kommt seltener zu Konflikten, Stress und Ärger wird gepuffert, die Leute sind weniger krank und es gibt weniger Fluktuation. Führungskräfte, die Humor zulassen, werden als kompetenter eingeschätzt.

Haben Sie also den Mut, Humor im Business zu leben! Humor, Spaß und Lachen sollen immer echt und nie aufgesetzt sein. Es gibt so viele unterschiedliche Möglichkeiten Humor auszuleben. Entdecken Sie Humor für sich, man kann ihn lernen! Dabei empfehle ich, Verschiedenes auszuprobieren und herauszufinden, welche Möglichkeit zu Ihnen passt. Eine kleine Portion Mut gehört dazu, um ein wenig Spaß in eine strenge, ernste Gesellschaft zu holen, doch wenn Ihnen das einmal geglückt ist, wenn Sie einmal erlebt haben, wie angenehm auflockernd das wirkt, werden Sie es mögen.

Wir könnten auch die gesamte Kommunikation etwas heiterer gestalten, also Firmeninfos, Plakate und Mails. Lustiges kann man nicht nur mit der Mimik, sondern auch mit Worten, nicht nur beim Reden, sondern auch beim Schreiben ausdrücken. Wie wäre es beispielsweise mit so einer humorvollen Formulierung als Eingangsschild: „Hier beginnt die Wertschätzungszone." Das zaubert dem Eintretenden gleich ein fröhliches Lächeln ins Gesicht – und schon hat sich das Schild bewährt, denn andere anzulächeln ist stets wertschätzend.

„Ach, bist du witzig!", ist doch ein nettes Kompliment. Selbst wenn es nicht als Kompliment ausgesprochen wird, so kann es nie richtig böse gemeint sein. Oder fänden Sie es verletzend, wenn jemand über Sie behaupten würde: „Der XY ist witzig"?

Wenn Sie von sich selbst die Meinung haben, kein humorvoller Mensch zu sein, dann können Sie sich Komik aneignen. Kaufen Sie sich ein Witzebuch und lesen Sie es dann auch. Streichen Sie Ihre Lieblingswitze an. Wählen Sie jeweils einen Witz aus, den Sie weitererzählen, zum Beispiel einer Arbeitskollegin, einem Kunden oder Ihrem Vorgesetzten. Rudi Carrell hat einmal gemeint: „Witze kann man nur aus dem Ärmel schütteln, wenn man sie vorher hineingegeben hat." Sie werden sehen, es wirkt. Suchen Sie täglich mindestens einen Menschen, an dem Sie Ihre gute Laune auslassen können!

Wer gewitzt ist, ist auch schlau. Das Wort „Witz" leitet sich übrigens vom althochdeutschen wizzi („Wissen, scharfe Beobachtung") ab. Im Englischen bedeutet wit „geistige Wendigkeit". Wer witzig ist, hat eine schnelle Auffassungsgabe. Witzig zu sein, ist somit eine Intelligenzleistung, ein kreativer Prozess. Ein Witz lebt von seiner Pointe, vom Überraschungseffekt. Das geht so: Man baut in eine Erzählung oder eine kurze Geschichte eine überraschende Wende ein. Eine Pointe kommt immer unerwartet und ergibt dennoch einen Sinn. Wer ein wenig geübt ist, kann experimentieren und selbst Witze kreieren. Achten Sie mal darauf, wie oft im wahren Leben witzige Dinge passieren. So wurde ich zum Beispiel kürzlich Ohrenzeugin dieser Kommunikation zwischen einem alten Ehepaar. Er: „Hörst du mich nicht?" Sie: „Doch, hören tu' ich dich schon, nur verstehen tu' ich dich nicht." Zweideutigkeit erfordert nicht nur beim Witzerzähler Intelligenz.

Ironie kann man einsetzen, um Sachverhalte zu relativieren, dadurch können Konflikte gemildert werden. Oft bestehen aber auch unterschwellig Konflikte und das zieht unglaublich viel Energie ab. Statt sich zu ärgern oder einen Kollegen wütend anzubrüllen, weil er mit seinem aufgedrehten Handy mehrmals eine wichtige Besprechung unterbricht und so alles ins Unendliche verzögert, könnte man es so formulieren: „Ihr Handy funktioniert hervorragend, das glaube ich Ihnen inzwischen. Denken Sie, dass wir es heute auch noch ohne weitere Unterbrechung schaffen, die anstehenden Entscheidungen zu treffen?"

Unter Ironie versteht man Humor, in dem sich feiner Spott versteckt. Das Handy-Beispiel ist also Ironie in Reinform und wird auch von der Person, die dieser feine Spott trifft, positiv aufgenommen werden. Anders ist das bei Zynismus bzw. Sarkasmus, dabei ist der vordergründig lustige Kommentar mit bösem Spott durchtränkt. Zynismus zeugt oft von Verbitterung und demonstriert, dass man die Gefühle und Interessen anderer missachtet oder abwertet, was im schlimmsten Fall bis zur Verachtung gehen kann. Natürlich gibt es auch harmlosere Formen des Zynismus, wie dieses Beispiel zeigt: Zwei Damen, beide über neunzig Jahre alt, unterhalten sich am Friedhof. Meint die eine: „Du hast einen neuen Hut? Sag, lohnt sich das überhaupt noch?" Etwas später auf dem Heimweg sagt sie: „Ich bin so müde, ich warte lieber auf den Bus." Sagt daraufhin die andere: „Lohnt sich das überhaupt noch?"

Zynismus und Sarkasmus sind zwei Möglichkeiten, um sich innerlich abzugrenzen und starken Stress zu verarbeiten. Dennoch können solche Aussagen sehr verletzend sein. Sie hinterlassen damit keinen guten Eindruck. Eine Berufsgruppe, die sich besonders gut abgrenzen muss, ist jene der medizinischen und pflegenden Berufe. Früher hörte man in solchen Kreisen manchmal, wenn von Patienten die Rede war: „Die Niere in Zimmer 206." Ich hörte einmal am Gang, wie eine Schwester zur anderen meint:e „Ich glaub beim Herzinfarkt auf 309 tickt´s nicht richtig." Doch es gibt bessere Methoden als solchen Galgenhumor, um Berufsstress nicht an sich heranzulassen.

Lachen Sie über sich selbst! Kaum etwas anderes wirkt sympathischer und kommt bei anderen besser an, als wenn man sich über sich selbst lustig macht. „Meine Damen und Herren, bevor ich nun mit meinem Beitrag über professionelles Gesundheitsmanagement in Betrieben beginne, möchte ich Sie vorwarnen: Ich überziehe gerne." So startete Professor Eberhard Ulich, der renommierte deutsche Arbeitspsychologe, seinen Vortrag in der Niederösterreichischen Landeshauptstadt. Während des gesamten Vortrags, warf er ab und zu ein: „Wie lange habe ich noch? Nur damit ich nicht zu lange überziehe." Letztlich beendete er seinen Vortrag zwei Minuten vor dem offiziellen Vortragsende mit den Worten: „Ich hoffe, ich habe nicht zu lange überzogen?" Der Professor amüsiert sich über seine eigene Schwäche und so erinnert er sich daran, pünktlich zu enden – was ihm dann auch gelingt. Er hätte auch jemanden bitten können, ihm kurz vor dem Ende seiner Redezeit ein Zeichen zu geben. Worin entdecken Sie mehr Leichtigkeit?

Aktiv in die Pension

Für viele Menschen ist die Pension das Ziel ihres Arbeitslebens. Dass das krank machen kann und – vor allem – dass es schade um die viele Lebenszeit ist, haben wir mittlerweile besprochen. Wie wichtig die Arbeit für Menschen ist, zeigt nicht zuletzt das Phänomen des Pensionsschocks. Arbeit erfüllt sämtliche Bedürfnisse, was tun wir also, wenn sie wegfällt?

„Ja, ja, die Pensionisten haben es immer eilig!", hörte ich kürzlich im Supermarkt, als ein Senior sich an der Kasse vorschummelte. So allgemein lässt sich das sicher nicht sagen, aber es gibt wirklich viele ältere Leute, deren Pensionsalltag recht ausgefüllt ist, die ihr Leben in die Hand nehmen und viel unternehmen. Andere hingegen wissen gerade zu Beginn der neuen Lebensphase nicht wirklich, was sie mit der vielen Zeit anfangen sollen. Nicht jeder kann diesen Lebensübergang genießen. Was können wir also tun, damit es nach dem Berufsleben gut weitergeht? Wie schaffen wir es, den neuen Lebensabschnitt zu genießen?

Kürzlich wurde ich für ein Wochenmagazin interviewt und danach gefragt, was man tun könne, um keinen Pensionsschock zu bekommen. Gefährdet sind vor allem jene Leute, die zuvor auf Hochtouren gelaufen sind und dann plötzlich ins Leere fallen. Oder auch jene, die mit vielen Menschen zu tun hatten und dann plötzlich alleine sind. Oder jene, die großes Ansehen hatten und plötzlich keine Anerkennung mehr erhalten.

Mein Tipp, damit Sie nicht ins Leere fallen, sondern aus dem Vollen schöpfen: Bereiten Sie sich darauf vor! Man kann nicht früh genug damit beginnen. Warten Sie nicht auf die Pensionierung, sondern überlegen Sie bereits ein paar Monate vorher, wie das Leben ohne geregelte Arbeit gestaltet werden kann. Anfangs hilft eine Strategie, nach und nach bekommen Sie dann im neuen Alltag Routine und die Leichtigkeit kehrt ein. Beherzigen Sie bei Ihrer mentalen Einstimmung auf die Zeit der Pension drei Dinge: Gemeinschaft, Sinn und Rhythmus.

Machen Sie sich Gedanken darüber, wie Sie weiterhin Kontakte mit anderen Leuten haben können. Gibt es Vereine, denen Sie beitreten können? Hobbys, bei denen Sie unter Leute kommen? Welchen neuen Gemeinschaften werden Sie sich anschließen?

Planen Sie es, neue Dinge zu unternehmen. Das können auch größere Ziele sein, wie zum Beispiel eine schöne Reise oder ein Umbau zu Hause. Oder suchen Sie sich eine passende Organisation, bei der Sie sich engagieren können. So bleibt Ihr Leben weiterhin mit Sinn erfüllt.

Überlegen Sie sich schließlich in den letzten Arbeitswochen auch einen neuen Tagesrhythmus: Wann werden Sie aufstehen? Wann möchten Sie Mittagessen? Wann kommt das Abendessen? Fixieren Sie schon vorher ein paar Eckpfeiler, die Ihnen dann Halt geben. Damit wir uns gut fühlen, brauchen wir eine organisierte Tagesstruktur, die auch Freiraum beinhaltet bzw. zulässt.

18. Mehr Zeit fürs Ich

Wer wünscht sich das nicht, ein wenig mehr Zeit für sich selbst zu haben?! Auch wenn man seine Arbeit liebt, auch wenn man sich gerne mal anstrengt, auch wenn man noch so sehr für andere da sein will, so braucht doch jeder auch ein bisschen Zeit für sein eigenes Ich.

Auf der Prioritätenliste stehen bei vielen die Kinder ganz oben, dann kommen die Familie, der Beruf, der Haushalt und viele andere wichtige Dinge. Ziemlich weit unten, so ca. an Stelle 297, steht vielleicht mal: „Ich selbst". Manche vergessen sogar ganz darauf. Stopp! Das geht so nicht. Kümmern Sie sich ein wenig mehr um Ihr Ich!

Wenn man erst dann etwas für sich tut, wenn es gar nicht mehr anders geht, ist das ungefähr so, als würde man erst dann Benzin auftanken, wenn der Wagen liegenbleibt. Dann kann man entweder hoffen, dass jemand kommt und einen zur nächsten Tankstelle mitnimmt oder man schnappt sich den Reservekanister und marschiert los. Beides ist mühsam und beides nimmt Zeit in Anspruch – wo doch Zeit so kostbar ist. Weshalb sollte man also sinnlos Zeit vergeuden? Wer vorsorglich auftankt, kann jederzeit kraftvoll im Einsatz sein!

Wie Sie das Phänomen Zeit überlisten

Zeit ist nicht gleich Zeit. Ganz grob können wir zwischen der objektiven äußeren Zeit und der subjektiven inneren Zeit unterscheiden.

Auf die objektive Zeit können wir uns verlassen. Die objektive Zeit beeinflusst uns von außen. Tagtäglich dirigieren uns Uhrzeit und Kalender – je nachdem, wie straff wir diese Zeitgeber einsetzen. Ein Jahr hat im Schnitt 365 Tage, also 52 Wochen zu je 7 Tagen. Jeder Tag hat 24 Stunden, eine Stunde 60 Minuten und jede Minute 60 Sekunden. Darauf können wir uns verlassen. Egal, ob unsere Uhr am Handgelenk stehenbleibt oder nicht, die Zeit läuft immer gleichmäßig dahin. Jeder einzelne Mensch auf dieser Welt, hat genau gleich viel äußere Zeit an jedem Lebenstag zur Verfügung. Doch was ist mit jenen Menschen, die im Urwald leben und noch nie eine Uhr gesehen haben? Kaum zu glauben, aber wahr: Auch dieses Volk kommt grandios zurecht, sie verfügen ebenfalls über äußere Zeitgeber, denn sie richten sich nach Sonnenauf- und -untergang. Ist heller Tag, sind sie aktiv und wenn die Dunkelheit der Nacht einbricht, ruhen sie.

Genauso tickt auch unser Biorhythmus, bei Dunkelheit wird Melatonin ausgeschüttet, das uns müde macht. Bei Sonnenschein wirkt das Glückshormon Serotonin in unserem Organismus, das uns aktiviert. Unsere Körperuhr wird stark vom Wechsel zwischen Licht und Dunkel beeinflusst. Wir spüren das ganz deutlich, wenn die Tage im Herbst kürzer werden und uns der Winter endlos lang erscheint. Mangelt es dann auch noch an Sonnenstunden, so sind wir müde, antriebslos und weniger enthusiastisch. Vorbeugen kann man saisonale Depression, indem man aktiv ist, also Sport betreibt, seinen Schlaf-Wach-Rhythmus beibehält und auch bei kaltem Wetter möglichst viel ins Freie geht. Denn selbst ein grauer Novembertag ist wesentlich heller als jede im Handel angebotene Lichttherapie. Deshalb empfiehlt es sich, auch um Wetterfühligkeit und Immunsystem zu verbessern, täglich einen Spaziergang im Freien zu machen.

Ganz anders ist es bei der inneren Zeit, subjektiv hat nämlich jeder Mensch sein eigenes Zeitgefühl. Die subjektive innere Zeit ist erlebnisabhängig. Wenn wir etwas besonders Schönes erleben, haben wir das Gefühl, die Zeit vergeht wie im Flug und bei unangenehmen Dingen mag sie gar nicht verrinnen. Denken Sie beispielsweise daran, als Sie noch zur Schule gingen: Kam Ihnen da die Zeit bis zu den Sommerferien endlos weit weg vor? Kaum hatten die Ferien begonnen, waren diese in Windeseile wieder zu Ende.

Ähnlich ist es, je älter wir werden, dann hat man das Gefühl, dass die Zeit immer schneller vergeht. Je älter man wird, desto mehr wundert man sich darüber, wie groß der Enkel schon geworden ist, hat man ihn doch erst kürzlich gesehen, da lag er noch in den Windeln. Fünf Jahre sind im Alter ein Klacks und in der Jugend eine Ewigkeit. Vielleicht liegt es daran, dass die Lebensspanne, die in fortgeschrittenen Jahren vor einem liegt, kürzer wird, der Erfahrungsschatz ist hingegen angewachsen. Gemessen daran, scheinen manche Dinge wohl nichts Besonderes zu sein. Ein Kind hat hingegen noch recht wenig erlebt, da erscheint ihm bald mal etwas aufregend und interessant zu sein. Gewiss ist, dass die Zeit manchmal schneller, manchmal langsamer vergeht, weshalb genau, hat man in der Wissenschaft noch nicht definitiv festlegen können.

Zeit gewinnen

Wer sich mehr Zeit für sein Ich wünscht, der sollte sich seinen Umgang mit der Zeit anschauen. Es gibt immer Möglichkeiten, sich subjektiv und objektiv mehr Zeit freizuschaufeln. Eine Taktik für mehr objektive Zeit ist zum Beispiel, sich eine bessere Zeiteinteilung anzugewöhnen. Mehr innere Zeit erhalten wir, indem wir Zeitvergeuder reduzieren, Zeitvertreib ganz bewusst nutzen und lernen, unsere kostbare Zeit zu genießen.

Manchmal stellen wir uns selbst ein Bein, indem wir ganz auf uns selbst vergessen und später die Rechnung serviert bekommen. Trotzig weiß man es im Nachhinein oft besser: „Hätte ich gleich auf mich geachtet, dann wäre ich gesund geblieben." Der Körper und die Seele holen sich manchmal auch Zeit, wenn es nötig ist, oft gerade dann, wenn uns das am unpassendsten erscheint.

Es gibt viele Momente, in denen wir Zeit verschwenden, beispielsweise wenn wir ins Internet einsteigen, um etwas nachzuschauen und dann zwei Stunden oder länger hängen bleiben. Im Nachhinein sind wir verstimmt. „Das hätte ich mir sparen können", denken wir – und damit ist klar: das war ein Zeitvergeuder. Genauso ist es mit dieser typischen Situation: Sie kommen müde von der Arbeit nach Hause, setzen sich vor den Fernseher, zappen zwischen den Kanälen herum und schlafen schließlich bei einer der Serien ein. Auch das ist ein Zeitvergeuder, denn wären Sie gleich zu Bett gegangen, hätten Sie vermutlich besser geschlafen.

Machen Sie sich doch einmal bewusst, wie viel Zeit Sie wofür verwenden. Wie viel gute Zeit und wie viele Zeitvergeuder gibt es in Ihrem Leben? Wie viel ungute Zeit haben Sie, in der Sie etwas tun müssen, das Ihnen gar keine Freude bereitet? Notieren Sie diese Gedanken, denn wenn Sie sie aufschreiben, wirken sie nachhaltiger. Teilen Sie dazu ein Blatt Papier in drei Spalten, wobei die linke Spalte für

Ihre „gute Zeit", die mittlere Spalte für Ihre „vergeudete Zeit" und die rechte Spalte für Ihre „ungute Zeit" verwendet werden soll. Wie viele und welche Momente in den letzten Tagen waren richtig gute Zeit, welche vergeudet oder ungut?

Ob eine Zeit gut oder ungut ist, unterliegt natürlich immer einer subjektiven Beurteilung. Bei einem netten Telefonat mit der besten Freundin werden wir uns vermutlich recht einig sein, dass das zur guten Zeit zählt. Oder auch das Feiern eines Projektabschlusses würden die meisten als eine schöne, gute Zeit verbuchen. Doch wie ist das mit dem Bügeln? Für mich zählt das eindeutig zur unguten Zeit – mein Schwiegervater hingegen liebt es, er findet Bügeln entspannend. Umgekehrt gehe ich gern zu meiner Zahnärztin, ich kenne sie schon seit meiner Kindheit und verbinde angenehme Erinnerungen mit ihr. Die meisten Menschen, die ich kenne, gehen aber gar nicht gerne zum Zahnarzt, und manche haben richtig Angst davor. Auch Streitgespräche sind für die meisten etwas Ungutes, aber es gibt sehr wohl Menschen, denen es Spaß macht, sich zu zanken.

Lassen Sie die letzten Tage also Revue passieren und sammeln Sie gute, ungute und vergeudete Zeit in den drei Spalten. In welcher Spalte haben Sie die meisten Einträge? In der ersten? Wenn Sie überwiegend gute Zeit erleben, ist das fantastisch. Genießen Sie es!

In der Spalte für vergeudete Zeit finden Sie das größte Zeitsparpotenzial – das meiste davon können Sie vermutlich ersatzlos streichen! Wenn Sie sich das nächste Mal vor den Fernseher setzen und sich dabei langweilen, denken Sie daran, Ihre Zeit angenehmer und sinnvoller zu verbringen. Unternehmen Sie etwas mit Ihrer Familie oder gehen Sie lieber ins Bett, statt vor dem Fernseher zu schlafen, das erholt Sie mehr. Sie können natürlich auch ein gutes Buch lesen.

Unangenehme Zeiten tricksen Sie ganz einfach aus. Meist sind das Dinge, die sich nicht vermeiden lassen und zu allem Überfluss kommt Ihnen die Zeit dabei auch noch viel länger vor, als sie tatsächlich ist. Das Gegenmittel: Paaren Sie Ungutes mit Gutem. Verschönen Sie sich unangenehme Zeiten zum Beispiel mit angenehmen Tönen oder schönen Bildern. Mein Nachbar macht das ganz hervorragend: Er bügelt die Wäsche am liebsten auf der Terrasse bei Vogelgezwitscher inmitten von schönen Blumenbeeten.

Sie können sich auch eine sympathische Zahnärztin suchen, die Ihnen den Besuch angenehmer macht, oder lieber einen feschen Zahnarzt? Sind Sie auch ein Bügelmuffel? Drehen Sie Ihre Lieblingsmusik auf – dann geht's mit Schwung oder schauen Sie sich einen schönen Film an, den Sie längst schon ansehen wollten. Holen Sie sich einfach zu Ihrer unguten Zeit ein Stück Angenehmes, so versüßen Sie sich Ihre Augenblicke!

Managen Sie nicht die Zeit, sondern sich selbst!

Vergleichen Sie einmal die folgenden beiden Situationen miteinander. Die eine Situation ist diese: Sie verbringen einen netten Abend mit lieben Freunden. Während Sie sich richtig gut unterhalten, vergessen Sie völlig die Zeit. Die zweite Situation: Sie eilen hektisch von einem Termin zum nächsten. Die Zeit verfliegt, Sie geraten richtig in Zeitnot, weil alles so knapp ist.

Rückblickend erinnern wir uns vor allem an jene Augenblicke, die wir genossen haben. Das Eilen von einem Termin zum nächsten werden Sie nach kurzer Zeit bereits vergessen haben. Doch an den anregenden Abend mit Ihren Freunden werden Sie sich noch lange erinnern. Das Geheimnis ist also, ganz im Hier und Jetzt zu sein, das ist die tatsächlich gelebte Zeit, die für uns wertvoll ist und die wir genießen! Es ist die Zeit, in der wir ganz im Hier und Jetzt leben, das ist das Ziel.

Eine der großen Hürden zu diesem Ziel ist, dass wir uns unrealistische Zeitpläne zurechtlegen. Als ich vor ein paar Jahren bei einem Symposium eingeladen war, einen Vortrag über Stressprävention zu halten, erlebte ich eine Dame, die genau dieses Problem hatte. Bei so einem Symposium sind die Zeiten für jeden Redner genau vorgegeben. Pünktlich zu jeder vollen Stunde beginnt ein neuer Vortrag und dieser dauert 45 Minuten. Dann, wieder zur vollen Stunde, kommt der nächste Redner aufs Podium. Zumindest auf dem Papier ist das so. In der Realität sieht es meist anders aus: Mal klappt etwas mit der Technik nicht oder es bleibt ein Sprecher im Verkehr hängen und daher ist es kaum möglich, seinen Vortrag pünktlich zu starten. Genauso war es dann auch bei diesem Symposium.

Ich hätte um 11 Uhr meine Rede beginnen sollen, doch mein Vorredner war offenbar nicht daran interessiert, aufzuhören. Erst als der Veranstalter hektisch mit den Armen fuchtelte und auf die Uhr deutete, kam er zu einem Ende. Ich begann meinen Vortrag also 15 Minuten später, überlegte schnell, was ich kürzen könnte, damit ich nicht auch noch allzu sehr überzog und nahm mir vor, noch vor der nächsten vollen Stunde, also um 12 Uhr fertig zu sein. Es gelang mir tatsächlich, sogar ohne Stress aufkommen zu lassen – schließlich war mein Thema Stressprävention! Es waren sehr viele Menschen gekommen und die Stimmung im Saal war toll.

Ich beendete meinen Vortrag um 11 Uhr 50. Das Publikum applaudierte. Als sich der Saal leerte und ich meine Unterlagen sammelte, stürmte eine Dame sichtlich erbost zu mir nach vorne. „Was bilden Sie sich bloß ein?", rief sie. „Wie können Sie im Programm schreiben, dass der Vortrag um Viertel vor 12 endet, und dann erst fünf Minuten später

Schluss machen?! Ich muss um 11 Uhr 55 am nächsten Ort sein, wie soll ich das rechtzeitig schaffen? Eine Frechheit ist das!"

Ich entschuldigte mich höflich bei ihr, was die Dame aber kaum mehr registrierte, weil sie so aufgebracht war. Sie schimpfte einfach weiter. Was mich aber erheiterte: Das Problem der Dame war im Grunde weniger meine Unpünktlichkeit, sondern vielmehr ihre eigene, viel zu knappe Zeitplanung. Denn selbst wenn sie pünktlich von meinem Vortrag weggekommen wäre – zum nächsten Ort hätte sie auf jeden Fall eine Viertelstunde gebraucht und hätte so niemals um 11 Uhr 55 dort sein können.

Ihnen ist es sicher auch schon passiert, dass Sie sich ein viel zu enges Zeitkorsett geschnürt haben. Vielleicht sind Sie ja auch Meister darin und schaffen das viel zu oft! Wir setzen uns die Termine aber nicht nur zu dicht, wir planen auch noch viel zu viel. Was sich manche Leute an einem einzigen Tag alles vornehmen, ist ebenso beachtlich wie absurd. Es ist schier unmöglich, in einen 24-Stunden-Tag ganze 36 Stunden Tätigkeit zu stopfen. Der Misserfolg ist somit vorprogrammiert. Das fühlt sich nicht nur schwer an, es bereitet auch ziemlich viel Frust. Diesen Zeit-Teufelskreis können wir jedoch mit ein paar Tricks ganz leicht durchbrechen.

Zeitmanagementmethoden versprechen mehr Zeit, um noch mehr leisten zu können. Doch das funktioniert meist nicht – oder nicht lange. Nicht nur, weil man in der Regel längst an seine Leistungsgrenze gelangt ist, sondern weil wir die objektive Zeit gar nicht managen können. Wir können nun mal aus einem 24-Stunden-Tag keine 36 Stunden zaubern. Was wir allerdings managen können, ist unser Umgang mit der Zeit. Indem wir eine realistische Sicht bewahren und uns selbst ab und zu an der Nase nehmen, bevor wir uns überfordern, können wir uns gut organisieren. Wer sein Leben gut organisiert, fühlt sich glücklicher! Ich möchte Ihnen daher ein paar einfache Tipps geben, mit denen Sie sich selbst ganz leicht organisieren können, sodass Sie mehr Zeit gewinnen. Zeit, die Sie hoffentlich für sich selbst nützen und nur Dinge tun, die Ihnen Spaß machen und die Ihnen gut tun. Es soll eine Zeit sein, in der Sie rasten, die Seele baumeln lassen oder sonst etwas tun, das Sie in eine gute Lebensbalance bringt.

Tipp Nr. 1: Streichen Sie das „muss"

Vor ein paar Wochen war Rikarda in meiner Sprechstunde. Das Anliegen der jungen Frau war: „Frau Ölsböck, bitte helfen Sie mir, ich brauche Leichtigkeit! Mein Leben ist gerade total stressig." Ich fragte, was sie denn so stressen würde und schon ging es los: „Sie können sich gar nicht vorstellen, was ich alles tun muss! Das geht gleich am Morgen los: Ich muss das Frühstück machen, ich muss die Kinder versorgen, ich muss den Haushalt machen, dann muss ich auch gleich die Tiere versorgen – zwei Meerschweinchen und den Hund – dann kommt auch noch mein Mann ... alle wollen etwas von mir. In der Arbeit geht das so weiter, wissen Sie was ich da alles muss? Ich bin verantwortlich für das Personal, das hab ich mir nicht ausgesucht, dann muss ich sämtliche Bürosachen organisieren, dann muss ich mich um meine Klienten kümmern, dann muss ich zum Gericht. Nach der Arbeit muss ich mich um meine Schwiegermutter kümmern, die lebt allein, dann muss ich den Einkauf machen, dann muss ich ...". In meinem Ohr klingelte es bereits, vor lauter „muss". Also dachte ich mir: „Ich muss jetzt eine Übung mit der Rikarda machen!"

Wenn sie Lust haben, machen Sie doch gleich mit, das bringt viel Leichtigkeit! Es ist ein einfacher Trick, Sie könnten ihn lieben!

Ich stellte eine Notizzettelbox auf und legte ihr einen

Kugelschreiber bereit. Dann bat ich sie: „Schreiben Sie bitte alles auf, was Sie so zu tun haben! Jede Aufgabe auf einen Notizzettel!" Ich bin ein Fan der Notizzettel-Methode, aus zwei Gründen: Erstens, weil man mit dieser Methode leichter Prioritäten setzen kann und zweitens, weil ich viele Leute kenne, die bereits beim Listenschreiben Stress bekommen. Je länger die Liste wird, umso mehr Stresshormone schießen ein. Das kann einem mit der Notizzettel-Methode nicht passieren. Man nimmt einen Zettel und legt den nächsten darauf, so erhält man einen Stoß. Später, wenn man beim Ausführen der Tätigkeiten ist, sieht man immer nur die eine Sache, die man gegenwärtig tut. Das ist gelebte Leichtigkeitszeit!

Rikardas Stoß war riesig, er war ungefähr eineinhalb Zentimeter dick. Nun fragte ich sie, ob sie sich vorstellen könnte, das Wort „muss" aus ihrem Wortschatz zu nehmen und dafür andere, leichtere Wörter zu verwenden. Sie willigte ein. Als Alternativen für „muss" bot ich ihr an: „will", „kann", „soll" und „darf".

Nun bat ich Rikarda, ihren dicken Zettelstoß zu ordnen. Sie sollte sagen, welches Ersatzwort sie statt „muss" bei dieser Aufgabe verwenden möchte. Sie begann mit dem ersten Zettel und murmelte dazu: „Das soll ich wohl." Dann nahm sie den zweiten und meinte: „Das soll ich auch." Dann kam der Dritte und jetzt sah es ganz anders aus: „Das will ich ja!", rief Rikarda erstaunt und plötzlich war ein Lächeln in ihrem Gesicht zu sehen. Auf dem Zettel stand übrigens Fitnesstraining. „Das macht mir doch Spaß, das tu' ich für mich", fügte sie hinzu. So ging es dahin, einmal kam „soll", dann kam „will" und manchmal auch „kann" und „darf". Hin und wieder nahm Rikarda einen Zettel, zerknüllte ihn und warf ihn demonstrativ in den Papierkorb. „Wenn ich nicht mehr muss, schaut alles gleich ganz anders aus", bemerkte sie. Rikarda war begeistert! Plötzlich war es tatsächlich leichter.

Sie beherzigte diese Übung dann auch tatsächlich und ließ im Alltag das Wort „muss" weg. Zur Erinnerung schrieb sie ein großes Schild, auf dem das Wort „muss" rot durchgestrichen stand. Das befestigte sie über ihrem Schreibtisch. Zwei Monate später informierte sie mich per Mail: „Mein Schild steht immer noch. Mein ganzes Leben ist seither leichter. Danke, dass ich nichts mehr muss!"

Tipp Nr. 2: Aufgaben ausmustern mit der 3-W-Methode
Die „3-W-Methode" eignet sich hervorragend, wenn Sie Ihren Kleiderschrank oder den Schreibtisch mal ausmustern möchten. Weshalb soll man nicht auch gleich die viel zu vielen Aufgaben damit reduzieren? Nehmen Sie einfach drei Boxen, die Sie mit den drei W's beschriften: Das erste W steht für „wichtig", das zweite für „weitergeben" und das dritte für „wegwerfen". Nach diesem Schema mustern Sie nun die Notizzettel Ihrer Aufgaben aus. Das klappt auch bei privaten Aufgaben.

Melanie war „nur" Hausfrau. Ich betone das deshalb, weil sie es so hervorhob, als sie zu mir kam. Untersuchungen zeigen, dass gerade Hausfrauen vielfältige Aufgaben übernehmen, die letztlich den Staat ungeheuer entlasten. Genauso ein Fall war Melanie. Doch das hatte auch Folgen: „Ich fühle mich gänzlich überfordert, obwohl ich nur Hausfrau bin. Ich komme mit den vielen Aufgaben nicht mehr zurecht." Das ist kein Wunder, denn sie war ja „nur" eine Hausfrau, die neben ihrer Hausarbeit noch fünf Kinder und die beiden kranken Eltern zu versorgen hatte und auch dem Ehemann unter die Arme griff, der sich gerade erst als Möbeltischler selbstständig gemacht hatte und keine Lust auf Buchhaltung hatte.

Gemeinsam ordneten wir also die vielen Aufgaben auf Melanies Notizzettel nach der 3-W-Methode. Auf einem

Zettel stand zum Beispiel „Kinder aufwecken, anziehen, waschen und Frühstück machen". Das war eine Sache, die nur sie machen konnte, weil ihr Mann nicht recht geduldig war. Also legte sie es auf den Stoß „wichtig". „Kinder in die Schule führen", das konnte sie an ihren Mann abgeben, weil er sich das gut einteilen konnte. Melanie hat nach unserem Gespräch auch beschlossen, eine Heimhilfe zu organisieren, damit sie nicht rund um die Uhr immer alles für die Eltern machen musste. Sogar dem Ehemann brachte sie die Buchhaltung bei, damit er wenigstens einen Teil selbst erledigen konnte. Solche Dinge legte sie in die Box „weitergeben". Schließlich konnte ich sie auch davon überzeugen, dass nicht die gesamte Wäsche zu bügeln ist. Sie hatte vier Wäschekörbe voller Bügelwäsche im Wohnzimmer stehen. Jedes Mal, wenn sie dorthin ging, bekam sie ein schlechtes Gewissen. Also beschloss Melanie, die Körbe in den Abstellraum zu verfrachten. Außerdem wollte sie die Unterwäsche in Zukunft statt zu bügeln nur schön zusammenlegen. Sie sehen schon – den Perfektionisten schickten wir auf Urlaub!

Den Bügel-Zettel konnte sie zumindest teilweise in die dritte Box geben. Auch ein paar andere Dinge wollte sie sich in Zukunft erleichtern, indem sie diese nicht mehr täglich machte. Beispielsweise hatte sie bisher jeden Tag gesaugt, um die Hundehaare ihres Golden Retrievers zu entfernen. Doch Melanie stimmte zu, dass es auch gehen könnte, wenn sie das Untergeschoß nur jeden zweiten Tag saugen würde. So schafften wir es mit der 3-W-Methode ein wenig Luft in ihren überladenen Leistungsalltag zu bringen.

Tipp Nr. 3: Die 5-Minuten-Regel

Alles, was weniger als fünf Minuten Zeit in Anspruch nimmt, könnte man doch lieber gleich erledigen, denn es auf die Liste zu schreiben beansprucht unnötige Zeit und unnötig Platz am Papier. Probieren Sie es mal aus, statt Dinge stets vor sich herzuschieben, erledigen Sie diese gleich, wenn es nur kurze Zeit in Anspruch nimmt. Zum Beispiel wenn es darum geht, den Handwerker zu bestellen, der Ihnen die Eingangstür richtig einstellen soll, weil es sonst zieht. Wenn es nicht gerade Sonntag oder Mitternacht ist, könnten Sie ihn doch sofort anrufen, einen Termin auszumachen dauert normalerweise zwei Minuten. Super! Wieder etwas erledigt, das erleichtert.

Tipp Nr. 4: Prioritäten setzen geht ganz leicht!

Wenn Sie Ihre Aufgaben nach der 5-Minuten-Regel durchforstet haben, konnten Sie vermutlich bereits so einiges erledigen. Nun können Sie den Rest nach sinnvollen Prioritäten sortieren, dabei ist uns der ehemalige US-amerikanische Präsident Dwight D. Eisenhower behilflich, der seinen Schreibtisch angeblich regelmäßig auf diese Weise aufgeräumt hat. Er hat alle Aufgaben nach Wichtigkeit und Dringlichkeit sortiert. Diese Übung machen Sie nicht täglich, im Gegenteil zur 5-Minuten-Regel, das wäre zu viel Zeitaufwand. Sie sollten sie jedoch unbedingt machen, bevor Ihnen die vielen Aufgaben über den Kopf wachsen.

Sie teilen ein großes Blatt Papier in vier große Felder. In das Feld links oben schreiben Sie „wichtig und dringend", in das Feld rechts oben „wichtig und nicht dringend", in das Feld links unten „dringend und nicht wichtig" und in das letzte Feld „nicht dringend und nicht wichtig". Nun ordnen Sie Ihre Aufgaben entsprechend zu.

In den oberen beiden Feldern finden jene Dinge Platz, die wirklich wichtig sind, in den beiden unteren Feldern, alles was nicht so wichtig ist. In den beiden linken Feldern steht, was dringend ist, und rechts was nicht dringend ist. Die Unterscheidung zwischen „wichtig" und „dringend" ist wirklich hilfreich, denn das Dringende ist oft nur von außen aufgedrängt und für einen selbst bzw. für die eigene Arbeit gar nicht wichtig.

Frank, die Führungskraft in einer Versicherung, war zum Coaching gekommen, weil er das Gefühl hatte, ihm wächst alles über den Kopf. Nur beim bloßen Denken daran, was er alles in den nächsten Tagen tun muss, raufte er sich die Haare. Ein lustiges Bild, wenn die vielen Aufgaben dazu führen, dass wir uns die Haare raufen, gell? Tatsächlich schaute Franks Haar auch etwas struwwelig aus.

Wir versuchten es mit der Eisenhower-Matrix, weil er von dieser Methode gelesen hatte. Er notierte alle seine Anforderungen, auf einem Aufgabenzettel stand zum Beispiel „Finanzamt-Formular aufgeben" mit Rufzeichen. Finanzamt-Sachen sind sehr persönlich und meist auch wichtig. Wenn die Einreichung für das Formular befristet ist und er es bis übermorgen abgegeben haben soll, dann ist das Ausfüllen des Formulars wichtig und dringend, also eine Aufgabe, die auf das Feld links oben kommt. Wäre es nicht so dringend, weil es erst in zwei Monaten erledigt sein muss, dann kann Frank den Aufgabenzettel oben rechts ablegen – es ist wichtig, aber nicht dringend. Allerdings möchte Frank ja Zeit gewinnen, deshalb versucht er Dinge abzugeben. Er fragt sich: „Kann das nicht jemand anders für mich tun?" Seine Angestellten wird er mit so wichtigen Dingen kaum betrauen können, doch was er abgeben kann, ist den Brief eingeschrieben am Postamt aufzugeben. Er muss ihn nicht selbst zur Post tragen, das kann auch seine verlässliche Assistentin tun.

Sie haben gar keine Assistentin? Das macht nichts, es gibt auch liebe Leute in unserer Umgebung, die uns gerne mal unter die Arme greifen, wenn wir sie lieb darum bitten und uns nachher natürlich auch dafür bedanken.

Zurück zu Frank: Der Zettel „Finanzamt-Formularaufgeben" kommt ins untere linke Feld. Es ist dringend, aber nicht so wichtig, dass er es selbst tun muss. Wäre die Frist bereits vor zwei Monaten abgelaufen, dann kann Franz den Zettel in die untere rechte Ecke legen und somit wegwerfen, es ist nicht mehr wichtig und nicht mehr dringend. Wie sagt man so schön? Manche Dinge erledigen sich eben von selbst.

Vielleicht gibt es auch bei Ihnen die eine oder andere Sache, die jemand anderes übernehmen könnte. Vielleicht gibt es sogar Dinge, die Sie in Zukunft ganz lassen wollen. So wie Frank, der mit der Eisenhower-Matrix seine vielen Aufgaben reduzieren konnte oder Melanie, die es mit der 3-W-Methode schaffte oder Rikarda, die ohne „muss" so manches lässt.

Diese Methoden bringen immer dann etwas, wenn einem die Leichtigkeit abhanden gekommen ist und wenn man das Gefühl hat, es wird einem alles zu viel oder es ist zu chaotisch. So wie Frank, dem seine Anforderungen bereits über den Kopf wachsen oder Rikarda, die viel zu viel muss. Dann ist es nämlich wirklich höchste Zeit, sich freizuschaufeln. Wenn Ihr Alltag OK ist, werden Sie sich diese Mühe nicht machen, dann freuen Sie sich einfach und voller Leichtigkeit, dass es auch so klappt.

Eine Auszeit ganz fürs Ich

Der Begriff „Auszeit" kommt aus dem Sport. Dort formt man mit den Händen ein T für „Timeout" und kann eine Auszeit nehmen, um eine Spieltaktik anzupassen. Wie viel Auszeit einer Mannschaft zugestanden wird, ist genau geregelt. Auch beim Arbeiten ist es sinnvoll, sich ab und an eine Auszeit zu nehmen, um sich zu besinnen oder sich einfach auszuruhen.

Wir haben in den letzten Jahrzehnten zwar immer mehr

gesetzlich geregelte Auszeit in Form von Urlaubstagen bekommen und haben damit so viel Freizeit wie noch nie, doch gleichzeitig hatten wir auch noch nie so viel Stress wie heute. Zum einen liegt es sicher an der schnelllebigen Zeit, zum anderen sind wir aber auch selbst schuld daran. Denn wir haben heute so viele Möglichkeiten, wie wir unsere freie Zeit gestalten können, dass uns dieses Überangebot überfordert. Sollen wir am Abend ins Kino gehen oder Tennis spielen? Oder geht sich vielleicht beides aus? So schnell bekommen wir auch in der Freizeit den Zeitdruck zu spüren, der uns schon in der Arbeit unglücklich macht.

Wir haben ein Zuviel an Freizeitangeboten und das löst ein Verhalten aus, das ich den Buffet-Effekt nenne. Wenn man einem Wurf kleiner Hunde zusieht, wie sie über eine Schüssel Futter herfallen, so als würde der eine dem anderen das Futter streitig machen, merkt man, dass sie bis zum Umfallen fressen. Wer schon einmal bei einer großen Feier bewusst beobachtet hat, wie sich die Leute verhalten, wenn endlich das ersehnte „das Buffet ist eröffnet" ertönt, der wird zugeben, dass dies nun nicht wesentlich anders aussieht. Die Leute türmen sich Leckereien auf ihre Teller, als würden sie die nächsten Tage auf jedwede Nahrung verzichten müssen: „Schnell das Sahnetörtchen auch noch drauf, wer weiß, ob ich später noch eines bekomme."

Bei den Freizeitangeboten verhalten wir uns auch nicht wesentlich anders. Da gibt es einen kostenlosen Vortrag, dort gibt es eine Galerieeröffnung, am Familienwandertag sollte man schon mitmachen und die Kinder müssten auch in den Tanz- und Karateunterricht, weil die Nachbarskinder das auch machen. Wozu? Müssen wir uns gegenseitig übertrumpfen, wenn es uns nicht gut tut? Das beginnt mit den Schulen, die sich gegenseitig in ihren Angeboten übertreffen möchten und führt zu vielen Veranstaltungsorten, deren Freizeitevents möglichst viele Touristen anlocken sollen. Es sind Angebote für die Konsumenten, die die Wirtschaft ankurbeln müssen. Es ist kein Wunder, wenn man bei diesem Überangebot nicht mehr durchblickt und ein Unwohlsein in der Magengrube entsteht, weil man sich nicht entscheiden kann, was man tun möchte oder weil man gar fürchtet, nicht mithalten zu können. Mein Tipp? Pfeifen Sie drauf! Sagen Sie ganz bewusst „Nein" zum Überangebot. So grenzen Sie sich ab! Sagen Sie auch ganz bewusst „Ja" dazu, in diesem Fall gerne einmal Außenseiter zu sein. Man muss nämlich nicht immer Insider sein und überall mitmachen. Spüren Sie einfach einmal hinein, ob dieses oder jenes Angebot überhaupt zu Ihnen und Ihrer Familie passt. Wenn nicht, dann lassen Sie es einfach!

Was ebenfalls dabei hilft, dem Übertrumpfen zu entkommen, ist, sich vor Augen zu führen, dass man nicht immer mehr haben und tun muss. Denn es geht nicht immer nur um mehr, höher, größer. Manchmal geht es auch um weniger, aber dafür tiefer! Fürchten Sie sich bitte nicht davor, sich selbst zu verlieren, denn von solchen Ängsten profitieren Wellness- und Selbstfindungs-Gurus. Sich zu verlieren kann Ihnen nämlich gar nicht passieren. Man kann sich nicht selbst verlieren. Unter Umständen wird unser Ich nur manchmal von äußeren Beeinflussungen zugeschüttet, dann decken Sie es eben wieder auf. Das geht ganz leicht, indem wir in uns hineinspüren und reflektieren: „Was tut mir wirklich gut?", „Was ist mir wirklich wertvoll und wichtig in meinem Leben?" Machen Sie sich eine Liste und schreiben Sie diese auf Papier, dann haben Sie es schwarz auf weiß: „Ich bin noch da. Ich lasse dich nicht im Stich." Auf unser Ich ist eben verlass!

So manch einer beschließt auszusteigen, um dem Konsumwahn zu entkommen. Sich wieder zu finden oder seinen Werten nachzukommen ist oft das Motiv dafür. So manch einer verzichtet plötzlich auf Plastik, ein beinahe unmögliches Experiment. Andere werden Lebensmittel-Retter, sie durchforsten die Abfalltonnen großer Supermärkte, um sich zu ernähren. Andere ziehen aufs Land, um ihren Lebenserhalt selbst in die Hand zu nehmen, sie wollen möglichst unabhängig und autark sein. Sie leben mit und von eigenen Hühnern und selbstgezogenem Gemüse. Andere nehmen sich eine Auszeit im großen Format, zum Beispiel ein Sabbatical-Jahr, um eine Weltreise zu machen. Warum nicht? Wenn einem das liegt, wenn es einem Spaß macht, dann ist es gut so.

Doch nicht jeder ist ein Aussteiger. Wir müssen auch nicht gleich so große Sprünge machen, um uns selbst näher zu kommen oder durchatmen zu können. Nehmen wir uns doch einfach im Geiste eine Auszeit, ein Time-out für die Seele.

So eine kleine Auszeit im Alltag tut uns allen gut. Sie kann im Kopf stattfinden, indem man einmal an gar nichts denkt oder man begibt sich auf Reisen in der Fantasie. Untersuchungen belegen, dass ein intensiver positiver Gedanke für 15 Minuten den gesamten Organismus auf „Wohlfühlen" hochfährt. Na dann lassen Sie uns doch mal dieses Hochgefühl genießen!

Haben Sie Lust auf eine kleine Fantasiereise? Setzen Sie sich bequem hin. Achten Sie auf Ihre Atmung, ohne sie zu verändern. Ganz einfach weiteratmen – ein und aus. Stellen Sie sich nun vor, Sie befinden sich an einem Strand. Vor Ihnen liegt das tiefblaue Meer. Lassen Sie in Gedanken den Blick ganz weit übers Meer schweifen. … Schauen Sie auch hinauf. Über Ihnen liegt der Himmel, ganz weit und strahlend schön. … Hören Sie in Gedanken das Rauschen der Wellen. … Spüren Sie den warmen Sand unter den Beinen. … Stellen Sie sich vor, wie ein sommerlicher Windhauch Ihre Haut ganz sanft berührt. Riechen und schmecken Sie die salzige Meeresluft. … Schauen Sie sich auf Ihrem Strand ein wenig um. Was können Sie noch sehen? Welche Farben und Formen umgeben Sie? Welche Geräusche und Töne erklingen am Meeresstrand? Wie fühlt es sich an, was spüren Sie auf Ihrer Haut? Was riechen oder schmecken Sie in Ihrem Mund? Genießen Sie ganz Ihr Dasein am warmen Strand. Dann kehren Sie ganz langsam wieder hierher zurück in die Gegenwart. Schütteln Sie ein wenig Ihre Arme und Beine, um das Blut rascher zirkulieren zu lassen und wieder richtig munter zu werden.

Na, ist doch ganz leicht, sich eine kleine Auszeit zu gönnen, nicht wahr? Das kostet fast nichts, nur zwei Minuten Zeit. Zwei Minuten, die Ihnen allerdings innere Ruhe und neue Energie bringen. Wenn die Welt da draußen zu viel, zu laut, zu hektisch wird, gehen Sie einfach an einen Ort in Ihrem Inneren, wo Sie Ruhe und Stille genießen können.

Wenn Ihnen diese kleine Reise gut tut, dann wiederholen Sie diese öfter mal. Es ist ein kleiner Ausflug zum Auftanken im Geiste.

Überlegen Sie sich bitte, wie Sie sich öfter daran erinnern können. Wie wäre es mit einem Bild, einem Foto von einem schönen Strand, das Sie sich am Arbeitsplatz aufhängen? Oder ein Bildschirmschoner am Computer mit türkisfarbenem Meer? Karibisch, himmlisch, leicht!

Eine andere Möglichkeit, ein wenig auszusteigen ist es, sich zwischendurch eine Mußestunde zu gönnen. Vielleicht sagen Sie ja, das wäre schön, doch geht es sich meist nicht aus?! Dann lesen Sie erst mal weiter, denn vielleicht finden Sie dann ja doch noch eine Lücke, um die Seele baumeln zu lassen.

Können Sie sich noch an Melanie erinnern, die „nur" Hausfrau war? Sie hatte so viele Dinge, die sie tun musste und dabei gar keine Zeit, die sie für sich selbst absparen konnte. Vielleicht geht es Ihnen manchmal auch wie Melanie, sodass Sie das Gefühl haben, es bleibt keine Zeit für Sie selbst übrig. Dann habe ich den passenden Trick für Sie parat: Wer richtig viel zu tun hat, besitzt auch einen Terminkalender. So ein Timer hilft uns dabei, den Überblick zu bewahren, wann wir was tun und wann wir wohin sollen. Das Problem ist, dass wir meist vor lauter Terminen keine Zeit für uns selbst haben. Kaum hat man irgendwo eine Lücke, kommt schon wieder eine wichtige Verabredung herein, die unbedingt noch untergebracht gehört. Also gibt es wieder keinen freien Nachmittag. Wissen Sie was? Mir passiert das inzwischen nicht mehr, denn ich mache es so: Ich vereinbare einen Termin mit mir selbst. Einen „ZFI-Termin", wie ich ihn nenne, einen „Zeit fürs Ich"-Termin. Wenn er im Kalender steht, wirkt er verbindlich und man hält ihn ein.

Diese Abkürzung verwende ich nicht nur, weil es leichter ist, sondern, weil es auch praktisch ist. Kennen Sie das? Ein Kunde bittet Sie möglichst rasch um einen Termin und während Sie in Ihrem Terminkalender blättern, schaut Ihnen die Person über die Schulter und meint: „Na da haben Sie ja noch eine Lücke für mich!" Der einzige freie Abend, auf den Sie sich schon lange freuen, ist damit dahin. Inzwischen passiert mir das nicht mehr. Denn ich habe es mir angewöhnt, bei meiner Terminplanung nicht nur die Seminartermine und deren Vorbereitung als Termin einzutragen, sondern auch meinen freien Abend als ZFI-Termin zu markieren. ZFI könnte ja genauso „Zentrale für Irgendwas" heißen, Sie werden sehen, niemand wird Fragen stellen, die Sie nicht beantworten wollen.

Versuchen Sie also, in Ihrem Terminplaner regelmäßig ein oder zwei Stündchen für diesen wichtigen Termin einzubauen. Für einen wirklich wichtigen und dringenden Termin findet man immer einen Platz. Die eigenen Batterien wieder aufzuladen, ist genauso ein Termin!

Nehmen wir mal an, Sie haben zum Beispiel am Mittwoch, um 18 Uhr Ihren „ZFI-Termin" eingetragen.

Nun frage ich Sie: Was werden Sie bei diesem Termin machen? Sollten Sie vorhaben, am Mittwoch um 18 Uhr eine Tennisstunde zu buchen, dann sage ich Ihnen: Haben Sie viel Spaß bei der Tennisstunde, doch das ist kein ZFI-Termin. Vielleicht mögen Sie gerne eine wohlige Massage? Wenn Sie jetzt jedoch zum Hörer greifen und sich eine Massage für Mittwoch um 18 Uhr buchen, dann tut es mir wirklich leid, auch das kein ZFI-Termin, das ist dann schlichtweg ein Massagetermin.

An einem ZFI-Termin machen Sie nämlich genau das: Am Mittwoch um punkt 18 Uhr suchen Sie sich einen bequemen Sessel und setzen sich erst mal gemütlich hin. Dann spüren Sie in Ihr Herz hinein und fragen sich: „Wozu hätte ich denn jetzt Lust?"

Vielleicht lautet Ihre Antwort: „Ich will einfach nur faulenzen" – dann legen Sie sich bequem aufs Sofa und tun nichts. Oder vielleicht haben Sie Lust, im Wald spazieren zu gehen, dann marschieren Sie los! Oder Sie wollen ein heißes, duftendes Schaumbad nehmen, weil es sich so gut anfühlt, dann lassen Sie die Wanne ein. Oder Sie mögen Joggen gehen, dann rein in die Laufschuhe. Oder sie möchten mit der Freundin quatschen, dann rufen Sie sie an. Auf den Punkt gebracht: Tun Sie ausschließlich das, was Ihnen Ihr Herz und Ihre Seele exakt am Mittwoch um 18 Uhr zuflüstern. Sonst nichts! Das ist ein ZFI-Termin.

Am liebsten mag ich es, wenn nach einem ZFI-Termin keine andere Verpflichtung mehr ansteht. Denn wenn ich zum Beispiel im Wald spaziere, dann tut es gut zu wissen, dass ich bleiben kann, solange ich will, weil keine andere Verpflichtung ruft. Es steht kein Termin an, der mir stets im Hinterkopf signalisiert: Du solltest jetzt umkehren! Stellen Sie sich vor, Sie sind bei einer Freundin an Ihrem ZFI-Termin – und quatschen und haben Spaß. Just dann, wenn es am schönsten ist, fällt Ihnen ein: Es ist höchste Zeit, der nächste Termin wartet! Da ist es schon schöner, frei zu haben, oder etwa nicht?

Sollten Sie dennoch einmal anschließend einen Termin haben, macht das auch nichts. Kosten Sie die freie Zeit aus, ohne stets an den anderen Termin zu denken. Stellen Sie sich den Wecker oder eine Erinnerung auf Ihrem Handy, um rechtzeitig und in aller Ruhe zu Ihrem nächsten Termin zu kommen. Genießen Sie den ZFI-Termin, es ist Ihre freie Zeit fürs Ich!

Ein ZFI-Termin ist ein Termin, der in Wahrheit gar keiner ist. Eine Lücke im Terminkalender, die Sie sich freihalten für Ihr Ich. Es ist ein Freiraum zum Durchatmen, ein Stück Selbstbestimmtheit, ein Spielraum für Ihr Ich, Ungebundenheit, Freiheit. Stellen Sie sich vor, wie gut es sich anfühlt, wenn Sie sich diese Leichtigkeit regelmäßig gönnen! So gönnen Sie sich einmal pro Woche eine große Ration Leichtigkeit. Na, wäre das etwas? Überlisten Sie also Ihre Zeitplanung, indem Sie sich einen Termin für Ihr Ich fix einplanen! Genießen Sie es, frei zu sein!

Nachhaltig – mit Leichtigkeit

Was uns wirklich nachhaltig mehr Leichtigkeit bringt, ist, sich weniger zuzumuten. In diesem Buch finden Sie verschiedene Möglichkeiten, wie Sie das Schwere reduzieren, sich selbst abgrenzen und loslassen können. Ja, ich gebe zu, es ist manchmal schwierig, nein zu sagen, doch: Wenn wir es nicht schaffen, wird es noch viel schwieriger. Also probieren Sie es aus, vielleicht gelingt es ja doch! Wenn Sie „Nein" sagen möchten, wissen Sie nun jedenfalls, wie das leicht geht.

Unser Leben ist nicht immer einfach, nein, eher im Gegenteil, es fühlt sich oft unglaublich kompliziert, hart und schwer an. Nun sind Sie am Ende des Buches angelangt und ich bin zuversichtlich, dass Ihr Leben inzwischen leichter geworden ist. Allzugerne würde ich Ihnen versichern, dass es das für immer bleiben wird. Doch ich bin ehrlich: Das kann ich nicht garantieren. Ich kann Sie jedoch herzlich dazu einladen, die Leichtigkeit nachhaltig zu verankern, und Ihnen zeigen, wie Sie vor Rückfällen gefeit sind.

Vielleicht hatten Sie während des Lesens immer wieder einmal Momente der Leichtigkeit, während Sie Ihre eigenen Ideen für den Alltag oder für Ihren Umgang mit anderen Menschen kreiert haben. Möglicherweise haben Sie inzwischen so einiges beherzigt und beim Ausprobieren von Übungen neue Erkenntnisse gewonnen. Vielleicht ist es Ihnen sogar gelungen, Ihre Einstellung gegenüber manchen Dingen zu verändern, sodass Sie einiges nicht mehr so schwer und ernst nehmen.

„Der Mensch ist ein Gewohnheitstier", sagte der deutsche Schriftsteller Gustav Freytag. Nur was man öfter gemacht hat, macht man mit der Zeit ganz automatisch, denn es festigt und verinnerlicht sich. Das ist gut und vorteilhaft, wenn man sich neue, gewünschte Gewohnheiten zulegen möchte.

Dennoch hat es auch den Nachteil, dass ursprünglich gelerntes Verhalten recht hartnäckig im Hintergrund verankert bleiben kann. Wenn dann irgendwann in der Zukunft plötzlich großer Stress über einem hereinbricht, weil sich beispielsweise ein Schicksalsschlag ereignet, beruflich zu viele Anforderungen zu lange anstehen und eine private Beziehung aus dem Ruder läuft – genau dann kann es passieren, dass so ein altes unpassendes Muster wieder auftaucht und die Leichtigkeit vertreibt. Machen Sie sich bereit! Deshalb ist dieses Kapitel das Abschlusskapitel des Buches, damit Sie sich beständige Leichtigkeit sichern können.

Da sich die äußeren Bedingungen immer wieder verändern, ist unser Gehirn gefordert, sich stets anzupassen. Doch statt in alte Muster zu verfallen, bewahren Sie sich die neue Leichtigkeit. Um sich vor Rückfällen zu schützen, empfehle ich Ihnen, sich selbst Reflexionsfragen zu stellen, um sicher zu stellen, dass es Ihnen gut geht. Bauen Sie sich kleine Eselsbrücken, die Sie ganz automatisch daran erinnern.

Tipp Nr. 1: Spüren Sie hin und wieder in sich hinein!

Druck und Schwere machen sich rasch bemerkbar. Wir merken es deutlich, wenn wir aus dem Gleichgewicht geraten sind. Damit das gar nicht passieren kann, spüren Sie frühzeitig Veränderungen auf, damit die Leichtigkeit nicht unbemerkt schwindet. Horchen Sie regelmäßig in sich hinein, um zu schauen, wie es Ihnen gerade geht. Fragen Sie sich selbst: „Wie geht es mir jetzt in diesem Moment?" Sie können Ihr Befinden messen, indem Sie sich eine Skala von plus Zehn (es geht mir außerordentlich gut) bis minus Zehn (so schlecht es einem nur gehen kann) vorstellen.

Einen richtig guten Überblick über Ihr ganzheitliches Leichtigkeits-Befinden erhalten Sie, wenn Sie diese fünf Fragen mittels Mess-Skala beantworten: „Wie geht es meinen Körper?", „Wie geht es meiner Seele?", „Wie geht es mir bezogen auf mein soziales Wohlbefinden?", „Wie steht es um meine Lebensfreude?" und „Wie viel Energie habe ich gerade?"

Tipp Nr. 2: Halten Sie Ihre Erkenntnisse fest!

Bewahren Sie sich, was Ihnen wichtig ist. Vielleicht haben Sie sich ja selbst inzwischen Ihr individuelles Leicht-Heftchen angelegt, in das Sie Ihre persönlichen Erkenntnisse eingetragen haben. Wenn nicht, macht das gar nichts. Sie könnten abschließend das für Sie Wichtigste stichwortartig festhalten. Fragen Sie sich: „Was möchte ich mir aus diesem Buch mitnehmen?" und „Was möchte ich mir vornehmen?" So werden Sie ganz automatisch daran erinnert, sich Wohliges zu tun.

Tipp Nr. 3: Der TU-ES-DAY ®

Einen Trick möchte ich Ihnen gerne noch verraten, wie Sie regelmäßig daran denken können, sich Gutes zu tun. Ein Blick auf den Terminkalender und simple Englischkenntnisse sind ausreichend, um zu erkennen: Dienstag heißt TU-ES-DAY®.

Wenn Sie in Zukunft auf Ihren Terminkalender schauen, denken Sie daran: Der Tuesday ermutigt Sie dazu, für sich selbst etwas Gutes zu tun! Tun Sie es!

Tipp Nr. 4: Setzen Sie den Leichtfaden ein!

Den Leicht-Faden können Sie sich ganz leicht merken, er ist eine gute Erinnerungshilfe. Um nachhaltig mehr Leichtigkeit herbeizuführen, denken Sie einfach nur daran, mehr zu Lachen und mehr zu Lassen.

Erinnern Sie sich an die „Tu-es-oder-Lass-es-Regel"? Was Schwere erzeugt, sollten Sie künftig lassen, und was Leichtigkeit bringt unbedingt tun!

Worauf möchten Sie zuerst achten? Wählen Sie einen Punkt aus, den Sie ab jetzt lieber lassen und einen anderen, den Sie tun wollen. Nehmen Sie nun ein blaues Band zur Hand (ein Stück Wolle oder ein Geschenkband tut es auch) und knüpfen Sie sich 2 Knoten. Einen für das, was Sie tun, und einen für das, was Sie lassen wollen.

Dieses Lei(ch)tband geben Sie sich nun dorthin, wo Sie es oft sehen (z.B. aufs Handgelenk, auf den Schlüsselbund etc.), so werden Sie stets an Ihre Vorhaben erinnert.

Tipp Nr. 5: Legen Sie sich Ihre eigenen Starkmacher zurecht!

Haben Sie Ihre persönlichen Starkmacher während des Lesens gesammelt? Starkmacher sind Worte, Sätze oder

Ideen, die Ihnen Mut machen, die Sie aufbauen und die Ihnen gut tun. Solche Worte oder Sätze können Sie einzeln auf kleine Zettel schreiben und diese in Ihrem Lebensraum verteilen. Verwenden Sie einen Zettel als Lesezeichen im Buch, das Sie gerade lesen, in Ihrem persönlichen Notizbuch oder in Ihrem Terminkalender. Stecken Sie einen in Ihre Geldbörse oder in Ihre Jackentaschen. So finden Sie immer wieder einen Mut-Macher. Ein Stück Leichtigkeit, das Ihnen ein Lächeln ins Gesicht zaubert. Wer weiß, vielleicht kommt es ja genau zur rechten Zeit?

Sie wissen ja: Leichtigkeit ist ganz leicht. Sie kommt, denn nun sind wir bereit!

Anhang

Über die Autorin

Mag. Natalia Ölsböck ist Psychologin, Wirtschafts- und Kommunikationstrainerin und lehrt an der Österreichischen Akademie für Psychologie die Fächer Positive Psychologie und Resilienzforschung. Sie hat sich als Vortragsrednerin einen Namen gemacht und überzeugt regelmäßig bei Radioauftritten mit ihren alltagstauglichen Tipps zur Persönlichkeits- und Gesundheitsförderung. 2010 wurde das von ihr konzipierte Präventionsprojekt „SchauHIN" mit dem Liese-Prokop-Preis gewürdigt. Mit dem neuen Projekt „Mit Leichtigkeit" bringt sie diese Sichtweise in Unternehmen, gemäß dem Motto „Mit Leichtigkeit leisten – Spaß und Freude am Erfolg".

Kontakt

Büro Mag. Natalia Ölsböck
A-3433 Königstetten, Hochstraße 27
natalia@oelsboeck.at
www.oelsboeck.at
www.MitLeichtigkeit.com

Literatur

Argyle, M. & Henderson, M. (2009): Die Anatomie menschlicher Beziehungen. Spielregeln des Zusammenlebens. In: Psychologie sozialer Beziehungen. Stuttgart: Kohlhammer GmbH.

Auhagen, E. (2004): Positive Psychologie. Anleitung zum „besseren" Leben. Weinheim, Basel: Beltz Verlag.

Bamberger, G.G. (2010): Lösungsorientierte Beratung. Weinheim: Beltz Verlag.

Behr, S. (2009): Psychologische Grundbedürfnisse und ihre Bedeutung für die Entstehung kindlicher Angststörungen. München: Grin Verlag GmbH.

Bücher, N. (2011): Extrem. Die Macht des Willens. Wien: Goldegg Verlag GmbH.

Cohn, R. & Fallau, A. (2008): Gelebte Geschichte der Psychotherapie. Stuttgart: Klett-Cotta Verlag.

De Shazer, S. (2008). Der Dreh: Überraschende Wendungen und Lösungen in der Kurzzeittherapie. Heidelberg: Carl-Auer Verlag.

Dick, A. (2003): Psychotherapie und Glück. Quellen und Prozesse seelischer Gesundheit. Bern: Hans Huber Verlag.

Faltermaier, T. (2005): Gesundheitspsychologie. Stuttgart: Kohlhammer.

Fröhlich-Gildhoff, K. & Rönnau-Böse, M. (2011): Resilienz. München: Ernst Reinhardt Verlag.

Frankl, V.E. (2009): Trotzdem Ja zum Leben sagen. Ein Psychologe erlebt das Konzentrationslager. München: Kösel-Verlag.

Froböse, G. & R. (2004): Lust und Liebe – alles nur Chemie. Weinheim: Wiley-VCH-GmbH.

Goleman, D. (2007): Emotionale Intelligenz. München: Deutscher Taschenbuchverlag.

Gottman, J.M. (2003): Die 7 Geheimnisse einer glücklichen Ehe. München: Ullstein Taschenbuch Verlag.

Grawe, K. (2004): Neuropsychotherapie. Göttingen: Hogrefe Verlag GmbH und Co.

Gruhl, M. (2011): Die Strategie der Stehauf-Menschen. Krisen meistern mit Resilienz. Freiburg: Kreuz Verlag.

Hasman, G. & Obermaier, P. (2013): Seitensprung – Treuetester decken auf. Wien: Goldegg Verlag GmbH.

Hargen, J. (2008): Aller Anfang ist ein Anfang. Gestaltungsmöglichkeiten hilfreicher systemischer Gespräche. Göttingen: Vandenhoeck & Ruprecht.

Kampusch, N. (2013): 3.095 Tage. Berlin: Ullstein Taschenbuch Verlag.

Klein, S. (2010): Zeit. Der Stoff aus dem das Leben ist. Eine Gebrauchsanleitung. Frankfurt am Main: S. Fischer Verlag GmbH.

Klein, S. (2004): Die Glücksformel oder wie die guten Gefühle entstehen. Reinbeck bei Hamburg: Rowohlt Taschenbuch Verlag.

Maurer, B. & Krainz, D. (2013): Du liebst mich, Du liebst mich nicht. Liebe finden und glücklich bleiben. Wien: Goldegg Verlag GmbH.

Mayring, P. (2010): Qualitative Inhaltsanalyse. Weinheim: Beltz Verlag.

Pausch, R. & Zaslow, J. (2009): Last Lecture – die Lehre meines Lebens. Leipzig: Goldmann Verlag.

Precht, R.D. (2010): Liebe – ein unordentliches Gefühl. Leipzig: Goldmann Taschenbuch Verlag.

Rothlin, P. & Werder, P.R. (2007): Diagnose Boreout. Warum Unterforderung im Job krank macht. München: Redline Wirtschaftsverlag.

Seligman, M. (2010): Der Glücks-Faktor. Warum Optimisten länger leben. Köln: Bastei Lübbe GmbH.

Seligman, M. (1993): Optimisten küßt man nicht. Optimismus kann man lernen. Berlin: Knaur Verlag.

Sauberzweig, T. (2008): Laufbahnberatung im Kontext der Positiven Psychologie. Diplomarbeit. München: Grin Verlag für akademische Texte.

Vopel, K.W. (2003): Praxis der Positiven Psychologie. Übungen, Experimente, Rituale. Salzhausen: Iskopress Verlag GmbH.

Spork, P. (2010): Der zweite Code. Epigenetik – oder wie wir unser Erbgut steuern können. Berlin: Rowohlt Verlag.

Szelika, R. (2011): Erst der Spaß und dann das Vergnügen. München: Kösel-Verlag.

Siegrist, U. (2010): Der Resilienzprozess. Ein Modell zur Bewältigung von Krankheitsfolgen im Arbeitsleben. Wiesbaden: VS Verlag für Sozialwissenschaften.

Ulich, E. & Wülser, M. (2009): Gesundheitsmanagement im Unternehmen. Arbeitspsychologische Perspektiven. Wiesbaden: Gabler Verlag.

Wegge, J. & Schmidt, K.L. (2008): Organisationales Commitment, organisationale Identifikation und Gesundheit bei der Arbeit. In: Rohmann, E. et al.: Sozialpsychologische Beiträge zur Positiven Psychologie. Lengerich: Pabst Science Publishers.

Welter-Enderlin, R. (2010): Resilienz – Gedeihen trotz widriger Umstände. Heidelberg: Carl-Auer Verlag.

Watzlawick, P. (2011): Menschliche Kommunikation. Formen, Störungen, Paradoxien. Bern: Verlag Hans Huber.

Wellensieg, S.K. (2011): Handbuch Resilienz-Training. Widerstandskraft und Flexibilität für Unternehmen und Mitarbeiter. Nach der Methode M.B.T. Human Balance Training. Weinheim: Beltz Verlag.

Welter-Enderlin, R. & Hildebrand, B. (2010): Resilienz – Gedeihen trotz widriger Umstände. Heidelberg: Carl-Auer Verlag.

Wilde, O. (2013): Am Ende wird alles gut. Notizbuch. Leipzig: Insel Verlag.